U0635386

探索《幼儿园保育
教育质量评估指南》的
实践路径

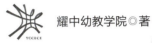
耀中幼教学院◎著

幼儿园质量
评估研究

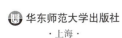华东师范大学出版社
·上海·

图书在版编目(CIP)数据

幼儿园质量评估研究:探索《幼儿园保育教育质量评估指南》的实践路径/耀中幼教学院著. —上海:华东师范大学出版社,2024. —ISBN 978 - 7 - 5760 - 5342 - 5

Ⅰ. G61

中国国家版本馆 CIP 数据核字第 2024Q2U257 号

幼儿园质量评估研究
—— 探索《幼儿园保育教育质量评估指南》的实践路径

著　　者　耀中幼教学院
责任编辑　沈　岚
责任校对　饶欣雨　时东明
装帧设计　卢晓红

出版发行　华东师范大学出版社
社　　址　上海市中山北路 3663 号　邮编 200062
网　　址　www.ecnupress.com.cn
电　　话　021 - 60821666　行政传真 021 - 62572105
客服电话　021 - 62865537　门市(邮购)电话 021 - 62869887
地　　址　上海市中山北路 3663 号华东师范大学校内先锋路口
网　　店　http://hdsdcbs.tmall.com

印 刷 者　杭州日报报业集团盛元印务有限公司
开　　本　787 毫米 × 1092 毫米　1/16
印　　张　15.25
字　　数　309 千字
版　　次　2024 年 9 月第 1 版
印　　次　2024 年 9 月第 1 次
书　　号　ISBN 978 - 7 - 5760 - 5342 - 5
定　　价　58.00 元

出 版 人　王　焰

(如发现本版图书有印订质量问题,请寄回本社客服中心调换或电话 021 - 62865537 联系)

目 录

推荐序

幼儿园质量评估研究需要
研究逻辑与实践逻辑的知行合一

从全生命周期视角来看,生命的孕育阶段、婴幼儿的托育阶段和学前教育阶段,即儿童早期的发展与学习成果,将为其未来的健康状况、学习能力、生产力及幸福感奠定重要基础。[①] 近半个世纪以来,随着脑科学、心理学、教育学、经济学、社会学等学科领域关于早期干预研究的进展,特别是对处境不利儿童的早期投资回报率的实证研究表明,优质的学前教育作为人力资本投入,对于促进个体全面发展、保障教育公平、打破代际贫困以及维持社会稳定和谐等方面有着极其重要的意义。[②③④]

当前,我国学前教育改革与发展的一个重要任务就是如何在普及三年幼儿园教育的基础上,实现从"有学上"到"上好学"的高质量发展。幼儿园作为学前教育阶段保教合一的重要教育机构,其保育教育质量对于高质量学前教育体系建设的重要性不言而喻。2022 年,教育部出台的《幼儿园保育教育质量评估指南》(以下简称《评估指南》)正

① OECD. (2018). *Engaging young children: Lessons from research about quality in early childhood education and care. Starting Strong* [EB/OL]. https://www.oecd-ilibrary.org/education/engaging-young-children_9789264085145-en.

② Reynolds, A. J., Temple, J. A., Ou, S. R., et al. (2011). School-based early childhood education and age-28 well-being: Effects by timing, dosage, and subgroups. *Science*, 333(6040), 360—364. https://doi.org/10.1126/science.1203618.

③ Schweinhart, L. J. (2005). *Lifetime effects: The High/Scope Perry Preschool study through age 40.* High/Scope Foundation.

④ Wu, K. B., Young, M. E., & Cai, J. (2012). *Early child development in China: Breaking the cycle of poverty and improving future competitiveness.* World Bank Publications. https://documents1.worldbank.org/curated/zh/363781468241467640/pdf/709830PUB0EPI0067926B09780821395646.pdf.

是国家在世界百年未有之大变局的背景之下，解决"为谁培养人、培养什么人、如何培养人"这三个重要问题的重要抓手。因此，《幼儿园质量评估研究——探索〈幼儿园保育教育质量评估指南〉的实践路径》这本书可谓应时而生。其突出贡献点主要体现在以下几个方面：

第一，仰望星空与脚踏实地相结合。本书立意高远，旨在通过严格的实证研究探索幼儿园质量评估的中国解决方案。尤其值得肯定的是，该研究采用混合研究范式，制定了一套全面的、适合我国社会文化背景且经过验证的幼儿园质量评估工具——《幼儿园质量评估量表》。更为难得的是，本书不仅限于纯粹的实证研究，还希望将实证研究推向循证研究，使得研究发现能够实现规模化的创新——探索《评估指南》的实践路径。

《幼儿园质量评估量表》（以下简称"量表"）的开发严格遵循《评估指南》对学前教育改革的总体要求，回应其在评估内容和评估方式上的顶层设计思路。在结构上，量表的五个维度与《评估指南》中列出的五个方面高度一致；在内容上，量表的具体指标结合我国幼儿园的实际情况设计，并做出了有针对性的调整和侧重。

具体表现在以下内容：

■ 办园方向方面，量表突出强调《评估指南》关于科学指导幼儿园工作、为幼儿提供良好成长环境、关注幼儿全面发展的要求。并在指标内容的设置上，侧重强调幼儿园自我评估、幼儿自主游戏、入学准备支持等几个具体的问题。

■ 保育与安全方面，量表侧重强调安全管理相关制度的落实，以及卫生保健中健康检查、消毒与传染病预防、膳食营养三个方面的内容。

■ 教育过程方面，量表强调幼儿全面发展（包括身心健康与自我服务、运动、听说读写、社会性、科学探索、数学探索、视觉艺术、音乐与律动）、家园合作以及幼幼和师幼之间的积极互动，且涵盖一日生活安排、教育计划、过程性评估、家园社协同合作等因素。

■ 环境创设方面，量表强调环境与材料对幼儿学习与发展的重要作用，关注幼儿园与教师如何为幼儿提供一个支持其开展自主游戏的空间。

■ 教师队伍方面，量表关注教师的职业道德和师德师风，以及教师队伍建设的重要性。同时，量表也将教师之外的其他职工纳入职业道德、人员配备和专业发展的评估范围，强调全员发展。

第二，本土探索与国际经验相结合。如上所述，该量表在幼儿园办园方向中，强调办园理念与管理、保教质量自我评估、幼儿入学准备支持、过程性评估以及教育反思与计划的制定；在幼儿层面，关注幼儿自我服务能力的发展；在教师层面，注重教师职业道德的培养，充分体现了鲜明的本土特色。量表不仅紧扣我国最新的《评估指南》和学前教育改革方向，还参考了多个国际公认的评估工具。

耀中幼教学院依托强大的国际研究团队,拥有多个国际一流幼儿园学习环境量表的中文版版权,在量表的具体内容上综合借鉴了《幼儿学习环境评量表(修订版)》(以下简称 ECERS-R)、《幼儿学习环境评量表(课程增订本)》(以下简称 ECERS-E)、《持续共享思维与情绪情感健康评量表》(以下简称 SSTEW)以及《运动环境评量表》(以下简称 MOVERS)等经过多年实证研究及跨文化研究验证的评估工具的精华。[1][2][3][4] 例如:

- "领域一:办园方向"中的"保教质量自我评估"条目,参考了 SSTEW 中的"评估语言发展"和"使用评估来支持和扩展学习和批判性思维"的内容和精髓,同时融入了《评估指南》强调的幼儿园自我评估理念。

- "领域一:办园方向"中的"幼儿自主游戏支持"条目,借鉴了 ECERS-R 中有关"自由游戏"和 SSTEW 中有关"鼓励选择和独立游戏"的倡导,在强调游戏材料与游戏环境的同时,更加重视游戏中师幼互动环节与教师的支持性角色。

- "领域三:教育过程"中的"建立关系"条目,参考了 ECERS-R 中"师幼互动"和"同伴互动"的相关内容。

- "领域三:教育过程"中的"各领域及学习品质发展"条目,与 ECERS-E 中有关"读写""科学与环境""数学""音乐/律动"等儿童领域学习方面的强调相一致;同时,还参考了 MOVERS 中的相关内容,用以着重梳理"支持幼儿运动能力的发展"的指标。

- "领域四:环境创设"中的"室内环境规划"条目,参考了 ECERS-R 中"室内空间""日常照料、游戏和学习设施""休闲和舒适的设施""室内游戏空间规划""儿童陈列品"等多个方面的内容。

概括而言,本书在多个方面既突出了本土探索的特色,又借鉴了国际经验,因此,不仅在研究领域具有学术价值,而且对幼儿园质量评估工作也具有重要的参考意义。

第三,整合学术界与业界的专业研究团队进行协同创新。本书展示了耀中幼教学院研究团队以及深圳、常州两市,涟水、陆河两县教研团队的辛勤努力和研究成果,为教育研究者和实践人员提供了宝贵的参考和指导,帮助他们协同创新、提升幼儿园保教质量。我相信,通过阅读本书,读者能够更好地了解幼儿园质量评估的重要性,并理解如

① Harms, T., Clifford, R. M., & Cryer, D. (2004). *Early Childhood Environment Rating Scale* (*ECERS-R*). Teachers College Press.

② Sylva, K., Siraj-Blatchford, I., & Taggart, B. (2003). *Early Childhood Environment Rating Scale-Curricular Extension to ECERS-R* (*ECERS-E*). Trentham Books Limited.

③ Siraj, I., Kingston, D., & Melhuish, E. (2023). *The Sustained Shared Thinking and Emotional Well-being* (*SSTEW*) *Scale: Supporting Process Quality in Early Childhood* (1st ed.). David Fulton Publishers. https://doi.org/10.4324/9781003379867.

④ Archer, C., & Siraj, I. (2023). *The Movement Environment Rating Scale* (*MOVERS*): *Supporting Physical Development and Movement Play in Early Childhood* (1st ed.). David Fulton Publishers. https://doi.org/10.4324/9781003379874.

何运用科学严谨的实证研究范式，创建一套全面且适合我国社会文化背景的幼儿园质量评估工具，发现问题并提出改进方案，从而为教育质量的提升提供更准确的数据支持和工作建议。

最后，展望未来，为了真正提升学前教育质量，我们需要进一步推进跨界、跨部门、跨专业队伍的协同创新。《评估指南》的一个重要转向，即将儿童的福祉/幸福感（well-being）以及过程性质量的提升作为核心关注点。如何利用评估结果进行质量改进，尤其是结合中国特有的教师研修制度，使研究逻辑可以与实践逻辑形成互动，是一个关键问题。此外，如何使督导评估制度、教师研修制度与行政部门形成实践逻辑闭环，以及如何将相关管理数据收集纳入研究数据，也是值得深入探索的课题。我期待未来与耀中幼教学院及其背后的国际研究团队有更多的对话与合作，共同协作创新，参与并推动中国高质量学前教育体系建设。

李敏谊

北京师范大学教授、耀中幼教学院荣誉教授

前言

教育兴则国家兴，教育强则国家强。近年来，我国逐渐加大对不同学段、学科教育质量提升的关注，颁布了一系列政策文件，其中也包括学前教育领域。

- 2018年11月，中共中央、国务院印发《关于学前教育深化改革规范发展的若干意见》，要求"国家制定幼儿园保教质量评估指南，各省（自治区、直辖市）完善幼儿园质量评估标准"。

- 2020年10月，中共中央、国务院印发《深化新时代教育评价改革总体方案》，强调"教育评价事关教育发展方向，有什么样的评价指挥棒，就有什么样的办学导向"。在方案中，还提出了"改进结果评价，强化过程评价，探索增值评价，健全综合评价，充分利用信息技术，提高教育评价的科学性、专业性、客观性"的原则。同时，该方案针对完善幼儿园评价，明确指出应"重点评价幼儿园科学保教、规范办园、安全卫生、队伍建设、克服小学化倾向等情况"。

- 2020年11月，新华社发表中国共产党第十九届中央委员会第五次全体会议通过的《中共中央关于制定国民经济和社会发展第十四个五年规划和二〇三五年远景目标的建议》，明确了"建设高质量教育体系"的政策导向和目标任务。

- 2022年2月，教育部颁布《幼儿园保育教育质量评估指南》，该指南从总体要求到评估内容、评估方式及组织实施都做出了具体的描述，是一个具有革新意义的学前教育质量建设指引，也是国家层面深化学前教育评价改革的必然要求，它的出台有助于推动各地建立和健全科学的幼儿园保教质量评估体系。

在上述政策背景下,《幼儿园保育教育质量评估指南》提出:"各省(区、市)要结合实际,完善本地质量评估具体标准,编制幼儿园保育教育质量自评指导手册,增强质量评估的操作性,确保评估工作有效实施。"由此,如何运用科学严谨的研究方法,创建一个全面且适合我国社会文化背景的幼儿园质量评估工具,变得十分必要且有意义。

首先,一个完善的质量评估工具可以帮助幼儿园管理者、教师和家长更清晰地了解幼儿园实施的教育质量,找出问题和提出改进方向。

其次,一个科学的质量评估工具可以提高教育质量的科学性、专业性和客观性,为教育改革提供更准确的数据支持。

最后,一个成熟的质量评估工具可以提高幼儿园的整体竞争力。

耀中幼教学院研究团队(以下简称"研究团队")正是在此背景下自 2021 年开始致力于研究幼儿园质量评估指标的可操作性及全面性,希望能够为我国在"十四五"期间推动高质量发展的内在需求贡献一些研究经验和研究思路,帮助研究者和从业人员更好地了解幼儿园的保育教育质量现状,发现问题并提出改进措施,为学前领域的研究与实践提供重要和积极的启示。

研究团队与深圳、常州两市,涟水、陆河两县的教研团队合作,采用了结合文献综述法、德尔菲法和幼儿园实地观察与评估的混合研究方法,制定了一个以国家政策为基石、以国内外研究为基础、以数据为依据,针对 3—6 岁幼儿保教机构的质量评估工具。本书呈现的正是整个研究过程和研究结果。

此评估工具参考了《幼儿园工作规程》《幼儿园教育指导纲要(试行)》《3—6 岁儿童学习与发展指南》以及《幼儿园保育教育质量评估指南》等重要的国家文件,还结合了国内外有关幼儿教育质量评估的研究及资源。

本书分为两册,第一册以三个章节来阐述研究团队围绕幼儿园质量评估进行的思考和探索路径,第二册完整呈现了研究团队编制的评估工具——《幼儿园质量评估量表》的全貌。幼儿园管理者、教师个体可单独使用第二册作为本园、本班质量评估的工具。

质量评估研究团队成员

研究负责人
陈丽生　博士　耀中教育机构副行政总裁，耀中幼教学院校务委员会主席

研究副负责人	
袁海球　教授　耀中幼教学院校长	时　萍　教授　耀中幼教学院教授，楚珩教育研究所所长

主要研究员	
洪安盈　博士　耀中幼教学院助理教授	张　晔　博士　耀中幼教学院助理教授
文若予　女士　耀中幼教学院讲师	张丹丹　女士　耀中幼教学院讲师，楚珩教育研究所高级研究员
韩　浩　先生　耀中幼教学院内地发展部副主任，楚珩教育研究所高级研究员	潘瑞锋　女士　耀中幼教学院讲师，楚珩教育研究所高级研究员
陶慧敏　女士　耀中幼教学院客座讲师，楚珩教育研究所高级研究员	

合作研究者（按姓名拼音首字母排序）	
李　静　女士　广东省深圳市罗湖区教育局教育科学研究院	刘志强　先生　广东省汕尾市陆河县教师发展中心
单欣欣　女士　广东省深圳市龙岗区教师发展中心	吴　忠　女士　江苏省常州市经济开发区教师发展中心
郑伶伶　女士　江苏省淮安市涟水县教师发展中心	

研究助理（按姓名拼音首字母排序）

广东省深圳市龙岗区：崔影、何荧樱、李欣逸、林娟、卢亮辉、王崇、王梦琳、薛成苗、张争争、朱珊

广东省深圳市罗湖区：高榕、李辛香、郑心怡

广东省汕尾市陆河县：罗雪惠、彭璐、彭彩低、彭翠雯、郑若文、朱娇娇、朱素定

江苏省常州市经开区：李智超、王飞、许迪幸

江苏省淮安市涟水县：文亚平、尹丛丛、张红、郑伶伶、朱延楠

其他的研究支持者

感谢耀中幼教学院董事会主席兼校监陈保琼博士以及总裁首席助理邝关颖华女士对本研究项目的持续关注与支持。

感谢研究项目捐赠者与大学教育资助委员会（教资会）研究配对补助金计划对本研究的资助。

感谢原江苏省教育科学研究院幼儿教育与特殊教育研究所所长、研究员张晖教授对本研究从计划到调研阶段的支持与帮助。

感谢孙周雄先生带领的驻广东省汕尾市陆河县新田镇帮扶工作队在招募广东省汕尾市陆河县幼儿园过程中提供的支持与帮助。

感谢 18 位德尔菲法专家在编订本量表过程中所提供的支持与帮助。

感谢广东省深圳市罗湖区教育质量监测中心成伟丽女士和广东省深圳市福田区全海小学附属幼儿园园长朱珊女士在编订本量表过程中所提供的支持与帮助。

理解幼儿园质量评估标准
——基于《评估指南》的梳理

　　本书的第一章聚焦于分析国家政策文件，梳理当下我国对幼儿园质量评估内容和方式的倡导，这是本次研究的背景，也是起点。该章节分为三个小节，每个小节都涵盖了针对《评估指南》不同方面的理解，从而更好地把握方向，应对保障和提升幼儿园质量的挑战。

一、生成背景——不仅强调结构质量，更要重视过程质量

幼儿教育质量评估是全球广泛关注的领域，它直接关系到幼儿的早期发展和未来的学习基础。在我国，传统的幼儿教育质量评估的重点多放在结构性质量上，如师资力量、设施条件等，往往通过等级评估来体现，比如将幼儿园评定为区级园、市级园、省级园等。然而，随着《幼儿园保育教育质量评估指南》（以下简称《评估指南》）的颁布，教育领域开始转变质量观念，更加重视过程质量的评估，这一转变引起了广泛的讨论和关注。

《评估指南》明确指出要"重点关注保育教育过程质量"和"强化过程评估"，这标志着我国幼儿园质量评估的一个重大转变——从单一强调结构质量的评估，转向更为全面地关注结构质量与过程质量的结合。过程质量涉及幼儿与教师、同伴以及物理环境的实时互动，它强调的是教育活动的实施过程和实际效果，而非仅仅是硬件设施和师资配置（Sheridan, 2009）。

家长在选择幼儿园时，往往会受到设施新旧和外观美观程度的影响，这反映了他们对结构质量的关注。而《评估指南》的出台，是对这种倾向的一种纠正，它鼓励家长和幼儿园管理者将视角转向幼儿教育的实质内容，即过程质量的重要性。研究表明，幼儿与教师的日常互动、游戏中的自主选择，以及探索环境的机会对幼儿的发展至关重要（Pianta, La Paro 和 Hamre, 2008）。

《评估指南》也再次强调了"以游戏为基本活动"的原则，确定了游戏在幼儿教育中的核心地位。这一点同样体现了对过程质量的重视，即通过游戏促进幼儿的社会、情感、认知和身体发展。

另外，《评估指南》提出的评估内容和方法还为幼儿园提供了一个更为科学、系统的质量评估框架。

《评估指南》

提倡三个主要方面的评估方式：
- 注重过程评估
- 强化自我评估
- 聚焦班级观察

这个评估框架体现了对幼儿园日常运作的深入了解，而不仅仅是表面现象的判断。例如，"注重过程评估"强调对教学环境和师幼互动的观察；"强化自我评估"鼓励幼儿园进行内部反思和持续改进；"聚焦班级观察"直接关注到幼儿的学习和教师的教学行为，从而提供了更具体的质量改进依据。

《评估指南》的颁布是我国幼儿教育质量评估方面的一大进步，它不仅转变了质量观念，而且提供了具体的操作指南和评估工具，以更全面、科学地评估幼儿园的保育教育质量。这种转变有助于促进幼儿园质量的整体提升，从而为幼儿提供一个更加丰富和有利于发展的学习环境。

二、评估方式——贯穿于日常教育过程中的自我评估

对教育过程的深入评估是不断提升教育质量的关键。教育过程不仅涉及幼儿从入园到毕业的全程，还包括成人与幼儿之间的一切互动，既涵盖了基于对幼儿观察和理解的人际交往，也涉及创设和改善教学环境的各项举措。这一过程是不断演变的，它要求教育工作者持续进行调整，以适应不断变化的需求和情况，而自我评估正是这种调整过程中的一个重要环节。

通过自我评估，教育工作者能够进行深刻反思，识别并解决实践中的不足之处，采取措施以实现教育教学质量的改进。这样的过程激发了幼儿园教育质量提升的内在动力，促使教育工作者在日常的教学和管理实践中不断进行自我审视和反思，旨在发现问题并加以克服。自我评估的焦点不单是对教育成果的衡量，它更加重视教育过程中的每一次互动和每一个决策点的评估，体现了一种全面而动态的质量管理理念。

在探讨幼儿园质量的评估方式时，不难发现，《评估指南》着重于将评估活动融入日常教育实践之中，并特别强调自我评估的作用，认为自我评估是幼儿园提升教育质量的一条有效路径。

《评估指南》

"幼儿园应建立常态化的自我评估机制，促进教职工主动参与，通过集体诊断，反思自身教育行为，提出改进策略。"

自我评估的过程可以被视作一个循环的"观察—思考(反思)—行动(回应)"模式(图1),在这一过程中,成人和幼儿均能实现持续成长,从而推动幼儿园教育质量的不断提升。首先,观察环节主要指的是成人对幼儿当前状态的监测和记录;其次,思考(反思)环节涉及教育者基于观察结果和自身的专业知识,对如何支持幼儿进行深入思考,或对已实施的支持策略进行反思;最后,在行动(回应)环节中,教育者根据前两个环节的信息,与幼儿互动,旨在有效回应幼儿的需求,支持他们的学习和发展。这种互动不仅包括即时的反应,也包括对未来计划的调整。

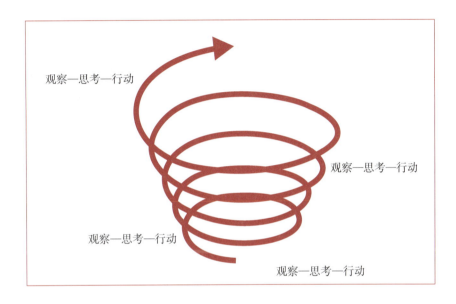

图1 自我评估过程:观察—思考(反思)—行动(回应)

自《评估指南》颁布后,众多幼儿园开始探索如何有效实施自我评估,以及如何建立一个符合本园特色的自我评估机制。鉴于将自我评估定位于日常教育过程一部分的认识,学界普遍认为,此项工作应与幼儿园的日常教学、教研工作紧密结合,形成一套系统化的实践机制。在这一系统中,自我评估与行动的实践无时无刻不在进行,如"观察—思考(反思)—行动(回应)"的循环流程及其记录等。另外,"观察—思考(反思)—行动(回应)"的能力并非一朝一夕可成,而是需要在持续的实践和学习中逐步提升。除了有意识地培养这一能力外,幼儿园教育工作者还需在信息丰富的当代社会中筛选合适的学习资源,致力于成为终身学习者(图2)。

实际上,在日常实践中,许多幼儿园已经开展了与自我评估相关的活动,例如,组织各类比赛评比和要求教师进行观察记录。依据《评估指南》来反思这些正在进行的活动,或许有助于幼儿园提升自我评估的能力。经常听幼儿园说:"我园正在进行选拔赛,全园教师都参加了,园所里的第一名要上报继续参加比赛"。在这句话里,关键词是

图2　通过不断学习与实践提高"观察—思考（反思）—行动（回应）"能力，成为终身学习者

"赛"，但如果在幼儿园类似的活动中（例如，"半日活动观摩评比""区域活动观摩评比""集体活动组织评比"等），淡化对"赛"和最终名次的关注，转而关注这类活动的前、中、后三个"过程"，则会使整个活动更有意义。例如，在活动前期，围绕主题开展学习和研讨，讨论如何制定评价指标，使其更加聚焦于"教育过程"。在活动进行中，将"评比"转变为"共同研讨"的过程，将"评价者"与"被评者"视为一个共同研究的团队。在活动结束后，进一步讨论如何基于本次活动中发现的问题，采取行动以更好地支持幼儿的学习与发展。通过这样的方式，幼儿园能够将日常的比赛评比活动转化为自我评估和持续改进的机会。

　　下面将通过一个案例来分享上述关于自我评估的思路，即一所幼儿园在学习《评估指南》前后，对集体活动观摩方案所做的调整。以下左侧表格展示了幼儿园原始的观摩课活动方案，而右侧表格则展现了基于《评估指南》中"强调自我评估"要求所做的相应调整。

幼儿园观摩课活动方案的调整

《评估指南》颁布之前	《评估指南》颁布之后
为贯彻《幼儿园教育指导纲要》和《3—6岁儿童学习与发展指南》精神，提高我园教师整体业务素质和教学水平，促进教师的专业化成长，结合幼儿园推进的"爱的教育"园本课程第三阶段"爱它，我就……你就……"我园计划在下周开展园本观摩示范课活动，以达到在传、帮、带的过程中，增强教师之间的协助研究、互相促进、互相交流并共同提高的目的。具体安排如下：	为了贯彻落实《幼儿园教育指导纲要》《3—6岁儿童学习与发展指南》和《幼儿园保育教育质量评估指南》的精神，促进教师专业化成长，不断提高我园集体教育活动的水平，有效支持幼儿的学习与发展，我园计划于本学期开展观摩课活动，具体计划如下： **强调教师专业发展与有效支持幼儿的要求。**

（续表）

<table>
<tr><th>《评估指南》颁布之前</th><th>《评估指南》颁布之后</th></tr>
<tr><td>
一、活动时间：　年　月　日
二、活动地点：各班级活动室
三、活动安排
<table>
<tr><th>序号</th><th>班级</th><th>姓名</th><th>活动内容</th><th>听课教师</th></tr>
<tr><td>1</td><td>小 1</td><td></td><td>爱它，我就尊敬它（国旗）</td><td rowspan="2">小班全体教师</td></tr>
<tr><td>2</td><td>小 7</td><td></td><td>爱它，我就认识它（小手）</td></tr>
<tr><td>3</td><td>中 3</td><td></td><td>爱它，我就保护它（蛀牙虫快走开）</td><td rowspan="2">中班全体教师</td></tr>
<tr><td>4</td><td>中 5</td><td></td><td>爱它，我就装扮它（灰姑娘的舞会）</td></tr>
<tr><td>5</td><td>大 2</td><td></td><td>爱它，我就歌唱它（国旗）</td><td rowspan="2">大班全体教师</td></tr>
<tr><td>6</td><td>大 5</td><td></td><td>爱它，我就表演它（动物）</td></tr>
</table>
</td><td>
一、活动时间：　年　月　日
二、活动地点：班级活动室，会议室
三、活动安排：自报活动主题
<table>
<tr><th>序号</th><th>班级</th><th>姓名</th><th>活动主题</th><th>观摩人员</th></tr>
<tr><td>1</td><td>小 1</td><td></td><td></td><td></td></tr>
<tr><td>2</td><td>小 7</td><td></td><td></td><td></td></tr>
<tr><td>3</td><td>中 3</td><td></td><td></td><td></td></tr>
<tr><td>4</td><td>中 5</td><td></td><td></td><td></td></tr>
<tr><td>5</td><td>大 2</td><td></td><td></td><td></td></tr>
<tr><td>6</td><td>大 5</td><td></td><td></td><td></td></tr>
</table>
↑
虽然仍聚焦于教师组织集体活动的水平，但幼儿园没有规定个人活动的内容，参与者可以自由申报，增强了自主性。
</td></tr>
<tr><td>
四、活动要求
（一）内容
根据教育教学进度自选课题，设计一个创新、新颖的教学课时。
（二）形式
各年级组分别推选两名 3 年教龄以上且有一定教学经验的青年教师开展园本课程观摩活动，活动内容均选自本学期教育教学计划，由年级组长带领全组教师进行一课三研，于 2017 年 11 月 16 日上午各年级组同时进行观摩。
</td><td>
四、活动要求
（一）对提供观摩课的教师要求
1. 根据以往对幼儿的观察，设计一个需要以集体活动形式来开展的活动。
↑
所提要求不再针对预设主题内容，而是反映教师对幼儿的日常观察。
2. 各年级组分别推选两名 3 年教龄以上且有一定教学经验的青年教师组织集体活动，各年级组进行观摩研讨。
↑
强调共同研讨的过程。
（二）对参与观摩的教师及其他参与者的要求
1. 对照评估要点进行反思。
2. 观摩课结束后参与研讨。
</td></tr>
</table>

（续表）

《评估指南》颁布之前	《评估指南》颁布之后
评分参考标准： 1. 充分体现新课程理念。 2. 实现三维目标的有机整合。 3. 教学方法丰富多样，符合幼儿认知特点和教学规律。 4. 体现因材施教的原则。 5. 在教学中，教学教具准备充分，建议使用多媒体课件来开展教学活动，用创新的游戏引导幼儿学习，达到"玩中学、学中玩"的效果。	自我评估要点

日期：	观摩教师：	授课教师：	
授课教师在结束后的反思		观摩教师反思	
		是/否	为什么
1. 主题及内容是来自于幼儿的兴趣或经验需要吗？			
2. 活动中对幼儿有合理的期望吗？			
3. 师幼互动行为	能及时回应幼儿的问题吗？		
	回应幼儿的语言能够拓展幼儿的思维吗？		
	表情自然得体，幼儿乐于与教师交流吗？		
4. 关注个体幼儿的需要了吗？			
5. 用游戏的方式了吗？			
6. 提供的操作材料合适吗？			

↑
修改后的评估标准涉及所有参与者，大家不再是"评"与"被评"的关系，而是组成了能够相互促进的学习共同体。

五、其他注意事项

1. 执教教师要高度重视、认真备课、准备充分，课后提交教案、反思及课件。听课教师认真做好听课记录，课前熟悉观摩课的内容，明确目的、重点、难点，以便听课时心中有数，便于比较和发现执教教师的长处，利于向授课人学习，也为参与研讨做好准备。

2. 活动所需存档材料：执教教师的教案、PPT课件、课后反思、研讨记录。

五、观摩课结束后的教研活动（反思）

1. "自我评估要点"倡导的儿童观、教育观是怎样的？

2. 倾听提供观摩课的教师阐述自己的设计意图，对实施过程的反思以及对如何改进的思考。

3. 参与人员对提供观摩课的教师表示感谢，并就整个观摩活动过程阐述自己的想法。

4. 全程记录这个观摩前、中、后的过程，作为"回顾-分析-改进"的素材供大家学习。

↑
比赛是次要的，全体人员的持续专业发展更重要，这是一次共同评估、共同教研的活动。

通过上述案例分析,可以观察到幼儿园在理解与实施《评估指南》的过程中发生的变化。这些变化主要体现在开始落实"以评促建"的要求。尽管修改后的方案的实施效果尚待观察,但可以预期的是,一旦这些方案得以实施,幼儿教育工作者们将会积累更多的想法与经验,并据此进行进一步的改进。

综上所述,幼儿园的自我评估是一个在教育实践过程中不断识别和解决问题的循环。它是完善教育实践、有效支持幼儿学习与发展的重要过程。在这一过程中,教育工作者们不断发现并实践那些能够提升保教质量的积极策略。另外,从政策层面而言,自我评估不仅是《评估指南》所强调的重要评估方式,更是幼儿园教育质量提升的动力机制。通过这种方式,幼儿园能够在日常教育过程中不断进行自我诊断、自我完善和自我提升,最终达到"以评促建"的目的,不断推动幼儿园教育质量向更高标准迈进。

三、评估结果——以成长型思维促进幼儿园发展

基于《评估指南》所传递的理念,幼儿园保育教育质量评估的核心目的并非仅在于得出幼儿园的质量等级,而是通过成长型思维促进幼儿园的持续发展与改进。

《评估指南》
强调四大原则: • 坚持正确方向   • 坚持儿童为本   • 坚持科学评估   • 坚持以评促建

由上表可见,"坚持以评促建"是《评估指南》明确指出的原则,评估不仅是一种结果的呈现,更是推动幼儿园发展的重要手段。

"成长型思维"由斯坦福大学心理学家卡罗尔·德韦克提出,认为人的能力是可以通过后天的学习和努力得到提升的。这种思维方式对于幼儿园的评估意义重大,它鼓励幼儿园从评估结果中寻找成长与改进的机会,而不是将评估结果作为终点。

举例来说,一个孩子考完试回家,母亲对她说:"才80多分? 你看看人家文晴,总是考100分"。过了一会儿父亲回来了,他看着母亲和孩子,又看了看孩子的试卷,非常开心地对孩子说:"上次你考了70分,这次多考了十几分,真是个很大的进步。来,我们一起看看哪些题你做错了?"

从上述例子中可以看出,对于幼儿的考试成绩,不同的反应展现了不同的思维方式:一种是比较型思维,将幼儿与其他幼儿比较,容易引发幼儿的消极情绪;另一种是成

长型思维,关注幼儿的进步和成长,促使幼儿正面看待学习过程中的挑战。

在幼儿园评估的背景下,拥有成长型思维的幼儿园管理者和教师会将评估结果视为改进的起点,他们会分析评估反馈,探寻进步的空间,并据此调整和优化教育实践。相反,固定型思维的人可能会对评估结果产生不必要的焦虑和抵触,难以从中找到促进自身成长的信息。

园外评估者同样应采取成长型思维,他们的任务不仅是对幼儿园进行质量"体检",更重要的是发挥指导和激励的作用,帮助幼儿园识别和解决问题,进而提升保育教育水平。

综上所述,评估的最终目的是引导每一所幼儿园发现并解决问题,朝着优质发展的方向前进。这要求幼儿园、评估团队和教育管理部门共同努力,利用评估结果作为提升质量的契机。评估结束后,各方应继续合作,基于评估结果,制定和实施改进措施,以发挥评估的诊断、改进和激励功能,从而实现幼儿园的持续发展和质量提升。

在这一过程中,幼儿园能够根据评估指出的优势和待提升领域,进行深入的自我诊断,并结合长远规划,明确改进目标和策略。此外,教师通过具有实操性和指导性的评估指标体系,能够针对性地提升专业能力,支持幼儿的学习与发展。

最后,教育管理部门在处理评估结果时,应避免简单地排序或定级,而是应全面了解区域内幼儿园的质量状况,集中解决普遍问题,并促进幼儿园间的相互学习与支持。这种以提升为核心的做法,将引导所有参与者专注于幼儿园的成长和进步,实现高质量的教育目标。

创建质量评估工具
——践行《评估指南》的科学研究

　　第二章将全方位探索如何基于《评估指南》的框架和指
标体系来建构更适用于自身的幼儿园质量评估工具,同时确
保研制过程的科学性。首先,研究团队将会探讨幼儿教育质
量的核心因素和指标,并且提出一个以生态模型理论为基础
的早期教育与保育质量模型。接着,使用德尔菲法来提炼出
具有代表性和可评价性的指标,以进一步细化指标体系。最
后,以《评估指南》中着墨较少的"幼小衔接"为例,展示如何
对指标进行优化和调整,使其更适用于实践、更具可操作性。

一、早期教育与保育质量模型之探讨[①]

（一）反思当前早期教育与保育质量模型

过去,学者们通常是从儿童心理健康与发展的角度来探讨早期教育与保育(Early Childhood Education and Care)质量的定义。目前,幼儿园的结构性质量和过程性质量(Slot 等人,2018)成为了广泛用于量化早期教育与保育质量的两个概念。结构性质量是指能够在教室内进行调节或测量的指标,例如班级大小、师生比例、教师培训、校园设施,以及与课程相关的指标(Wang 等人,2020)。尽管这些结构性质量因素是必要的,但它们对幼儿发展的影响是较为间接的,因此仅有这些因素的影响并不足够(Burchinal, 2018)。相较之下,过程性质量则关注幼儿所经历的互动次数和质量,研究显示过程性质量对幼儿的学习和发展成果有较为显著的影响(Sluiter 等人,2023)。

虽然早期教育与保育质量通常被归类为结构性质量和过程性质量,但最近学术界就幼儿教育质量的定义展开了讨论,并提出了其他关键的质量要素(Burkina, 2018；Eadie 等人,即将出版)。教室环境除了是教学场所外,还提供了让教师与幼儿建立情感联系的情境,而教师的心理健康质量也会在很大程度上影响幼儿的社会情感发展以及教师的活动计划(Philips 等人,2022)。尽管过去的研究和监测工作主要集中在从结构和过程维度评估早期教育与保育质量,但越来越多的研究强调教师的心理健康、工作要求、压力调节与幼儿教育的各个方面存在显著联系,如师生关系(Aboagye 等人,2020；Jeon 等人,2019)。有学者进行了一项长期研究,通过录像观察探讨幼儿园教师的身心健康状况(如

[①] 本小节内容改写自研究团队 2024 年 3 月发表的文章。Hung, C. O., Zhang, Y., Wen, R., Zhang, D. D., Han, H., Pan, R., Shi, P., & Yuen, A. H. (2024). Development and validation of the Chinese Kindergarten Quality Rating Scale (CKQRS): A study based in Guangdong and Jiangsu provinces. *Children and Youth Services Review*. Advance online publication. https://doi.org/10.1016/j.childyouth.2024.107522

教学相关的压力和工作投入)与师幼互动质量(如情绪支持、课堂组织和教学支持)。研究发现,教学压力较高的教师表现出较低质量的课堂组织和情绪支持;此外,工作投入水平与教学支持质量之间呈正相关(Penttinen 等人,2020)。另一项研究也发现,工作投入较低的教师表现出较低质量的互动(Ansari 等人,2022)。

因此,在开发《幼儿园质量评估量表》(以下简称《评估量表》)之前,研究团队认为,评估幼儿园的整体质量需要考虑三个方面:过程性质量、结构性质量和幼儿园的管理(包括促进教师福利和保障身心健康),并尝试创建一个早期教育与保育质量模型,以实现幼儿园质量评估的可持续发展。

(二) 从生态理论角度探讨早期教育与保育质量

幼儿的早期体验和经历及其发展是一个复杂的过程。从社会生态学的角度来看,生态系统中的各种变量及变量之间的相互作用都可能影响幼儿的发展成果。研究团队以生态模型理论(Bronfenbrenner, 1979)为基础,扩展当前早期教育与保育质量的模型,提出幼儿的早期教育与保育体验和经历受到至少三个层次的质量影响,即幼儿的直接经验和经历、课程或项目的特点、行政和管理。三个层次相互交织,构建出早期教育与保育质量综合模型(图3)。每个层次都包含着多个质量因素,直接或间接地影响幼儿在早期教育与保育环境中的体验和经历的质量。这三个层次相互关联,从外层至内层有着因果关系,对幼儿产生从间接到直接的影响,塑造幼儿的体验与经历。

图 3 研究团队提出的早期教育与保育质量综合模型

幼儿的直接体验和经历是指幼儿与所接触到的人或环境之间的动态互动。根据布朗芬布伦纳(Bronfenbrenner，2005)和默康·巴尔加斯等人(Mercon-Vargas等人，2020)的研究，有证据表明多种因素会影响幼儿直接体验和经历的质量。这些因素包括：教师对幼儿的情感关怀(Pakarinen等人，2020)，教学质量——如反馈质量、语言示范、教学时间(Kook和Greenfield，2021)，师幼互动——如温暖且支持性的互动(Vitiello等人，2022)、成人与幼儿的亲密关系(Lu等人，2022)，还有同伴关系(Hanish等人，2021)。这些因素都可能会对幼儿的早期经历产生影响。

课程或项目的特点与幼儿的体验和经历密切相关，主要包括：班级规模和师生比例、一日活动和计划、健康和安全、空间和设施、教职工的知识和技能，还有家校合作——如家长与教师的关系(Jeon等人，2021)、家长参与(Cutshaw等人，2022)、沟通(Barnett等人，2020)等。这些因素相较于其他过程性质量指标更容易监测和测量，因此一直作为不同地区评估幼儿园质量的重要指标。虽然研究表明这些因素对幼儿的发展结果的预测能力较弱。例如，佩尔曼等人对29项关于师生比例与儿童发展结果关系的研究进行分析，发现师生比例对儿童发展结果的影响较弱(Pelman等人，2017)。但它们仍然会对幼儿的直接体验和经历产生影响，进而影响幼儿的发展结果。因此，这些因素仍然是非常重要的，不能忽视(例如，Cohrssen等人，2023；Lokken等人，2018)。事实上，许多研究表明教师的知识和技能与教学质量，如使用高阶问题(Higher-order questions)、设计有效的课程内容(Neuman和Danielson，2021)直接影响着教师与幼儿的互动质量(Joo等人，2020)。

幼儿园涉及不同的利益相关者，需要园长、教师和行政人员共同合作。有研究表明，教育机构的行政和管理会影响到教师的实践，进而影响到幼儿的学习体验和经历，从而对幼儿园的质量产生影响。这些因素包括：教育机构的教育理念和价值观、课程管理(Pan等人，2020)、为教职工提供的专业发展支持(Tanaka等人，2020)、对福祉的支持和资源的供给(Zhao和Jeon，2023)以及教职工福利(Pan等人，2020)。这些因素不仅会影响机构氛围的形成(Hewett和La Paro，2019)，也会影响教职工的福祉或身心健康、工作满意度(如Jiang等人，2019；Viotti等人，2020)以及教师对机构认同感和参与度的感知(Ji和Cui，2021)。教职工的福祉或身心健康与师幼互动质量密切相关(Penttinen等人，2020)，继而还会影响到幼儿的体验。

包含了上述三个层次的早期教育与保育质量模型，为《评估量表》的制定提供了一个理论框架。该模型以幼儿在早期教育与保育环境中的体验和经历的质量作为出发点，将评估重点集中于幼儿的直接体验和经历，同时兼顾课程或项目的特点以及行政和管理方面的质量要素。通过这种理论框架的建构，可以更全面、合理地评价幼儿园的质量，最终保障幼儿在幼儿园的体验和经历的质量。

二、使用德尔菲法来建构框架与内容[①]

德尔菲法又称专家调查法,是一种结合质性与量性研究过程,依靠专家意见形成理论或对未来预测的一种研究方法(Bourgeois 等人,2006)。德尔菲法需进行两轮以上的专家调查,并基于专家意见逐步修正调查对象,直至专家意见基本达成一致。德尔菲法在制定指导意见、评估标准和预测发展趋势等相关研究中均发挥了重要作用(Green,2014)。其中,指标体系的构建是德尔菲法在我国教育评价相关研究中的第一大应用领域(袁勤俭等人,2011)。前人研究者们指出,指标体系是评价指标、指标权重、评价标准等构成的有机集合体(蔡建东,2000),而指标体系的构建,便是将抽象的研究对象按照其本质属性分解成为可操作化、具有行为化的结构的过程,也是进行预测或教育评价研究的前提和基础(王少娜等人,2016)。

以下将从 5 个方面来阐述研究团队如何运用德尔菲法来科学构建《评估量表》的框架和内容,包括专家样本的选择、研究过程、量表的确立与检验、研究结果与讨论、建议与方向。同时,虽然德尔菲法具有专业性强、调查结果相对独立、利用群体智慧等优势,但是在运用德尔菲法构建指标体系时,研究者和专家的主观因素势必会对研究问题产生影响;因此,单一使用德尔菲法中的量化数据很容易出现偏倚(王少娜等人,2016)。就此,下文还详细描述了在进行德尔菲法的过程中,如何采用混合研究法,通过"量化数据分析—与专家展开访谈以增加客观性—对影响专家判断的因素进行分析"这样的路径来缩小研究者和专家的主观因素带来的消极影响。

(一) 专家样本的选择

构建幼儿园质量评估指标体系需要涵盖幼儿园教育、保育、管理、研究等多方面内容,因此在专家选择上也需要保证专家的专业性和多样性。本研究分别从高校、各省市教育局、教科所幼教教研室、幼儿园中邀请了 18 位专家参与调查,包括高校学者、幼教研究人员、幼儿园教育工作者三类。专家团队的一线幼儿教育经验平均工作年限为 15 年,幼儿教育研究的平均年限为 18 年,幼儿教育质量评估的相关工作平均年限为 12 年。

专家的权威程度通常由专家对指标做出判断的依据(Ca)和专家对指标的熟悉程度(Cs)确定,计算方法为取判断依据系数和熟悉程度系数的算术平均值,即专家权威程度系数 Cr＝(Ca+Cs)/2。本研究通过专家自评方式取得上述数据,并对 18 位专家的权威程度系数做出了统计。结果显示,18 位专家的权威程度系数 Cr 平均值为 0.81,而一

[①] 本小节内容改写自研究团队 2023 年 9 月发表的文章。文若予、张晔、洪安盈、时萍(2023).《幼儿园质量评估量表》的构建——基于德尔菲法的研究.早期教育,9,9—17.

般认为,德尔菲法专家权威程度系数 Cr≥0.7 即为可接受。因此总体上看,本研究的德尔菲法专家团队具有专业代表性、多元性和权威性。为了排除可能存在的权威干扰,在德尔菲法的调查期间,专家之间互不知情,只与研究团队联系。

(二) 研究过程

第一轮问卷——《幼儿园质量评估量表咨询问卷(一)》的内容仅包含幼儿园质量评估中的一、二、三级指标及其内涵解读,不涉及指向具体评估条目的四级指标,以最大程度地保证德尔菲法的准确度,同时兼顾研究的时效性和可控性。其中各级指标的制定基于国内外幼儿园质量评估的标准和政策,包括 ECERS‐R[①]、CLASS[②]、NQS[③]、《3—6 岁儿童学习与发展指南》《评估指南》等。

《幼儿园质量评估量表咨询问卷(一)》拟定了适合现时中国幼儿园质量评估的六个一级指标,分别是:环境与设施、幼儿学习与发展、团队管理与建设、安全与卫生、家园社协同合作、办园与管理。每个一级指标下又分为 2—5 个二级指标及多个三级指标,以供专家评估其重要性及提供意见。

第一轮专家咨询的操作是向他们发放《幼儿园质量评估量表咨询问卷(一)》(图 4),目的是征求专家们对于量表中一、二、三级指标的划分、定义及语言表述的意见。研究团队在综合国内外文献的基础上对每一级指标的含义作出了简述,要求专家对各级指标的重要性按照"较为重要、重要、相当重要和极为重要"四个程度进行打分,赋予 1—4 分值,并请专家对各级指标的修改提出文字意见。回收问卷后,研究团队整理专家意见,形成了"增加/删除指标""修改文字表述""不符合地区实情""需要补充解释"四大类修改意见,并计算专家评分的均值、标准差、满分率、差异系数等。

根据德尔菲法的要求,研究团队将第一轮的数据结果呈现给各位专家。同时,在第一轮结果的基础上,着手将三级指标的内容发展成为更细化的四级指标。每一项四级指标的提出都是基于前三级指标的内涵解读和专家在第一轮调查中所提出的意见,并由团队的主要研究员反复讨论及确认,形成《幼儿园质量评估量表咨询问卷(二)》(图 5)。随后,研究团队将该问卷通过电子问卷的形式再次发送给 18 位专家,进行第二轮德尔菲法的意见调查。

第二轮调查要求专家们再就各级指标的重要性和操作性逐一打分,赋予 1—4 分

---

① Early Childhood Environment Rating Scale,简称 ECERS,是国际上运用较为广泛的托幼机构教育质量工具之一。其修订版 ECERS‐R 的中文版《幼儿学习环境评量表(修订版)》于 2015 年由华东师范大学出版社出版。

② Classroom Assessment Scoring System,简称 CLASS,是美国学者近年研发的在评估课堂师生互动质量方面具有代表性的观察工具。

③ National Quality Standard,简称 NQS,是澳大利亚于 2009 年制定的第一个全国统一的早期儿童教育与保育国家质量标准。

一级指标	二级指标	三级指标
1. 环境与设施	1.1 室内环境规划	1.1.1 室内空间和设施
		1.1.2 室内活动及游戏空间规划
		1.1.3 环境中的展示
	1.2 室外环境规划	1.2.1 室外空间与规划
		1.2.2 室外器材和设施
	1.3 材料与资源	1.3.1 玩具材料
		1.3.2 图书和语言材料
		1.3.3 多媒体资源
	1.4 环境氛围	
2. 幼儿学习与发展	2.1 情感氛围	2.1.1 师幼关系
		2.1.2 幼幼关系
	2.2 幼儿学习与发展	2.2.1 健康与自理能力
		2.2.2 运动发展
		2.2.3 语言与早期读写
		2.2.4 归属感与社会性
		2.2.5 科学与数学探索
		2.2.6 视觉艺术与创意
		2.2.7 音乐与律动
	2.3 教育评估与计划	2.3.1 一日活动安排
		2.3.2 观察与记录
		2.3.3 反思、回应与制定教育计划
3. 团队管理与建设	3.1 教职工职业道德	
	3.2 专业发展	
	3.3 质量评估制度	3.3.1 教育质量评估
		3.3.2 校内自我评估
	3.4 教职工福利待遇与奖励制度	
4. 安全与卫生	4.1 安全管理及制度落实	
	4.2 卫生保健	4.2.1 健康检查
		4.2.2 消毒与传染病预防
		4.2.3 膳食营养
5. 家园社协同合作	5.1 与家庭合作	
	5.2 与社区合作	
	5.3 幼小衔接	
6. 办园与管理	6.1 办园理念与方向	
	6.2 管理文化	
	6.3 办园条件	

图 4 幼儿园质量评估量表咨询问卷(一)样表

一级指标	二级指标	三级指标	二、三级指标解读	四级指标
环境与设施	1.1 室内环境规划	1.1.1 室内空间和设施	a. 室内空间利用得当 b. 室内光线、通风、温度合适 c. 室内设施充足 d. 设施符合幼儿尺寸	1.1.1.1 室内空间宽敞且利用得当，方便幼儿和成人可以自如活动。 1.1.1.2 有自然光、通风和温度调节设备。 1.1.1.3 成人能依照幼儿活动和游戏的需要调节光线、通风和温度。 1.1.1.4 有满足日常照料、游戏和学习的设施以及个人物品的收纳区。 1.1.1.5 室内家具和设施的尺寸适合幼儿。 1.1.1.6 有自然材质的家具和设施。 1.1.1.7 室内家具和设施安全、卫生、维护良好。
		1.1.2 室内活动及游戏空间规划	a. 室内安排有不同类型的游戏区角 b. 空间规划动静相对分开 c. 室内设置和家具摆放更便于幼儿进行游戏与探索 d. 教师关注各游戏区角中幼儿的安全	1.1.2.1 室内至少有5-6个不同类型的游戏区角，可以为幼儿提供多种学习经验。 1.1.2.2 空间规划动静相对分开，减少干扰。 1.1.2.3 室内既有适合个体幼儿自主游戏和活动的空间，也有适合小组幼儿和大组幼儿游戏和活动的相对固定的空间。 1.1.2.4 有私密空间供个别幼儿进行游戏、活动或休息。这些私密空间在保证安全的前提下，有简单的遮挡。 1.1.2.5 区角的空间设置和家具摆放便于幼儿游戏与探索。 1.1.2.6 注重空间规划的灵活性，教师依据幼儿的兴趣和需要灵活调整家具和设施。
		1.1.3 环境中的展示	a. 展示出的作品形式丰富多样 b. 教室中的展示符合班里大多数幼儿的年龄特点 c. 大多数展示与班级最近的活动或幼儿的兴趣紧密相关 d. 展示的内容具有明显可见的文化多样性	1.1.3.1 展示符合班里幼儿的年龄特点。 1.1.3.2 展示中有幼儿的作品。 1.1.3.3 展示放置在与幼儿水平视线范围内的高度。 1.1.3.4 展示出的幼儿作品是幼儿的个性化作品，而非教师统一要求下做出来的。 1.1.3.5 展示与最近的活动或班里幼儿的兴趣紧密相关，并能随幼儿的需要而更新。 1.1.3.6 展示的内容中具有明显可见的文化多样性。 1.1.3.7 展示中既有平面的也有立体的幼儿作品。 1.1.3.8 展示中既有艺术类作品，也有幼儿的"书写"作品。

图 5 幼儿园质量评估量表咨询问卷(二)样表

值,同时专家可以针对四级指标提出文字性改进意见。此外,专家还需要对此次咨询的权威程度进行自评,以供研究团队对专家的权威性做出评估。

（三）量表的确立与检验

两轮德尔菲法的问卷回收率和有效率均为 100%,表明专家的参与积极性高。在对第二轮德尔菲法进行分析后,研究团队发现《幼儿园质量评估量表咨询问卷(二)》中指标的整体均值、满分率和变异系数都达到了可接受的程度,但同时也注意到,有四位专家的两轮评分方差均大于 0.8,显示出这四位专家在整个量表的评分过程中出现了较大的认知偏差。因此,研究团队对这四位专家展开了个别访谈,以期了解分数波动背后的原因。

至此,经过两轮德尔菲法问卷调查及个别专家访谈,所有指标的均值、满分率均达到预期,指标项变异系数逐渐缩小,表明量表的内容逐渐趋于合理,专家意见基本达成一致,专家咨询到此终止,《评估量表》基本形成。

为了检验量表的实际效度,研究团队将该量表用于深圳一所幼儿园进行先导测试。三位研究员选取幼儿园的一个班级开展了为期一天的以观察、访谈、查阅文件为基础方法的评估。评估发现,量表中的一些指标在实际操作层面仍可能会导致评分员的理解差异,需要为这些指标提供情景化的解读。经过团队的反复修改和调整后,最终形成了包含 5 个一级指标、14 个二级指标、27 个三级指标和 278 个四级指标的《评估量表》,所有三级以上指标均附有"评估目的""内容描述"和"实践要点",为评分人员提供具体解释。

（四）研究结果与讨论

两轮德尔菲法调查结果显示,所有四级指标的均值均达到 3.5 以上,满分率均大于 50%,变异系数均小于 20%,意味着专家对本轮问卷的意见基本达成一致,《评估量表》的指标设置趋于合理。但是,有四位专家的两轮评分方差均大于 0.8,显示出这四位专家在整个量表的评分中出现了较大波动。因此,研究团队决定对这四位专家进行访谈,以了解专家评分差异的原因。

访谈环节主要询问了四位专家两个类型的问题:(1)请谈一谈您对指标的理解和看法;(2)请谈一谈您的评分决策过程。访谈过程中,研究团队仅对指标的内容和关键概念做一些澄清。在完成访谈之后,研究人员转录了专家访谈内容,并通过"内容分析法"进行分析。

1. 当前幼儿园质量评估中的难点

研究结果显示,对于幼儿园质量评估中的某些指标,专家会出现较大的意见分歧,显示出这些指标在实际的理解和操作层面存在难点。对于这些评估难点的讨论,有助

于研究团队在改进指标的过程中对指标提出更为合理的解释、做出相应的调整及深化评估方式。

两轮德尔菲法调查数据显示，一级指标"家园社协同合作"的均值在两轮评分中均值最低，且变异系数最高。访谈结果同样显示，专家们对于"家园社协同合作"中"幼儿园如何与社区合作"及"幼小衔接如何评估"持保留意见。这反映了虽然《评估指南》明确提出"幼儿园与家庭、社区密切合作，积极构建协同育人机制""关注幼儿发展的连续性，注重幼小科学衔接"的要求，但在当前形势下，对于如何科学评估幼儿园"家园社协同合作"的质量仍存在困难。近年来，生态学取向的儿童入学准备概念得到越来越多的认可（黄瑾和田方，2022；朱雯珊，2016）。它强调儿童入学准备不仅是"使儿童个体做好准备"，更是应该"使学校、社区和社会做好准备"。这也意味着"幼小衔接"不是幼儿园单向衔接小学，应是一个双向衔接的过程，且该过程的平稳运行离不开家庭、社区和社会的支持。然而，虽然目前生态学取向的幼小衔接相关研究不断发展，但相应测评工具较少，且测评工具的开发难以充分反映新理论中关于幼小衔接内涵的变化（于涛等人，2010）。因此，在幼儿园质量评估中囊括对"幼小衔接"的评估具有迫切性，且评估的内容不应仅指向幼儿的发展水平，而更应指向幼儿园、小学、家庭和社区在幼儿幼小衔接过程中的支持，并将"家庭和社区"的功能与作用放到与幼儿园同等重要的位置。

三级指标"多媒体资源"也是《评估量表》中另一项存在较大争议的内容，特别是在第一轮专家调查中，部分专家对在幼儿园内使用多媒体资源持否定态度，后续的访谈结果显示，这可能是因为其对多媒体资源的理解停留在较为狭隘的层面，认为在幼儿园使用多媒体资源就等于使用屏幕播放视频，不利于幼儿身心健康成长。当前，信息技术在学前教育领域不断普及，在幼儿园中使用多媒体资源已是大势所趋。《评估指南》中虽指出要"尽可能减少幼儿使用电子设备"，但除了从时间上限制幼儿使用电子设备，更关键的是要引导教师理解多媒体资源的教育价值，将关注的焦点由"是否"转向"如何"将信息技术融入幼儿园活动当中来，实现信息技术与教学活动的深度融合（蔡建东，2000）。

除此之外，三级指标"环境中的展示"涉及的教室中是否应该设置"安静区（私密空间）"以及如何定义"作品展现文化多样性"的内容，也被专家们认为是评估难点。这些评估难点一方面反映出量表制定者对指标的定义应考虑得更为全面和谨慎，并提供情景化的解读，另一方面也指向多样化评估方式的必要性。在评估过程中，特别是在过程性质量要素的评判上，应减少评估者仅根据呈现出的结果做出"是否"的判断，而应结合访谈、观察等情境性的方法，加强评估者与被评估者之间的对话、交流，体现评估指标的动态性和整合性。

2. 专家对质量评估要素达成共识的影响因素

德尔菲法的数据处理方式应根据研究的目的、研究的设计和收集到的数据类型做

出调整,而并非仅对量化结果进行呈现。本研究在分析德尔菲法数据处理结果时,注意到四位专家在两次问卷调查中评分存在着较大波动,且发现针对某些指标,专家之间的意见也存在着较大的差异。为了进一步解释波动和差异产生的原因,研究团队使用访谈法对几位专家进行一对一深入访谈,并总结和发现了以下五个影响专家对质量评估要素达成共识的主要因素,从而更好地优化了量表的构建。

第一,学前教育政策。在访谈过程中,四位专家不约而同地提到新政策的颁布会直接影响幼儿园的实践,继而影响他们的决策。例如,自教育部 2021 年颁布《关于大力推进幼儿园与小学科学衔接的指导意见》等文件,"幼小衔接"成为当前各省市幼儿园工作中的一个重点。虽然专家们对如何评估"幼小衔接"存在较大的争议,但是绝大部分专家都认可对其进行评估的重要性,正如专家 3 强调的:"我们确实需要一个东西来评估幼小衔接项目",以响应政策的倡导并引导幼儿园避免开展具有小学化倾向的幼小衔接项目。因此,即便专家们对"幼小衔接"的评估内容存有争议,本研究依然将其作为一个评估重点,以响应国家颁布的政策,并期望后期能获得来自幼儿园评估实践的验证。

第二,对质量评估工具用途的再认识。传统意义上,质量评估工具的主要用途在于评估幼儿园的保育教育质量,本研究则认为评估工具用途不只是在于评估幼儿园的教育质量,它同时还可以是幼儿园落实学前教育政策的一个重要抓手。因此,研究团队依据《评估指南》中提出的幼儿园工作要点,结合幼儿园的实践,制定了相应的评估指标。在访谈过程中,专家们也阐述了其对评估工具用途的认识,认为评估工具除了评估幼儿园质量,还具有指导教育实践的作用,并在一定程度上为政策与实践架起了桥梁,这与本研究对指标用途的认识相契合。这样的共识有助于他们在评分时关注指标、政策与幼儿园实践的匹配和融合程度,而这也是本研究设计量表的初衷。

第三,访谈的中介作用。在社会科学研究中,访谈法是一种重要的数据收集方法。在问卷调查的基础上对专家展开访谈在德尔菲法的应用中并不常见,但是本研究认为访谈法的使用能在此类研究中起到一个中介作用,因为它为专家翔实阐述其对每一条四级指标的评分理由提供了机会,为其在问卷调查中所做出的重要决策进行补充,继而支持专家达成共识。专家们应当是访谈的主体(Edwards 和 Holland,2013),因此为避免专家"受到研究者在设计问题时为达到预测目的而产生的主观偏倚"(王少娜等人,2016),在访谈过程中访谈者仅对关键概念做出澄清,从而获得更贴近专家想法的"真实"信息(Adhabi 等人,2017)。在访谈结束后,有两位专家表示访谈环节中的概念澄清有助于他们理解指标的内容、重要性和可操作性的定义,并承认其在问卷评分过程中出现了误判,继而修改了对部分指标的评分。因此,访谈所起的中介作用能有效提高专家们对部分指标的整体评分一致性。前人研究者们也提到,对专家前期的预测结果进行及时监测、确认和修正有助于提高德尔菲法技术预测准确性和可靠性(张冬梅和曾忠禄,2009)。

第四,有关学前教育的理论知识和研究经历的差异。虽然曾有学者指出,"德尔菲法是一种对于意见和价值进行判断的作业,如果所选专家对于研究主题不具有广泛的知识很难提出正确的意见和有价值的判断"(曾照云和程晓康,2016,第118页),但是何为"与研究主题相关的广泛知识"却很少得到讨论。在本研究中,参与调查的18位专家都有着学前教育研究的知识和经验(最少3年,最多30年,其中有13位专家有超过15年的学前教育研究经验)。然而,18位专家所从事的研究领域各异,且只有少部分专家专门从事过幼儿园质量评估方面的研究。例如,当回顾有关"多媒体资源"的评分决策过程时,专家2提到自己曾进行过相关课题研究,而他在该课题中得出的研究发现(即对比多媒体资源,可实际操作的材料更能促进幼儿的学习和发展)直接影响其对整个领域重要性的评判。然而,专家2所从事的实证研究其实与幼儿园"多媒体资源"质量评估研究略有不同,某种程度上限制了其从质量评估的角度来考虑"多媒体资源"的重要性和可操作性。因此,在拟定专家选择标准时,除了拥有学前教育领域的理论知识和研究经历外,如果将幼儿园质量评估的理论知识和研究经历也作为一项要求,则有可能更容易达成专家共识。

第五,评分过程中应用的个人化策略。在访谈中,专家们表明自己在评分时中会采用一些个人化的评分策略。前文中有提到,研究团队要求专家对每个一级指标、二级指标的重要性按照"较为重要、重要、相当重要和极为重要"四个程度进行打分,分别赋予1—4分值。然而,访谈结果显示,即便研究团队对1—4分值进行了定义,一些专家仍会赋予1—4分值以个人化且与预设标准不一致的定义,继而影响专家整体评分的一致性。另外,虽然本研究期望专家们对各四级指标及其对应其所属的二级或三级指标的重要程度进行独立评判,但是在访谈中,部分专家表示他们在实际评分过程中,会对整个二级或三级指标下属的所有四级指标做出横向比较,继而再做出评分判断。因此,研究者或者团队在为专家提供评审指引时,可以详细解释与研究主题相关的评分策略,以此缩小个人化策略对整体专家评分的差异影响。

(五) 建议与方向

本研究所建构的《评估量表》严格遵循德尔菲法的研究步骤,具有完整性和文化适宜性的特征,并在一定程度上响应了《评估指南》提出的"深入解读幼儿园保育教育质量评估的重要意义、内容要求和指标体系",提供了一个多方对话的平台,这对于提升我国幼儿园教育质量、形成本土化的学前教育质量评估体系有重要意义。然而,本研究也存在着一些不足,如在专家选择方面存在地域的局限性,专家样本多数集中在江苏省和深圳市两个地区,而这两个地区的学前教育水平相较于全国平均水平更高。

使用德尔菲法所建立起来的评估体系或量表并不意味着研究的最终目标。在分析德尔菲法应用研究中存在的问题时,有学者建议要对已有研究成果进行科学的论证或

者提供可以借鉴的依据(张冬梅和曾忠禄,2009)。

因此,本研究后续的关注点有以下两个方面:第一,开展实证测评研究,通过收集数据来对量表的信度和效度作进一步检验。研究团队与位于广东省深圳市、江苏省淮安市和常州市的多所幼儿园取得联系,使用《评估量表》对更多幼儿园做出实地评估,以期通过更广泛的试用来确保《评估量表》的信度、效度及实际操作性。第二,鉴于专家的评分和判断会随时间的推进而发生变化,且受多种因素影响,因此探究德尔菲法专家人口学特征及其评分标准之间的联系是未来的一个研究方向。

最后,本研究认为制定幼儿园教育质量评价标准的过程应是动态的,质量评估的标准也应根据特定的时空做出具体的解释(郭良菁,2009),这也符合《评估指南》中所强调的"各省(区、市)要结合实际,完善本地质量评估具体标准"的要求。因此,《评估量表》在今后的实际使用过程当中,需要根据处于不同省(区、市)的幼儿园的具体情况做出相应调整,以多样化的评估方式弥补标准化量表的不足之处,最终实现"以评促建、促反思",提升我国幼儿园乃至学前教育的整体质量。

三、指标的形成与优化——以"幼小衔接"为例[①]

《评估量表》涵盖了 5 个一级指标(以下称为"领域")——办园方向、保育与安全、教育过程、环境创设、教师队伍;每个一级指标下面又有不同的二级和三级指标(以下称为"项目"和"子项目");细数下来,一共有 34 项项目和子项目需要形成更为具体的四级指标(以下称为"指标")。

研究团队并不是一开始就研发出具体的指标,而是查阅不同领域的相关文献,首先形成这 34 个项目和子项目的评估要点,并征询德尔菲法 18 位专家团队的意见和建议,以期能把握各领域的整体评估方向。然后,研究团队在评估要点的基础上形成具体的指标,再结合第二轮德尔菲法专家团队的评审和建议对指标做进一步修订。

在这 34 个项目和子项目中,"幼小衔接"是领域一"办园方向"中的一个项目,是研究团队在指标研发初期讨论得较为激烈的一个内容,也是一些专家在德尔菲法研究中与其他专家分歧较大的范畴。围绕这一项目研究团队又与专家进行了深度访谈,以优化和完善指标。因此,本文将以"幼小衔接"为例,从 5 个阶段具体阐述《评估量表》中指标形成和优化的过程。

希望借此过程为各地、各幼儿园细化、优化适用于自身的评估指标提供可借鉴的科学方法。

---

① 本小节内容改写自研究团队 2023 年 10 月发表的文章。张丹丹,潘瑞锋,陶慧敏,张晔,韩浩(2023).幼儿园幼小衔接质量评估要点和指标的探索研究.早期教育,10,2—8.

（一）基于研究文献，形成幼小衔接的评估要点

幼小衔接是幼儿园教育与小学教育的过渡阶段，是近几年我国学前教育改革中的重要内容，幼小衔接的质量也成为目前幼儿园教育质量评估中关注的重点。特别是2022年教育部颁布《评估指南》，"注重幼小科学衔接"便是其中的评估内容之一。因此，研究团队在制定幼儿园教育质量评估框架之初，便将"幼小衔接"作为一个项目，放在"家园社协同合作"指标下。

但在制定幼小衔接的评估要点时，研究团队遇到了挑战。尽管国内外有关幼小衔接的研究很多，但目前的研究更侧重在评估幼儿在幼小衔接阶段的能力（Macy等人，2022；Corey和Deborah，2013），以及各主要利益相关者，如家长、儿童、小学对幼小衔接的认识及存在问题的研究（俞文等人，2019；刘晓东，2019；刘丽伟和李敏谊，2015），对幼小衔接质量的评估研究则非常少。所以我们在研发评估要点时，首先将思路聚焦于明确有哪些因素影响幼小衔接的质量。

研究团队通过梳理文献了解影响幼小衔接的因素，比如布朗芬布伦纳在他的生态系统理论中解释了幼儿在入学之前受到多种因素的影响，主要包括家庭、幼儿园和学校（Bronfenbrenner和Morris，2006）。我国学者从有关幼小衔接的政策中也发现，幼小衔接生态系统趋于综合化，幼小衔接是涉及幼儿园、小学、家庭和社会等诸多系统在内的复杂性教育活动（刘源等人，2021）。因此，应从整体的、系统的视角看待幼小衔接。从幼儿园层面来看，高质量的幼儿教育课程本身就能够帮助幼儿更好地进行幼小衔接（Cannon等人，2017）。从小学层面来说，以往，幼小衔接更多指的是幼儿园为小学做准备而进行的单向衔接。2021年3月，教育部印发《关于大力推进幼儿园与小学科学衔接的指导意见》（以下简称《指导意见》），首次提出要"坚持双向衔接"，强化小学的衔接意识，使小学正视自己在幼小衔接中的责任。从家庭层面来说，父母在支持幼儿过渡到学校的过程中扮演着关键的角色，家庭参与、家庭教育影响了幼儿入小学所需要的能力（Puccioni，2015；Mathis和Bierman，2015）。

因此，在这些文献研究的基础上，研究团队依据影响幼小衔接的3个因素——家庭、幼儿园和学校，将"幼小衔接"的评估要点确定为以下6点：

- 对幼儿在小学入学身心准备方面的支持；
- 对幼儿在小学入学生活准备方面的支持；
- 对幼儿在小学入学社会准备方面的支持；
- 对幼儿在小学入学学习准备方面的支持；
- 对家庭在幼小衔接过渡方面的支持；
- 与小学的协同合作。

（二）通过德尔菲法，确定幼小衔接的评估指标

在德尔菲法的调查中，专家团队对 6 个要点按照重要性程度进行评分，1 表示"较为重要"，2 表示"重要"，3 表示"相当重要"，4 表示"极为重要"。所有专家对"幼小衔接"6个评估要点的满分率达到 60% 以上，变异系数小于 0.2，达到了统计学的可接受水平，说明专家们认为这些要点都很重要，且他们内部对这些要点的意见比较集中。

表 1　专家评审对 6 个要点重要性的评价情况

题目\选项	平均数 M	标准差 SD	满分率 K	变异系数 CV
1. 对幼儿在小学入学身心准备方面的支持	3.94	0.24	0.94	0.18
2. 对幼儿在小学入学生活准备方面的支持	3.89	0.32	0.89	0.06
3. 对幼儿在小学入学社会准备方面的支持	3.94	0.24	0.94	0.08
4. 对幼儿在小学入学学习准备方面的支持	3.89	0.32	0.89	0.06
5. 对家庭在幼小衔接过渡方面的支持	3.89	0.32	0.89	0.08
6. 与小学的协同合作	3.67	0.59	0.72	0.08

研究团队依据这 6 个要点，形成了 11 条具体的指标，再要求专家依据重要程度和可操作性对其评分，结果如下：

表 2　专家评审对 11 条指标重要性和可操作性的评价情况

指标	重要性			可操作性		
	M±SD	K	CV	M±SD	K	CV
1. 幼儿园大班下学期课程帮助幼儿了解小学生活，建立积极的入学期待（例如：组织幼儿园大班幼儿参观、体验小学课堂）。	3.83±.383	0.89	0.10	3.67±.594	0.72	0.16
2. 幼儿园课程支持幼儿获得积极的情绪体验。	3.78±.548	0.89	0.15	3.11±.963	0.44	0.31

（续表）

指标	重要性			可操作性		
	M±SD	K	CV	M±SD	K	CV
3. 幼儿园大班下学期帮助幼儿逐步调整一日流程，适应小学作息。	3.44±.705	0.56	0.20	3.44±.922	0.61	0.27
4. 幼儿园课程帮助幼儿提升生活自理能力。	3.72±.575	0.83	0.15	3.33±.840	0.50	0.25
5. 幼儿园课程帮助幼儿发展交往合作能力。	3.78±.548	0.89	0.15	3.17±.857	0.39	0.27
6. 幼儿园课程强化幼儿任务意识（例如：大班下学期教师有意识向幼儿布置收拾书包等任务）。	3.67±.686	0.78	0.19	3.44±.784	0.50	0.23
7. 幼儿园课程培养幼儿的集体荣誉感。	3.61±.698	0.78	0.19	3.17±.924	0.44	0.29
8. 幼儿园课程支持幼儿养成良好的学习习惯。	3.78±.548	0.89	0.15	3.28±.826	0.44	0.25
9. 幼儿园课程培养幼儿学习兴趣和能力（例如：前书写准备、倾听和阅读能力等）。	3.78±.548	0.89	0.15	3.22±.878	0.44	0.27
10. 幼儿园为大班幼儿家庭提供幼小衔接相关的资源（例如：提供有关小学一日作息的资料）。	3.67±.594	0.72	0.16	3.67±.485	0.61	0.13
11. 社区内小学和幼儿园教师之间在儿童发展、课程、教学、管理等方面有研究交流（例如：邀请小学教师为幼儿园家长开展讲座）。	3.89±.323	0.94	0.08	3.61±.502	0.61	0.14

结果显示，在重要性程度上，第3条指标的专家满分率低于60%，变异系数等于0.2。这表明专家团队对第3条指标存在较大的分歧，根据数据结果，需要考虑删除第3条指标。

在重要性程度上，专家们在第2、4、5、6、7、8、9条指标上的满分率和变异系数都达到了统计学水平，说明他们的意见趋于一致，认为这些指标的确对幼小衔接比较重要。但是在可操作性上，专家的满分率都低于60%，且变异系数都高于0.2，说明专家对这几条指标的可操作性存在分歧意见。

第1、10、11条指标在重要性和操作性上的满分率都为60%以上，变异系数都低于

0.2,达到了统计学的可接受水平,说明专家一致认同这几条指标比较重要且可操作性较高,因此在最终的指标中保留了这三条指标。

(三)实施专家访谈法,优化幼小衔接的评估指标

经过两轮德尔菲法调查之后,研究团队发现在有关幼小衔接的 11 条指标中,重要性和可操作性的满分率都达 60% 以上的指标并不多,只有 3 条。因此,研究团队对 18 位专家在幼小衔接项目的打分做了标准差分析,发现有 4 位专家的标准差较高。为了深入了解专家对相关指标的看法,研究团队对这四位专家进行了一对一的半结构化访谈。访谈问题主要围绕要点和指标进行,例如"请谈一谈您对指标 1 内容的理解、看法以及修改建议"。访谈结果如下:

1. 评估指标中有关幼儿园作息和课程要照搬小学的内容不适宜,小学也应做出调整

专家认为,幼儿园的课程、作息与小学不同,没有必要为了幼小衔接而提前让大班幼儿变成小学生,如果在指标中刻意强调小学的作息和安排,幼儿园就会以此为要求按照指标去做,这将导致小学化倾向;相反,几位专家都提到了无论是在作息、环境、课程,还是与幼儿的互动上,小学都应该做出一些调整。

例如:

> "可以了解小学生活,但是没有必要把它(幼儿园作息)变成小学的作息,让幼儿园大班下学期就搞成小学的一日流程,……这是提前小学化。"
> "如果是理想的状态,我觉得应该是小学有更多的改革。"

2. 评估指标的内容应包含让幼儿了解小学、做好心理和情绪上的准备

专家认为,尽管幼儿园不能复制小学的作息和环境,但还是应该调动幼儿的兴趣去探究幼儿园与小学的异同,这样做会让幼儿减少进入小学的恐惧感,提高适应能力。

例如:

> "(提前了解小学)不会让孩子觉得好像进入了一个新环境。(不然)会像断崖似的,(孩子)觉得进入了一个充满恐惧感的全新环境。"

3. 应整体考虑幼儿园的课程质量,避免割裂地强调幼小衔接课程

专家认为,研究团队经研究确定的幼儿园教育质量评估框架已包含支持幼儿全面发展的内容,包括任务意识、学习品质、读写能力等,这些方面需要从小班开始逐步培

养,并不是到大班才实施。如果在"幼小衔接"项目中再刻意地强调这些指标,会误导幼儿园走向"小学化"。

例如:

> "像读写准备、任务和规则意识、生活自理能力等,那些强调幼儿全面发展的课程方面的内容,前面的评估指标中已经提到了,这里不需要再强调一遍。"
>
> "幼小衔接其实是渗透在三年中的,所以一些内容没有必要在幼小衔接(项目)中再提一遍。"

4. 应强调对家庭、小学管理者和教师的支持,转变成人关于幼小衔接的理念

专家认为,幼小衔接需要做的是改变家长或小学管理者和教师的理念,可以多给家长一些资源、指导,重视对成人的支持,而不只是关注幼儿是否做得好。

例如:

> "如果幼儿园能够做这样一些工作,比如说给大班幼儿家庭提供一些资源,给他们一些指导,其实是非常好的事情。"
>
> "幼儿园老师教小学老师一些与幼儿互动的方法。"

5. 应考虑对个体家庭和幼儿的支持

专家提出了支持个体家庭和幼儿的一些建议,比如,向家长提供资源时考虑家长的需要,否则反而会增加他们的焦虑;对家庭的支持需要考虑每个家庭的独特性,有针对性地进行支持;考虑幼儿的个体差异。

例如:

> "幼儿园要主动根据每个家庭的需求,提供幼小衔接的相关资源,体现每个家庭的独特性,因为孩子可能会进入不一样的小学。有的家庭是老二或老三去上小学,可能不需要我们支持,有些是第一个孩子去上小学,家长就比较紧张。"
>
> "要关注个体差异,携手家长制定幼儿个性化成长计划书。"

结合第二轮专家调查数据和专家的访谈建议,研究人员最终确定了评估幼小衔接质量的 10 条指标,具体如下:

表3 幼小衔接质量评估指标[1]

1	幼儿园通过游戏和多种活动形式,帮助幼儿了解小学环境和生活。
2	幼儿园通过游戏和多种活动形式,支持幼儿认识并调节分离的负面情绪、减轻幼儿即将升小学的压力或焦虑。
3	教师合理创设和利用环境激发幼儿探究小学生活。
4	教师重视有个别需要的幼儿,并给予专门的教育支持。
5	教师重视有个别需要的幼儿的家长,并对他们给予教育策略上的指导和帮助。
6	幼儿园能依据不同家庭的需要,主动为他们提供幼小衔接的相关资源。
7	幼儿园有一系列从小班开始的家长培训,帮助家长持续了解早期幼儿的学习方式和特点,及其与小学生学习的不同。
8	幼儿园组织家长培训,帮助家长了解幼儿在升小学阶段的转变和情绪情感需要,并给予策略支持。
9	幼儿园主动与小学联系,在儿童发展、课程、教学方面的相关活动中邀请小学管理者或教师加入。
10	幼儿园支持小学研制和实施小学一年级过渡性活动课程。(允许不适用)

(四) 深入探讨幼小衔接评估指标,厘清各因素与幼小衔接之间的关系

通过文献综述法、德尔菲法和专家访谈法对幼小衔接的评估指标进行修订和完善后,研究团队从中获得了很多启示,并尝试去厘清幼小衔接项目与其他项目之间的关系,以及家庭、小学、幼儿园这些因素与幼小衔接质量之间的关系,从而更加深入地理解幼小衔接。

1. 幼小衔接的质量评估与幼儿园整体教育质量评估之间的关系

在访谈中,所有专家都认为,对幼儿在入学准备技能方面的支持不是通过专门的幼小衔接课程来实现的,而是通过整个幼儿园课程体系实现,幼儿从入园开始就在持续、递进地做好幼小衔接的准备。研究团队也认为,幼小衔接质量与幼儿园整体教育质量密不可分,在前期对评估框架的整体研究中,很多项目和子项目已经包含了对幼儿做好幼小衔接准备方面的支持,所以在"幼小衔接"项目中不必重复提及。

但《指导意见》中提出的"建立积极的入学期待"和"帮助幼儿初步了解小学生活"在现有的框架中没有体现,也是幼小衔接中比较独特的部分,是大班年龄段需要突出关注的内容,所以研究团队在最终的幼小衔接评估指标1"幼儿园通过游戏和多种活动形式,帮助幼儿了解小学环境和生活"、指标2"支持幼儿认识并调节分离的负面情绪、减轻幼儿即将升小学的压力或焦虑"和指标3"教师合理创设和利用环境激发幼儿探究小学生活"中特意呈现了相关内容。

---

[1] 此10项指标具体内容参见《幼儿园质量评估量表》中指标1.4"幼儿入学准备支持"章节。

29

目前国内外的研究文献及评估量表中,很少提及对幼小衔接的质量评估,专家们对是否需要专门评估幼小衔接质量也持犹豫态度,可能是源于幼小衔接质量评估与幼儿园整体质量评估之间密不可分的关系,也或许是因为幼小衔接涉及到幼儿园、家庭、小学三方利益相关者,很难单一地从某一方去评估其质量。但幼小衔接是当前我国教育政策的一个要点,我国幼儿园和家长目前对幼小衔接也确实存在诸多误解,研究团队最终仍决定将幼小衔接质量评估作为幼儿园整体质量评估的一个项目去独立呈现,以便于将来使用该评估指标的幼儿园管理者或教师,能系统地看待幼小衔接,了解有关幼小衔接的正确策略和方法。

2. 小学在幼小衔接中的作用影响了幼小衔接的质量

研究表明,幼儿园与小学的联系在幼小衔接期间对幼儿的发展有最大的益处(Cook和Coley,2019)。18 位专家也肯定了"与小学的协同合作"这一评估要点的重要性。但有研究表明,长期以来,我国的幼小衔接工作呈现出幼儿园"一头热"现象(凌晓俊等人,2022)。在访谈中,也有专家认为幼儿园可以鼓励幼儿了解小学生活,但是没有必要变成小学的作息,刻意地去迎合小学反而是小学化倾向。因此,在"与小学的协同合作"这一部分,评估指标更多体现的是幼儿园的管理团队、教师与小学的管理团队、教师之间的沟通和合作,比如指标 9"幼儿园主动与小学联系,在儿童发展、课程、教学方面的相关活动中邀请小学管理者或教师加入",在幼儿园课程方面依然保留"以游戏为基本活动"的教育理念。

另外,除了让幼儿做好入学准备,小学也要准备好迎接幼儿,在这个基础上的双向交流将帮助幼儿获得积极的幼小衔接体验(Ebbeck 等人,2013)。但有研究表明,目前幼儿园在与小学的合作,如幼儿园与小学联合培训、幼儿园与小学合作会议等方面遭遇到困难(Cook 和 Coley,2021),小学并没有适度地放低标准、放慢动作,给予入学儿童适当的"平缓过渡"期,而是"拉"儿童尽快适应小学的学习与生活(凌晓俊等人,2022)。2022 年 4 月,教育部印发《义务教育课程方案(2022 年版)》和《义务教育课程标准(2022 年版)》,明确提出要重视幼小衔接,也向小学提出相应的课程实施建议,这为更好地履行小学在幼小衔接中的责任、推进幼小衔接工作的有效落实提供了政策支持与实践指导。幼儿园可以做的,就是为小学提供支持,比如指标 10"幼儿园支持小学研制和实施小学一年级过渡性活动课程"。

尽管国内外研究都证实了小学在幼小衔接中有重要的影响,但目前的幼小衔接评估指标尚且不能越过其功能直接评估小学,只能以幼儿园为主体去评估,如果要真正地评估幼小衔接质量,可能还需要以小学为主体进行幼小衔接质量评估的研究。本研究中的幼小衔接评估指标尽管不能全面地去评估幼小衔接质量,但如果用于幼儿园自我评估,则有可能帮助幼儿园明确自身与小学的角色定位,避免小学化倾向。

3. 在幼小衔接中注重对有个别需要的幼儿的支持

幼小衔接应关注幼儿的发展，特别是关注有个别需要的幼儿。在专家访谈中，有一位专家提出要关注幼儿的个体差异，帮助家长制定个性化成长计划书，这给研究者带来了启发。国内的相关研究确实也提出幼小衔接作为幼儿教育中的一部分，需要回归到教育的本质，即"儿童本位"的视角。儿童是幼小衔接的主体，他们需要何种方式的衔接、在衔接过程中存在何种困难、希望教师提供何种帮助都应该被教育工作者记录下来并纳入改善计划中（刘晓东，2019）。在许多国际量表中，如《幼儿学习环境评量表》（ECERS‑R），也将对个体幼儿的关注作为高质量幼儿教育的重要指标。因此，在新增指标4"教师重视有个别需要的幼儿，并给予专门的教育支持"中体现了在幼小衔接中教师对幼儿个性化需求的重视和支持。在专家访谈中，有专家也指出要能主动根据每个家庭的需要，提供幼小衔接相关资源，因此新增指标5"教师重视有个别需要的幼儿的家长，并对他们给予教育策略上的指导和帮助"。

本研究中，有个别需要的幼儿并不单指有特殊需要的幼儿，有特殊需要的幼儿是指有身心方面的发展障碍，并且需要接受特殊教育服务的幼儿（陈云英，2004）。而在幼小衔接中，教师需要通过日常观察和评估获得每个幼儿在各领域的发展信息，了解每位幼儿的优势和不足，这些信息很有必要，可以确定每位幼儿需要进一步支持的领域，帮助幼儿做好幼小衔接准备（Macy等人，2022）。有个别需要的幼儿不仅包含那些有特殊需要的幼儿，也包含在某一学习发展领域需要教师提供特别支持的幼儿。

4. 幼小衔接中对家庭的支持

在众多影响儿童幼小衔接的因素中，家长参与是最重要的因素之一。参与德尔菲法调研的专家们也一致认为"对家庭在幼小衔接过渡方面的支持"这一点是非常重要的，专家建议幼儿园应向幼儿的家庭提供一些关于幼小衔接的资源和指导。研究表明，幼儿教育机构可以通过具体的支持幼儿家庭的实践来缓解家长在幼小衔接过程中出现的困难（Cook和Coley，2019）。因此，对家庭的支持可以作为评估幼儿园幼小衔接质量的一个要点。

在幼小衔接质量指标方面，本研究重视幼儿园帮助家长树立正确的衔接观念。在专家访谈中，有专家提到要帮助家庭了解幼儿园与小学学习的异同，这可能与我国目前幼小衔接的现状有关，比如家长们对幼小衔接存在误区，他们普遍认为幼儿入学准备仅仅是知识准备，忽略了儿童在社会性、情绪、认知发展、学习品质方面的准备（俞文等，2019）。因此，幼儿园迫切需要引导家长树立科学的衔接观念，提高家长对于幼小衔接的认识，提升家长支持幼小衔接的能力。因此，研究团队明确提出了幼小衔接评估指标7"幼儿园有一系列从小班开始的家长培训，帮助家长持续了解早期幼儿的学习方式和特点，及其与小学生学习的不同"，和指标8"幼儿园组织家长培训，帮助家长了解幼儿在升小学阶段的转变和情绪情感需要，并给予策略支持"。倡导幼儿园有意识地重点关

注对家长教育观的引导,相比重视幼儿的知识准备,更要了解幼儿学习方式和特点以及关注幼儿情绪情感的发展。

在对家庭的支持方面,有研究认为,尽管幼儿园要向家庭提供支持,但有一些支持需要与小学合作才能更好地实施,比如提供给家长有关幼儿的评估信息并与小学分享;计划一些家庭参访小学的活动等(Cook 和 Coley,2021)。但是从现状来看,幼儿园尚处于与小学合作的初期阶段,很难做到这一点,因此指标中并没有呈现这些内容,或许随着幼儿园与小学合作的逐步深入,研究团队会扩展和调整评估指标。

幼小衔接质量评估要点和指标框架的确立,是对有关幼小衔接政策的解读和细化,有助于幼儿园在实践中把控和提升幼小衔接的质量,相关发现和讨论更是佐证了对幼儿园幼小衔接工作的质量评估是一个相对复杂的议题(即涉及政策制定者、幼儿园管理者、教师、家长、幼儿、小学等不同的利益相关者之间的关系与互动),颇具研究意义。

(五)通过验证性研究,优化指标内容及相关说明

验证性研究是指通过一系列统计分析和实证研究来验证所设计的指标的可靠性和有效性。在指标的设计过程中,需要充分考虑指标的构建与测量模型之间的关系,同时也需要对指标的测量结果进行分析和解释。验证性研究的主要目的是确定指标的结构、内部一致性、测试—再测试的稳定性、因素结构等,以及通过与其他测量工具进行比较,评估指标的有效性和可靠性。就"幼小衔接"项目而言,使用这种方法有助于深入了解幼儿园在幼小衔接方面的实践特点。

在运用验证性研究方法对幼小衔接方面的质量评估指标进行验证和优化时,研究团队主要采用了以下 6 个步骤:

第一步,开展小范围的观察和评估。在深圳市罗湖区与龙岗区教研团队的支持下,研究团队在这两个区的 40 所幼儿园开展第一次小规模的试点研究,检验基于德尔菲法所设计的幼儿园质量评估指标(包括"幼小衔接"这一项目)在幼儿园实践中的应用情况。

第二步,进行数据分析。通过对收集到的数据进行系统分析,找出幼小衔接方面存在的问题和影响质量的因素,以及评估指标的可行性和有效性,为指标的优化提供参考依据。

第三步,优化评估指标和指标说明。根据上述研究结果,对幼小衔接方面的质量评估指标及相关的指标说明进行优化,以使指标更具有可操作性和指导性,更加符合幼儿园的实际情况和需求。

第四步,开展大范围的观察和评估。研究团队采用分层随机抽样方法,一共抽取了112 所幼儿园进行观察与评估,幼儿园来源于深圳、常州两市以及涟水、陆河两县,旨在进一步检验优化后的幼儿园质量评估指标(包括"幼小衔接"这一项目)在幼儿园实践中

的应用情况。

第五步，进行数据分析。通过对收集到的数据进行系统分析，为持续优化幼小衔接方面的质量评估指标提供参考依据。

第六步，确定指标内容，优化指标说明。根据上述数据分析结果，确定幼小衔接方面的质量评估指标的内容，同时优化相关指标的说明和例子，使之更符合大范围幼儿园的实践情况。

通过上述研究方法，研究团队对幼小衔接方面的质量评估指标进行优化和说明，使指标更加符合实际情况和需求，为了解幼儿园幼小衔接方面的质量提供有力支持。

第三章

《幼儿园质量评估量表》的概述与使用

　　本章将详细介绍研究团队建构的幼儿园质量评估工具——《幼儿园质量评估量表》,包括以下 4 部分:

　　第一部分回顾《评估量表》的编制过程。简略介绍制定该量表的研究目的、参与者、研究过程、数据收集方法等关键要素。读者将了解到量表的背景,为后续内容的理解提供基础。

　　第二部分详细介绍《评估量表》所涵盖的各个指标。每个一级指标和二级指标将被逐一阐述,解释其背后的目的和含义。读者将能够了解到量表所评估的幼儿园质量的各个方面,从而形成对量表所呈现的整个评估体系的全面认识。

　　第三部分提供如何使用《评估量表》的详细说明。包括评估目的、使用对象、评估范围与标准、评估流程和方法、评估结果统计及分析。读者将获得实际操作的指导,以便能够正确地应用该评估工具于实际评估中。

　　第四部分探讨《评估量表》的信度和效度。介绍相关的数据分析结果,以证明该量表具有可靠性和有效性。读者将能够了解该评估工具的稳定性、一致性和准确性,增强对评估结果的信心。

　　可独立作为评估工具使用的《幼儿园质量评估量表》以本书第二册的形式呈现。读者在使用本量表工具前,建议先完整阅读本章内容,以便更准确地使用。

一、量表的创建

本量表的研制过程经历了 6 个阶段：

第一阶段为文献回顾及评估框架设计阶段。2021 年,研究团队回顾一系列国际上广泛使用的幼儿园质量评估工具或文件,例如,《幼儿学习环境评量表(修订版)》(ECERS-R)、澳大利亚的《国家教育质量框架指南》(Guide to the National Quality Framework)、美国的《NAEYC 早期学习课程认证标准和评价项目》(NAEYC Early Learning Program Accreditation Standards and Assessment Items)等。此外,研究团队还收集和整理了一些国内发布的幼儿园质量评估工具和文件,如《深圳市优质特色示范幼儿园创建指导手册》等。在此基础上,研究团队起草了《幼儿园质量评估框架与标准1.0》。

第二阶段使用德尔菲法对子领域和每项指标进行审议。研究团队邀请了 18 位幼儿园教育实践工作者、各省市教育局、教科所的幼教研究人员、高校专家和学者,组成评审小组对《幼儿园质量评估框架与标准 1.0》中的子领域和每项指标进行审议,并提出修订意见。之后,研究团队按照所收集的反馈意见优化子领域和指标,并再次邀请专家进行审议,直至专家对子领域和每项指标达成共识。经过两轮审议,在专家和研究团队的共同努力下,制定出《幼儿园质量评估框架与标准 2.0》。

第三阶段为小范围幼儿园观察与评估阶段。在深圳市罗湖区与龙岗区教研团队的支持下,研究团队在这两个区的 40 所幼儿园开展试点研究,以检验《幼儿园质量评估框架与标准 2.0》的信度与效度以及开展更大范围数据收集的可行性。

第四阶段为数据整理和分析阶段。基于对第三阶段所收集的数据的量化分析结果,研究团队制定了《幼儿园质量评估框架与标准 3.0》。

第五阶段为大范围幼儿园观察与评估阶段。研究团队采用分层随机抽样方法,在

深圳、常州两市以及涟水、陆河两县，一共抽取了112所幼儿园进行观察与评估。具体做法是：研究团队成员与四地教研团队成员以两人搭档的组合入园，依据《幼儿园质量评估框架与标准3.0》，同时配合《幼儿学习环境评量表（修订版）》（ECERS-R）和《幼儿园管理量表》（PAS）的对应项目，通过半日观察、访谈教师和管理者、查阅资料等方式，对到访幼儿园的整体教育质量进行评估。

第六阶段为**数据整理和分析阶段**。基于对第五阶段所收集的数据的量化分析结果，研究团队修改《幼儿园质量评估框架与标准3.0》，并最终定稿制成《幼儿园质量评估量表》。其框架与《评估指南》列出的5个评估内容保持一致。

评估幼儿园质量往往需要一个"抓手"或实践途径，《幼儿园质量评估量表》既为评估者评估幼儿园（班）提供了抓手，也为班级教师提供了自我反思及自我评估的抓手。换言之，此量表是一个适用于与幼儿园质量相关的外部评估、研究、自我评估和改进的一个工具。

- 幼儿园管理者和教师可以使用此量表在实践中观察和反思，调整教育行为，改变教育理念、制定改进措施，并进行自我评估和改进。
- 关注幼儿园质量的相关部门，也可使用此量表对幼儿园进行外部评估，发挥导向和激励作用，有针对性地引导幼儿园，不断完善自我评估机制，提升幼儿园质量。
- 研究人员也可使用此量表进行与幼儿园质量相关的研究。

在教育改革的进程中，创建一个针对幼儿园质量评估的量表是非常关键的一步，它可以帮助幼儿园更加有效地改进教育质量，同时也可以为教育改革提供更加准确的数据支持。随着时间的推移，此量表也将不断进行优化和完善，为幼儿园质量的提升提供更大的帮助。

二、指标概述

《幼儿园质量评估量表》包括5个一级指标、17个二级指标、24个三级指标，以及336个四级指标。

- 一级指标是直接或间接影响幼儿园质量的最核心领域[①]；
- 二级指标体现一级指标中重点关注的评估方向；

---

① 此量表的一级指标（也称"领域"）与《幼儿园保育教育质量评估指南》的5个评估内容（一级指标）的表述一致。

- 三级指标是评估二级指标的主要维度[①];
- 四级指标则是具体的评价标准和条目。

具体框架如下图：

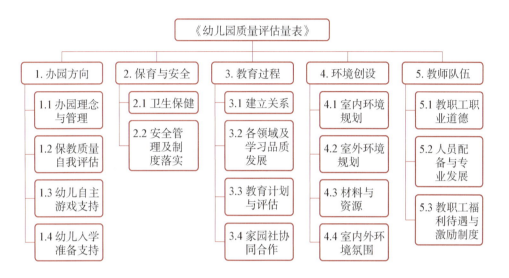

图 6 《幼儿园质量评估量表》一、二级指标框架

1. 办园方向

在本量表中，幼儿园的"办园方向"指的是幼儿园在教育教学和管理上所持有的理念、目标和方向。明确幼儿园的办园方向对于保障幼儿的健康成长具有以下意义：

首先，不同的"办园方向"所追求的目标和方法不同，明确"办园方向"有助于幼儿园采取科学合理的措施，从而保障幼儿的身心健康。其次，"办园方向"能够为幼儿园的教育教学提供指导和借鉴。通过明确"办园方向"，幼儿园可以计划和落实适合幼儿的教育教学活动。最后，坚持特定的"办园方向"可以帮助幼儿园确定管理目标，规范管理行为，还对幼儿园建立整体形象和提升社会认知度具有重要的意义。

在本量表中，一级指标"办园方向"包含 4 个二级指标。

- "办园理念"是指幼儿园在教育教学和管理上所持有的核心思想和信仰，是幼儿园办园方向的重要组成部分。
- "管理""保教质量自我评估""幼儿自主游戏支持"以及"幼儿入学准备支持"是办园方向的具体体现。

---

① 由于部分二级指标下面没有三级指标，在图6中仅呈现二级指标。

本量表所强调的一级指标"办园方向"既与《评估指南》所定义的"办园方向"（包含"党建工作、品德启蒙、科学理念"）存在共同点，也有独特的侧重点，具体表现为：

一级指标：办园方向

与《评估指南》的共同点	本量表的侧重点
➤ 都强调采用科学的理念和方法来指导和推动幼儿园的工作。 ➤ 都关注幼儿的全面发展，致力于为幼儿提供良好的成长环境和发展机会。	➤ 关注幼儿园理念这一办园方向的重要组成部分。 ➤ 关注幼儿园如何进行保教质量的自我评估、如何通过自主游戏支持幼儿的学习与发展、如何为幼儿的入学准备提供支持等能够体现办园方向的问题。

对一级指标"办园方向"所包含的 4 个方面的解释具体如下。

1.1 办园理念与管理

■ 指标对应关系

《评估指南》中的"考查要点"	本量表中的指标表述
40. 教职工有坚定的政治信仰，按照"四有"好教师标准履行幼儿园教师职业道德规范，爱岗敬业，关爱幼儿，严格自律，没有歧视、侮辱、体罚或变相体罚等有损幼儿身心健康的行为。 41. 关心教职工思想状况，加强人文关怀，帮助解决教职工思想问题与实际困难，促进教职工身心健康。 45. 制订合理的教研制度并有效落实，教研工作聚焦解决保育教育实践中的困惑和问题，注重激发教师积极主动反思，提高教师实践能力，增强教师专业自信。 47. 树立正确激励导向，突出日常保育教育实践成效，克服唯课题、唯论文等倾向，注重通过表彰奖励、薪酬待遇、职称评定、岗位晋升、专业支持等多种方式，激励教师爱岗敬业、潜心育人。	1.1.1 幼儿园环境中展示有清晰简洁的办园理念和宗旨，且定期检视其适宜性。 1.1.2 幼儿园依据办园理念和宗旨，制定符合发展现状的工作计划与总结，并定期检视。 1.1.3 管理团队及教师理解并支持"幼儿为本"的教育理念。 1.1.4 管理团队及教师理解并支持"以游戏为基本活动"的课程实施理念。 1.1.5 教学管理团队了解每位教师的课程实施情况，并依据教师在教学中的特点和需要，给予针对性的支持。 1.1.6 管理团队带领教师开展教研活动，并向幼儿园外部的不同群体展示教研成果。 1.1.7 管理团队设置有专门的渠道与教职工进行工作方面的沟通交流。 1.1.8 幼儿园有一些制度体现对教职工的关心。

（续表）

《评估指南》中的"考查要点"	本量表中的指标表述
	1.1.9　幼儿园有晋升机制,不同岗位的人都有机会发挥才能。
	1.1.10　管理团队设置有专门的渠道与教职工进行情感方面的沟通交流。

■ **指标概述**

《评估指南》中与"办园理念与管理"相关的"考查要点"重点强调了幼儿园在办园过程中对教职工的要求和支持,旨在确保幼儿园教师队伍具有高尚的职业道德、专业的教育能力以及良好的工作环境和成长机制,从而为幼儿提供一个健康、安全、有爱的成长环境。

本量表对《评估指南》中的这些"考查要点"表述进行了拓展,认为幼儿园的办园理念与管理是密切相关的。办园理念是基于教育理念形成的一种对幼儿园发展的理想信念和价值追求。它综合表述了社会需求、办园思想、办园目标和培养目标等方面的特点,具有个性化的特征。而管理则是针对具体实践环境下的目标和任务进行具体实施的行为和策略。建立以人为本的管理文化、制定规范行为的政策、条款和机制,能够带来归属感和价值感,有助于建立管理团队、教职工、家庭、社区成员之间包容、和谐、相互信任的合作关系。就此,针对"办园理念与管理"的评估,本量表重点关注幼儿园办园理念的体现和应用,以及管理团队展现出的教学领导力、沟通、尊重、关心、同理心与不同类型的领导力风格。

■ **总结**

1.1　办园理念与管理

与《评估指南》的共同点	本量表的侧重点
➤ 教育理念的重要性:两者都强调幼儿园需要有清晰的办园理念和教育宗旨,并要求教职工理解并支持这些理念。 ➤ 教师的职业发展与支持:两者都提到了对教职工的关心,包括提供晋升机制、职业支持和帮助解决实际困难。 ➤ 教师的职业道德:两者都强调教师应具备良好的职业道德,爱岗敬业,关爱幼儿,并	➤ 展示和检视办园理念与宗旨:强调将办园理念和宗旨明确展示,并定期检视其适宜性。 ➤ "幼儿为本"与"以游戏为基本活动"的教育实施理念:特别提出支持以幼儿为中心和以游戏为基础的课程实施理念。 ➤ 管理团队与教师之间的沟通交流:侧重于管理团队与教职工在工作和情感方面的沟通交流渠道的建立。

1.1　办园理念与管理

与《评估指南》的共同点	本量表的侧重点
严格自律。 ➢ 教师的职业道德：两者都强调教师应具备良好的职业道德，爱岗敬业，关爱幼儿，并严格自律。 ➢ 教研活动的重要性：两者都认为教研活动对提高教师的实践能力和专业自信至关重要，并应聚焦于解决实践中的问题。	➢ 教职工的晋升与激励机制：提到了幼儿园应有明确的晋升机制和对教职工的激励措施。 ➢ 展示教研活动：除了开展教研活动，还强调需要向幼儿园外部展示教研成果。

1.2　保教质量自我评估

■ 指标对应关系

教育部关于印发《评估指南》的通知	本量表中的指标表述
（一）注重过程评估。重点关注保育教育过程质量，关注幼儿园提升保教水平的努力程度和改进过程，严禁用直接测查幼儿能力和发展水平的方式评估幼儿园保育教育质量。 （二）强化自我评估。幼儿园应建立常态化的自我评估机制，促进教职工主动参与，通过集体诊断，反思自身教育行为，提出改进措施。同时，有效发挥外部评估的导向、激励作用，有针对性地引导幼儿园不断完善自我评估，改进保育教育工作。 （三）聚焦班级观察。通过不少于半日的连续自然观察，了解教师与幼儿互动情况，准确判断教师对促进幼儿学习与发展所做的努力与支持，全面、客观、真实地了解幼儿园保育教育过程和质量。外部评估的班级观察采取随机抽取的方式，覆盖面不少于各年龄班级总数的三分之一。	1.2.1　幼儿园有明文规定的保教质量自我评估的制度与实施方法。 1.2.2　幼儿园的保教质量自我评估内容多为过程性质量要素。 1.2.3　幼儿园管理者和教师定期对保教质量进行自我评估，并有完整的质量管理记录。 1.2.4　幼儿园利用保教质量评估结果，来支持其发展规划的制定。 1.2.5　幼儿园保教质量评估持续邀请家长参与。 1.2.6　幼儿园有明文规定的教职工专业发展评估的制度与实施方法。 1.2.7　幼儿园以系统的方式支持教职工定期对专业能力进行自评。 1.2.8　管理团队每学期对教职工的表现至少作1次评估，且有相关记录。 1.2.9　除年度评估外，管理团队还经常对教师和保育员的日常工作进行评估，并及时给予反馈和支持。 1.2.10　管理团队依据教职工个人评估结果以及与教职工讨论的方案，定期为教职工提供各种机会或者资源，支持他们的专业发展。

■ 指标概述

虽然《评估指南》中没有与"保教质量自我评估"相关的指标,但在2022年2月教育部关于印发《幼儿园保育教育质量评估指南》的通知中,提出了幼儿园保育教育质量的三种评估方式(见上表),强调了幼儿园保育教育质量评估应以幼儿的学习和发展过程为核心,通过自我评估和外部观察相结合的方式,促进幼儿园保育教育质量的持续改进和提升。

研究团队认为幼儿园保教质量的自我评估是指通过建立和实施一系列规范化的标准、制度和措施,对幼儿园的教育教学、管理等各个方面进行自我监督和检查,以确保幼儿园能够提供优质的教育服务,满足幼儿的发展需求和家长的合理期望,同时也符合政府和社会各方面对幼儿园的要求和标准。质量控制的主要目的是提高幼儿园的办园质量。此外,有关"学前教育的有效性"(Sylva等人,2004)的研究发现,幼儿的社会交往能力、语言和认知发展与幼儿保教机构的质量显著相关。因此,幼儿园质量控制的另一个目的在于促进幼儿的全面发展和健康成长。

在本量表中,保教质量自我评估主要包括两个方面:保教质量评估和教职工自我发展评估。

- 保教质量评估有助于幼儿园认识自身教育的优势和确定发展目标,从而制定相应的发展计划和改进策略。
- 教职工自我发展评估则旨在指导和支持教职工的专业学习和成长,明确教职工的真实需求,为其提供持续的支持,以确保幼儿园的高质量发展。

■ 总结

1.2 保教质量自我评估

与《评估指南》的共同点	本量表的侧重点
➢ 对过程评估的重视:两者都强调评估应关注保育教育的过程质量,而不仅仅基于对结果或幼儿能力的直接测查。 ➢ 自我评估的重要性:两者都提到幼儿园应建立和实施自我评估机制,鼓励教职工参与、反思并提出改进措施。 ➢ 教职工专业发展:两者都提出需要评估教职工的专业发展,支持教职工进行自我评估,并根据评估结果提供发展机会或资源。	➢ 明文规定的评估制度:强调幼儿园应有明确的保教质量和教职工专业发展评估制度及实施方法。 ➢ 完整的质量管理记录:要求幼儿园管理者和教师定期进行自我评估,并保持完整的评估记录。 ➢ 利用评估结果支持发展规划:鼓励幼儿园使用评估结果来指导和优化发展规划。 ➢ 家长参与:特别提到保教质量评估过程中要持续邀请家长参与。

1.2 保教质量自我评估

与《评估指南》的共同点	本量表的侧重点
➤ 基于班级观察的评估：两者都倡导通过在幼儿园班级中进行自然观察来进行评估。	➤ 定期和日常的评估：强调管理团队不仅要进行定期评估，还要对教师和保育员的日常工作进行评估，并给予及时反馈和支持。

1.3 幼儿自主游戏支持

■ 指标对应关系

《评估指南》中的"考查要点"	本量表中的指标表述
6. 遵循幼儿身心发展规律和学前教育规律，尊重幼儿个体差异，坚持以游戏为基本活动，珍视生活和游戏的独特教育价值。	1.3.1 在园期间，每位幼儿每天至少有3个小时参与自主游戏。 1.3.2 教师及时捕捉幼儿在自主游戏中的亮点，鼓励和欣赏幼儿展现出的自主探索行为。 1.3.3 幼儿在游戏时，教师会依据情况展现出不同的角色，如观察记录者、游戏伙伴、支持者等。 1.3.4 教师为幼儿提供大量表达自己在自主游戏中的想法的机会。 1.3.5 教师根据幼儿的自主游戏内容，用开放式提问引导幼儿回想游戏中的认知过程。 1.3.6 在自主游戏中，教师将幼儿的学习经验和知识、技能建立联系，并适时退出，以让幼儿独立探究学习。 1.3.7 在自主游戏中，教师及时为幼儿提供游戏材料或调整游戏空间，丰富幼儿的游戏。 1.3.8 幼儿自主游戏不会被教师随意中断或限制。 1.3.9 教师把握教学时刻，引导所有参与某个自主游戏片段的幼儿，对游戏中遇到的问题展开讨论。 1.3.10 教师有计划地提供更丰富、开放性的材料来扩展幼儿在自主游戏中的兴趣和探索。

■ 指标概述

《3—6岁儿童学习与发展指南》明确指出："幼儿的学习是以直接经验为基础,在游戏和日常生活中进行的。要珍视游戏和生活的独特价值。"《评估指南》中提到的与"幼儿自主游戏支持"相关的内容可以概括为以下4点:

- 遵循发展规律:教育实践应基于对幼儿身心发展规律和学前教育规律的理解和遵循;
- 尊重个体差异:在教育过程中,应认识并尊重每个幼儿的个性和差异,为每位幼儿提供适合其个性和发展阶段的教育内容和方法;
- 以游戏为基础:坚持以游戏作为幼儿教育活动的核心,认识到游戏在促进幼儿身心发展方面的基本作用和独特价值;
- 对教育价值的认识:珍视日常生活和游戏在幼儿教育中的重要性,认识到它们在培养幼儿各方面能力和素质中的教育价值。

本量表认为幼儿的自主游戏是由内在动机驱动的,重在过程而不是结果。它是幼儿发起的游戏和活动,幼儿可以自由选择游戏材料、游戏同伴、游戏内容等,过程中充满着积极的情感体验,也不受此时此地此物的限制。支持幼儿的自主游戏,意味着成人要先悦纳幼儿的选择,在幼儿正在进行的游戏基础上,尽可能丰富、拓展其游戏。在幼儿园支持幼儿的自主游戏方面,本量表着重评估幼儿参与自主游戏的时间和机会、教师对自主游戏的态度,以及教师在幼儿自主游戏中的角色。

■ 总结

1.3 幼儿自主游戏支持

与《评估指南》的共同点	本量表的侧重点
➤ 游戏的核心地位:两者都强调游戏在幼儿教育中的重要性,认为游戏是幼儿学习和发展的基本活动。 ➤ 尊重幼儿发展规律:两者都提出教育活动应遵循幼儿身心发展规律和学前教育规律,尊重幼儿的个体差异。 ➤ 教师的支持与引导:两者都认为教师应在游戏中扮演适当的角色,包括观察者、伙伴、支持者,以及在适当时候引导和扩展幼儿的游戏经验。	➤ 保障自主游戏的时间:确保每位幼儿每天有足够的时间参与自主游戏。 ➤ 对幼儿游戏积极回应:教师要及时捕捉并鼓励幼儿在游戏中表现出的自主探索行为。 ➤ 提供表达机会:教师为幼儿提供机会,让他们能够表达自己在游戏中的想法。 ➤ 联结学习经验:教师帮助幼儿将游戏中的经验与知识、技能相联系,并在适当的时候让幼儿独立探究。

1.3　幼儿自主游戏支持

与《评估指南》的共同点	本量表的侧重点
	➤ 丰富游戏材料和空间：教师及时提供或调整游戏材料和空间，以丰富幼儿的游戏体验。 ➤ 不随意中断游戏：教师避免无故中断或限制幼儿的自主游戏。 ➤ 把握教学时刻：教师引导幼儿讨论游戏中遇到的问题，有效利用教学时刻。 ➤ 计划性地提供材料：教师有计划地提供开放性材料，扩展幼儿的兴趣和探索范围。

1.4　幼儿入学准备支持

■ 指标对应关系

《评估指南》中的"考查要点"	本量表中的指标表述
7. 充分尊重和保护幼儿的好奇心和探究兴趣，相信每一个幼儿都是积极主动、有能力的学习者，最大限度地支持和满足幼儿通过直接感知、实际操作和亲身体验获取经验的需要。不提前教授小学阶段的课程内容，不搞不切实际的特色课程。 24. 关注幼儿发展的连续性，注重幼小科学衔接。大班下学期采取多种形式，有针对性地帮助幼儿做好身心、生活、社会和学习等多方面的准备，建立对小学的积极期待和向往，促进幼儿顺利过渡。	1.4.1　幼儿园通过游戏和多种活动形式，帮助幼儿了解小学环境和生活。 1.4.2　幼儿园通过游戏和多种活动形式，支持幼儿认识并调节分离的负面情绪、减轻幼儿即将升小学的压力或焦虑。 1.4.3　教师合理创设和利用环境激发幼儿探究小学生活。 1.4.4　教师重视有个别需要的幼儿，并给予专门的教育支持。 1.4.5　教师重视有个别需要的幼儿的家长，并对他们给予教育策略上的指导和帮助。 1.4.6　幼儿园能依据不同家庭的需要，主动为他们提供幼小衔接的相关资源。 1.4.7　幼儿园有一系列从小班开始的家长培训，帮助家长持续了解早期幼儿的学习方式和特点，及其与小学生学习的不同。 1.4.8　幼儿园组织家长培训，帮助家长了解幼儿在升小学阶段的转变和情绪情感需要，并给予策略支持。

《评估指南》中的"考查要点"	本量表中的指标表述
	1.4.9 幼儿园主动与小学联系，在儿童发展、课程、教学方面的相关活动中邀请小学管理者或教师加入。
	1.4.10 幼儿园支持小学研制和实施小学一年级过渡性活动课程。（允许不适用）

■ 指标概述

《评估指南》所阐述的有关"幼儿入学准备支持"的内容可以概括为以下6点：

- 尊重和保护幼儿的好奇心和探究兴趣：教育活动应充分尊重幼儿的天性，保护和培养他们对世界的好奇心和探究兴趣；

- 信任幼儿的学习能力：相信每个幼儿都是积极主动且有能力的学习者，教育应该支持幼儿的自主学习；

- 支持幼儿的经验获取：提供条件和环境，最大限度地支持幼儿通过直接感知、实际操作和亲身体验来获取学习经验；

- 避免提前教授小学课程内容：不应在幼儿园阶段提前教授小学的课程内容，也不应开设不切实际的特色课程，以免干扰幼儿的自然发展；

- 关注幼小衔接：重视幼儿园到小学过渡阶段的教育，注重科学地帮助幼儿做好身心、生活、社会和学习等多方面的准备，确保幼儿能够顺利过渡到小学阶段；

- 建立积极的学校期待：通过多种形式的活动和引导，帮助幼儿建立对小学生活的积极期待和向往，促进他们对未来学习的积极态度。

在《评估指南》的基础上，本量表认为，幼儿入学准备或幼小衔接是指幼儿园和小学之间的教育衔接，它对幼儿的全面发展和对小学的适应有着重要的意义。《评估指南》特别强调"不提前教授小学阶段的课程内容"。在此理念的引导下，幼儿园可以采取多种措施支持幼儿实现幼儿园到小学的有效过渡。例如，教师通过游戏和多种活动形式，帮助幼儿了解小学环境和生活，同时也支持幼儿认识并调节分离的负面情绪，减轻幼儿即将升小学的压力或焦虑；教师在创设和利用环境时，合理利用各种资源，激发幼儿的好奇心和探究欲望，进一步加深幼儿对小学生活的认识；教师重视有个别需要的幼儿，并给予个性化的教育支持，以满足他们的特殊需求。

除幼儿以外，家庭也是有效实施幼小衔接的重要组成部分。幼儿园可以依据不同

家庭的需要来提供幼小衔接的相关资源,通过多种形式帮助家长持续了解幼儿的学习方式和特点,以及了解幼儿在升小学阶段的转变和情绪情感需求。此外,2021 年 3 月教育部印发的《关于大力推进幼儿园与小学科学衔接的指导意见》指出,幼小衔接并非单向衔接,幼儿园应主动寻求与小学的合作,积极利用家庭和社区资源,促进幼儿园和小学的"双向衔接"。本量表对"幼小衔接"的评估,重点关注幼儿园对幼儿的支持、对幼儿家庭的支持,以及与小学的协同合作。

■ 总结

1.4　幼儿入学准备支持

相关指标的共同点	本量表的侧重点
➢ 重视幼小衔接:两者都强调了幼儿园应帮助幼儿做好从幼儿园到小学的过渡,包括了解小学环境和生活、减轻升学压力等。 ➢ 尊重幼儿的个性和发展需求:两者都提到应尊重和保护幼儿的好奇心和探究兴趣,支持幼儿通过直接感知和亲身体验来学习。 ➢ 家长的参与和支持:两者都认为应该向家长提供教育策略上的指导和帮助,包括了解幼儿的学习方式和情感需要。	➢ 多样化的准备活动:提供具体的指标,如通过游戏和活动帮助幼儿了解小学环境、创设激发探究的环境、针对个别幼儿提供教育支持等。 ➢ 对家长的教育:侧重于为家长提供培训,帮助他们理解幼儿的学习方式和升学阶段的转变。 ➢ 幼小联动:鼓励幼儿园与小学进行联系和合作,邀请小学管理者或教师参与相关活动,支持小学一年级的过渡性活动课程。

2. 保育与安全

本量表认为"保育与安全"是一项涵盖了安全管理及制度落实、卫生保健等多种措施的工作,是幼儿园质量的基础和底线,旨在保证幼儿在幼儿园里能够获得最佳的照料和保护。

一级指标"保育与安全"包含 2 个二级指标。

- "卫生保健"是维护幼儿健康的基础;
- "安全管理及制度落实"的措施是幼儿安全的重要保障。

两者相互依存、相互促进,构成了"保育与安全"的整体体系。本量表所强调的"保育与安全"指标与《评估指南》既存在共同点,也存在独特的侧重点:

与《评估指南》的共同点	本量表的侧重点
➤ 都涉及到安全和卫生两个方面,关注的内容都是幼儿园如何保障幼儿的身心健康。 ➤ 都强调幼儿园需要制定相应的管理制度和规章制度,并落实相应的管理措施。 ➤ 都提及幼儿园需要开展针对性的健康管理和保健工作,采取相应的卫生防护措施。	➤ 强调安全管理方面的措施,并关注制度的落实。 ➤ 卫生保健涵盖健康检查、消毒与传染病预防、膳食营养三个方面的内容。 ➤ 将《评估指南》提的"生活照料"内容纳入随后的"教育过程"领域进行评估。 ➤ 在膳食营养方面,重点考察与膳食营养教育有关的环境、方法、幼儿状态等内容。

对一级指标"保育与安全"所包含的两个方面的解释具体如下。

2.1 卫生保健

■ 指标对应关系

《评估指南》中的"考查要点"	本量表中的指标表述
11. 按资质要求配备专(兼)职卫生保健人员,认真做好幼儿膳食指导、晨午检和健康观察、疾病预防、幼儿生长发育监测等工作。 15. 重视有特殊需要的幼儿,尽可能创造条件让幼儿参与班级的各项活动,同时给予必要的照料。根据需要及时与家长沟通,帮助幼儿获得专业的康复指导与治疗。	**2.1.1 健康检查** 2.1.1.1 幼儿园配合妇幼保健机构定期开展幼儿眼、耳、口腔保健,并向家长反馈健康检查结果。 2.1.1.2 新员工入职体检合格率达100%,在职教职工每年至少进行1次健康检查,且合格率达100%。 2.1.1.3 每位幼儿都有齐全、准确的健康档案,以便于查阅和使用。 2.1.1.4 保健医生、教师和家长共同合作,提高体弱儿、肥胖儿或有其他特殊健康需要幼儿的健康水平。 2.1.1.5 幼儿园对体弱儿、肥胖儿或有其他特殊健康需要幼儿有专门的跟进计划。 2.1.1.6 幼儿园对口腔、视力、听力等五官保健的发生率、矫治率等有清晰的数据记录。 2.1.1.7 教职工在对幼儿进行健康检查时,提前告知幼儿或家长。 2.1.1.8 幼儿园每年组织幼儿参加心理发育状况评估,并有清晰的文本记录。

《评估指南》中的"考查要点"	本量表中的指标表述
	2.1.1.9　每天都有针对幼儿的晨间或午间检查。
	2.1.1.10　保健医生每天进入每个班级巡视2次，且有文本记录。
10. 教职工具有传染病防控常识，认真落实传染病报告制度，具备快速应对和防控处置能力。	**2.1.2　消毒与传染病预防**
	2.1.2.1　幼儿园及各班级的消毒药液由专人配置，放置安全。
	2.1.2.2　幼儿园有以文本形式记录的呼吸道等常见疾病预防方法和措施，供教职工阅读。
	2.1.2.3　幼儿园有幼儿缺勤登记制度，教师会完整详细记录幼儿缺勤原因。
	2.1.2.4　教师或保育员保持幼儿厕所和马桶的干净卫生。
	2.1.2.5　幼儿园从"控制传染源""切断传播途径""保护易感人群"三个环节降低传染病传播风险。
	2.1.2.6　幼儿园定期邀请专家为幼儿介绍有关传染病、常见病防治的健康知识。
	2.1.2.7　幼儿园把消毒隔离、安全防病等卫生保健知识列入教职工培训内容。
	2.1.2.8　教室内有为幼儿准备的消毒与传染病预防图示、图书等相关材料。
	2.1.2.9　幼儿园有安排定期的五害消杀工作。
	2.1.2.10　班级发生传染病期间，班级教师及保育员会加强消毒工作，且严格按照传染病期间消毒流程和比例进行。
8. 膳食营养、卫生消毒、疾病预防、健康检查等工作制度和岗位职责健全，并认真抓好落实。 9. 科学制定带量食谱，确保幼儿膳食营养均衡，引导幼儿养成良好饮食习惯。	**2.1.3　膳食营养**
	2.1.3.1　幼儿园有明文规定的膳食管理和食品验收制度。
	2.1.3.2　用餐环节干净、卫生。
	2.1.3.3　室内张贴有给幼儿看的餐单，且内容与实际情况一致。
	2.1.3.4　幼儿园提供的食物定量进班，并结合每月营养分析的结果进行检视或调整。

《评估指南》中的"考查要点"	本量表中的指标表述
	2.1.3.5 进餐时，大部分幼儿看上去享受食物。 2.1.3.6 幼儿园为有特殊健康和膳食需要的幼儿制定专门的食谱和提供相应的膳食，并将相关幼儿的情况张贴在班级中，供服务幼儿的教职工了解。 2.1.3.7 幼儿园用各种方式向家长宣传幼儿营养和保健知识。 2.1.3.8 教师用各种方式向幼儿宣传营养知识和节约粮食的价值观。 2.1.3.9 教师关注个体幼儿的进餐情况，并及时与家长沟通。 2.1.3.10 进餐氛围轻松、愉悦，幼儿可以按自己的节奏进食。

■ **指标概述**

为了最大程度提高幼儿生活质量，幼儿教育机构需要尽可能保障幼儿的健康。对幼儿园卫生保健工作进行有效的管理可以让相关工作有序开展，确保幼儿健康发展。《评估指南》中有关"卫生保健"的内容可以概括为以下 7 点：

- 饮食应营养均衡：幼儿园应科学制定带量食谱，保证幼儿膳食营养均衡，并引导幼儿养成良好的饮食习惯；

- 防控传染病：教职工应具备传染病防控的知识，能够快速应对和有效处置传染病情况，并认真落实传染病报告制度；

- 配备专业人员：幼儿园应按照资质要求配备专职或兼职的卫生保健人员，确保专业人员负责幼儿的健康管理；

- 实施健康管理和监测：卫生保健人员要认真执行幼儿膳食指导、晨午检、健康观察、疾病预防以及幼儿生长发育的监测工作；

- 关注特殊需要：幼儿园应重视有特殊需要的幼儿，创造条件让他们参与班级活动，并提供必要的照料和支持；

- 与家长保持沟通、合作：幼儿园应根据需要与家长进行及时沟通，帮助幼儿获得专业的康复指导与治疗，确保家园合作以支持幼儿的健康发展；

- 落实制度与责任：幼儿园应建立健全的膳食营养、卫生消毒、疾病预防、健康检查等工作制度，明确岗位职责，并确保这些制度得到认真执行。

在《评估指南》基础上，本量表从健康检查、消毒与传染病预防、膳食营养这三个方面来丰富"卫生保健"的内涵，具体如下：

- 健康检查：在由国家卫生健康委员会于 2012 年印发的《托儿所幼儿园卫生保健工作规范》中，要求"严格执行工作人员和儿童入园（所）及定期健康检查制度。坚持晨午检及全日健康观察工作，卫生保健人员应当深入各班巡视。做好儿童转园（所）健康管理工作。"还要求"定期开展儿童生长发育监测和五官保健，将儿童体检结果及时反馈给家长。"本量表对"健康检查"的评估，重点关注幼儿和成人的健康检查、档案数据的管理、体弱儿和肥胖儿和特殊幼儿后续的管理、五官保健管理等。

- 消毒与传染病预防：《托儿所幼儿园卫生保健工作规范》提出要"加强园（所）的传染病预防控制工作"，"建立传染病预防控制制度，做好晨午检，儿童缺勤要追查，因病缺勤要登记"，"明确传染病疫情报告人，发现传染病病人或疑似传染病人要早报告、早治疗，相关班级要重点消毒管理。做好园（所）内环境卫生、各项日常卫生和消毒工作。"因此，本量表对幼儿园"消毒与传染病预防"方面的评估，重点关注幼儿园环境清洁与消毒、幼儿缺勤追查和登记、传染病预防和控制情况、报告制度以及教职工疾病预防方面的培训等要素。

- 膳食营养：人体是通过食用各种食物来获取营养物质的，这些物质能够维持生命、促进生长发育。因此，幼儿所食用食物的质量和数量直接影响着他们的生长发育（闫学利，2015）。学龄前幼儿正处于生长发育的关键阶段，他们的食物摄入种类逐渐丰富，饮食结构慢慢接近成年人。营养对幼儿体格和智力发育至关重要，这些营养物质是幼儿从外界吸取维持生命活动所需的物质。为此，幼儿园需要为幼儿提供科学、合理的膳食和营养供给，以满足他们体格和智力发育的需求。

如果幼儿期的营养摄入不足或不平衡，就会导致幼儿罹患营养性疾病，例如营养不良、缺铁性贫血、肥胖症等。这些问题会严重影响幼儿的生长发育、行为表现和认知水平，甚至与成人期疾病有关。因此，也不难理解为何《评估指南》中强调，幼儿园要"科学制定带量食谱，确保幼儿膳食营养均衡，引导幼儿养成良好饮食习惯"。本量表对幼儿园"膳食营养"方面的评估，重点关注食品验收制度、工作人员的操作程序、带量食谱、营养分析、过敏幼儿膳食制度以及营养知识宣传等要素。

■ **总结**

2.1 卫生保健

与《评估指南》的共同点	本量表的侧重点

2.1.1 健康检查

与《评估指南》的共同点	本量表的侧重点
➤ 健康检查与监测:两者都强调定期对幼儿进行健康检查,包括眼、耳、口腔等,并且要有齐全、准确的健康档案。 ➤ 配备卫生保健人员:两者都提出幼儿园应按资质要求配备专职或兼职的卫生保健人员,以确保幼儿的健康管理得到专业支持。 ➤ 关注特殊健康需求:两者都注重对有特殊健康需要的幼儿提供必要的照料和支持。 ➤ 家长的参与:两者都提到与家长合作,共同提高幼儿的健康水平,并在健康检查时提前告知家长。	➤ 合作与反馈:强调幼儿园与妇幼保健机构的合作,并向家长反馈健康检查结果。 ➤ 员工健康:要求新员工和在职教职工定期进行健康检查,并保持高合格率。 ➤ 数据记录:强调对幼儿五官保健的发生率、矫治率等有清晰的数据记录。 ➤ 心理发育评估:提出需要对幼儿进行心理发育状况评估,并有文本记录。 ➤ 日常巡视:保健医生需要每天进入每个班级巡视,并有文本记录。

2.1.2 消毒与传染病预防

与《评估指南》的共同点	本量表的侧重点
➤ 传染病预防:两者都强调了传染病预防措施的重要性,以及教职工在传染病防控中的知识和能力。 ➤ 卫生管理:两者都提到了幼儿园应该维护环境卫生,包括保持厕所和马桶的清洁,并有针对性地制定消毒措施。 ➤ 教育与培训:两者都认为教职工应接受有关传染病预防和卫生保健知识的培训,并要将这些知识传授给幼儿和家长。	➤ 管理消毒药液:强调消毒药液的配置和安全放置应由专人负责。 ➤ 记录与监测:提出幼儿园应有详细的记录系统,包括幼儿缺勤原因记录、常见疾病预防措施的文本记录,以及传染病发生率和矫治率的数据记录。 ➤ 教育材料:指出教室内应有消毒与传染病预防的教育材料,如图示和图书。 ➤ 五害消杀:提出幼儿园应定期进行五害消杀工作,以减少传播途径。 ➤ 应对传染病:在班级发生传染病时,要求教师和保育员加强消毒工作,并遵循严格的消毒流程和比例。

2.1.3 膳食营养

与《评估指南》的共同点	本量表的侧重点
➤ 膳食管理:两者都强调了幼儿园应有明确的膳食管理和食品验收制度,确保食物的安全与卫生。 ➤ 餐单透明度:两者都提到幼儿园应张贴餐单,且内容需与实际提供的食物一致,保持透明度。	➤ 用餐环境:侧重于营造干净卫生的用餐环境,并确保进餐氛围轻松愉悦,让幼儿能够按照自己的节奏进食。 ➤ 膳食检视与调整:强调幼儿园提供的食物应定量进班,并结合营养分析结果进行检视或调整。

（续表）

与《评估指南》的共同点	本量表的侧重点

2.1.3 膳食营养

与《评估指南》的共同点	本量表的侧重点
➤ 营养均衡：两者都注重幼儿膳食营养的均衡，要求科学制定食谱，确保幼儿的营养需求得到满足。 ➤ 特殊膳食需求：两者都考虑到有特殊健康和膳食需求的幼儿，需要为其提供相应的食谱和膳食。 ➤ 教育与沟通：两者都认为应该向家长和幼儿宣传营养和保健知识，教师需要关注幼儿的进餐情况并与家长保持沟通。	➤ 个体关注：侧重于教师对个体幼儿进餐情况的关注，以确保每位幼儿的膳食需求得到满足。 ➤ 膳食知识教育：强调通过多种方式教育幼儿和家长有关营养知识和健康饮食习惯，包括节约粮食的价值观。

2.2 安全管理及制度落实

■ 指标对应关系

《评估指南》中的"考查要点"	本量表中的指标表述
16. 认真落实幼儿园各项安全管理制度和措施，每学期开学前分析研判潜在的安全风险，有针对性地完善安全管理措施。 17. 保教人员具有安全保护意识，做好环境、设施设备、玩具材料等方面的日常检查维护，及时消除安全隐患。发生意外时，优先保护幼儿的安全。	2.2.1 所有教师接受过急救培训，有部分教师持有有效的急救证书。 2.2.2 有经过训练的保健医生为有特殊健康需要的幼儿提供帮助。 2.2.3 幼儿园有明文规定的健康和安全制度和各类突发事件的应急预案，并有计划地组织幼儿和教职工开展各种安全演练活动。 2.2.4 幼儿园定期检视与幼儿及教职工安全相关的规章制度。 2.2.5 幼儿园定期对幼儿园内的所有设施进行安全检测与维修。 2.2.6 幼儿园对家长进行安全宣传和教育。 2.2.7 幼儿园有清晰的相关安全制度和突发事件处置流程，并张贴在园区内便于所有人知晓。 2.2.8 幼儿园有专门的安全部门或小组，负责安全管理及制度落实。 2.2.9 家长有机会参与幼儿园的安全工作。

《评估指南》中的"考查要点"	本量表中的指标表述
	2.2.10　每个班级都设置有幼儿意外记录本，且有教师的完整记录和签名。

■ 指标概述

安全是幼儿园开展一切教育工作的前提条件，而保障幼儿的安全则更是最基本的前提。制定明确、一致的安全制度可以有效保障幼儿园的平稳运行。管理者应确保各项安全管理制度的落实，以保障幼儿的健康和安全。《评估指南》中有关"安全管理和制度落实"的内容可以概括为以下5点：

- 评估安全风险：幼儿园需要在每个学期开始前，认真分析和研判可能存在的安全风险，这样做可以预见并预防潜在的安全问题；

- 持续完善制度和措施：根据安全风险评估的结果，幼儿园应有针对性地完善和调整安全管理制度和措施，确保这些制度和措施能够被有效地执行；

- 保教人员具有安全意识：教师和保育人员应具备强烈的安全保护意识，这包括对环境、设施设备、玩具材料等进行日常的检查和维护，以确保这些元素不会对幼儿构成威胁；

- 及时消除安全隐患：在日常检查中发现的任何安全问题都应得到及时的解决，避免发生事故；

- 紧急情况下的幼儿保护：一旦发生意外或紧急情况，保教人员应立即采取措施，优先确保幼儿的安全，这是幼儿园安全管理的最高原则。

总的来说，上述要点体现了《评估指南》强调预防为主、积极防范和及时响应的安全管理理念，且幼儿园应建立和执行一套全面的安全管理体系，以确保幼儿的安全和健康。

此外，"安全"还是教育部2006年印发的《中小学幼儿园安全管理办法》所强调的重要议题，该文件明确提出，学校安全管理工作包括"构建学校安全工作保障体系，全面落实安全工作责任制和事故责任追究制，保障学校安全工作规范、有序进行"。另外，还需"健全学校安全预警机制，制定突发事件应急预案，完善事故预防措施，及时排除安全隐患，不断提高学校安全工作管理水平"。同时，要"加强安全宣传教育培训，提升师生安全意识和防护能力"。对于已经发生的事故，需要"启动应急预案，对伤亡人员实施救治和责任追究等"。

在"安全管理及制度落实"方面,本量表强调幼儿园应采取全面的、系统的措施,不仅包括预防和应对安全事故的准备,还包括对相关人员进行培训、对设施维护和邀请家长参与,以及规范对事故的记录和处理,以此确保幼儿园成为一个安全的学习和成长环境。综上所述,本量表对幼儿园"安全管理及制度落实"方面的评估,重点关注教师培训与资质、专业医疗人员、制度与预案、安全演练、规章制度的检视、设施检测与维修、家长教育、信息公开、安全管理部门、家长参与、事故记录这些方面。

■ 总结

2.2 安全管理及制度落实

与《评估指南》的共同点	本量表的侧重点
➤ 培训保教人员:两者都强调所有保教人员需要具备安全保护意识。	➤ 急救资质:侧重于关注教师的急救培训和持证情况。
➤ 制定安全管理制度:两者都要求幼儿园有明确的安全管理制度和措施,并且要求这些制度得到认真落实。	➤ 保健医生:特别提到要有经过训练的保健医生,以便为有特殊健康需要的幼儿提供帮助。
➤ 针对安全风险的评估与预案:两者都提到需要对潜在的安全风险进行分析研判,并制定应急预案。	➤ 家长的参与与教育:侧重于面向家长的安全教育,并邀请家长参与幼儿园的安全工作。
➤ 安全检查与维护:两者都要求对环境、设施设备、玩具材料等进行日常检查维护,确保安全。	➤ 公示安全制度与专责团队:强调将安全制度和流程公开张贴,并有专门的安全部门或小组负责安全事务。
➤ 应对突发事件的准备:两者都强调在发生意外时,应优先保护幼儿的安全,并有计划地开展安全演练。	➤ 记录与监督:强调每个班级都应有幼儿意外记录本,并有教师的记录和签名。
	➤ 规章制度的检视:强调定期检视与幼儿及教职工安全相关的规章制度,以确保其时效性和适用性。

3. 教育过程

本量表认为幼儿园的教育过程是围绕幼儿的发展需要和兴趣展开的,并在幼儿园中,通过关系的建立、有计划的教育活动和评估、与家庭和社区的合作来促进幼儿在各个领域的学习和全面发展。《3—6岁儿童学习与发展指南》还强调,幼儿教育的目标是为幼儿后续学习和终身发展奠定良好的素质基础。

一级指标"教育过程"包含4个二级指标。

• 建立稳定、亲密、支持的关系是幼儿园教育过程的重要基础;
• 关注幼儿在各领域的发展、注重幼儿学习品质的培养,是幼儿园教育过程中

的重要内容；

- 教育计划是幼儿园教育过程的重要组成部分，它规划了教育目标以及实现目标的方法和过程；
- 家园社协同合作则是幼儿园教育过程中不可缺少的重要内容，幼儿的家庭和所处的社区是幼儿园支持幼儿学习与发展的重要伙伴。

本量表所强调的"教育过程"指标与《评估指南》相比，存在共同点，也存在独特的侧重点：

3. 教育过程

与《评估指南》的共同点	本量表的侧重点
➢ 都强调幼儿的全面发展。 ➢ 都强调家长的参与和合作。 ➢ 都注重师幼之间的积极互动。	➢ 在关系方面，强调建立幼儿与同伴、幼儿与教师之间的关系。 ➢ 在教育目标方面，强调幼儿的全面发展（包括身心健康与自我服务、运动、听说读写、社会性、科学探索、数学探索、视觉艺术、音乐与律动）。 ➢ 在支持教学方面，涵盖一日生活安排、教育计划、过程性评估、家园社协同合作等因素。

对一级指标"教育过程"所包含的 4 个方面的解释具体如下。

3.1 建立关系

■ 指标对应关系

《评估指南》中的"考查要点"	本量表中的指标表述
25. 教师保持积极乐观愉快的情绪状态，以亲切和蔼、支持性的态度和行为与幼儿互动，平等对待每一名幼儿。幼儿在一日活动中是自信、从容的，能放心大胆地表达真实情绪和不同观点。	3.1.1　师幼关系 3.1.1.1　入园或离园时，教师主动与每位幼儿亲切地打招呼或道别。 3.1.1.2　教师经常主动与幼儿有个别的、积极的日常交流。 3.1.1.3　教师通过微笑、点头等表情或肢

《评估指南》中的"考查要点"	本量表中的指标表述
	体语言,及时对幼儿做出回应。
	3.1.1.4 幼儿喜欢接近教师,并经常和教师分享他们知道的信息和想法。
	3.1.1.5 教师乐于跟幼儿在一起,并恰当使用幽默感拉近师幼间的情感距离。
	3.1.1.6 教师关注幼儿在自主游戏中的状态、兴趣、需要。
	3.1.1.7 教师在日常活动中通过积极正向的言语对幼儿表达积极的期望。
	3.1.1.8 师幼互动时的语言、行为、状态体现平等和尊重。
	3.1.1.9 教师鼓励、引导、支持幼儿和班级中的成人互相尊重。
	3.1.1.10 教师有效地维持班级管理的常态与稳定。
26. 支持幼儿自主选择游戏材料、同伴和玩法,支持幼儿参与一日生活中与自己有关的决策。	3.1.2 幼幼关系
	3.1.2.1 教师允许和鼓励自然形成的同伴关系和互动。
	3.1.2.2 教师有策略地支持和引导幼儿与同伴在游戏中建立积极的关系。
	3.1.2.3 教师提供一些需要同伴合作完成的活动。
	3.1.2.4 当幼儿与同伴发生冲突时,如果冲突双方没有出现激烈的情绪或伤害性行为,教师允许幼儿有机会独立处理冲突。
	3.1.2.5 当幼儿与同伴发生冲突且主动寻求教师的帮助时,教师提供及时的支持。
	3.1.2.6 大部分情况下,同伴互动气氛融洽、愉快。
	3.1.2.7 大部分情况下,同伴互动时的语言、行为、状态都是正面的。
	3.1.2.8 幼儿与同伴之间互相传递经验,提供支持。
	3.1.2.9 大部分幼儿乐于邀请同伴加入自己的游戏,或对同伴的游戏展现好奇心。
	3.1.2.10 在自主游戏中,教师引导幼儿与同伴讨论他们的探索、发现和问题。

■ 指标概述

　　成人与幼儿之间发生的温暖、敏感和有回应的互动有助于幼儿发展安全、积极的自我意识,并促进他们尊重他人并与他人合作。因此,在培养幼儿的个人责任感、自我调节能力、与他人的互动能力以及学习领悟能力的过程中,教师和幼儿之间的积极关系至关重要。同时,与教师和同伴建立积极的关系还有助于幼儿从教学经验和资源中获益。

　　在建立关系方面,《评估指南》强调通过教师的积极态度和支持性行为,营造一个尊重和鼓励幼儿自主性、自信和表达能力的教育环境。该理念主要体现在以下4点内容:

- 教师情绪状态和互动态度:教师应保持积极乐观和愉快的情绪,用亲切和蔼、支持性的态度与幼儿互动,这有助于营造一个温馨和谐的学习环境;
- 平等对待:教师应平等对待每一名幼儿,确保所有幼儿都感受到尊重和关心,无论他们的个性如何或者他们提出的观点是否不同;
- 幼儿自信与表达:通过积极的互动和平等的对待,幼儿应成为自信、从容的个体,能够放心大胆地表达自己的真实情绪和不同的观点;
- 自主性支持:教师应支持幼儿在游戏和一日生活中自主选择材料、同伴和玩法,并参与与自己有关的决策,这样做有助于培养幼儿的自主性和决策能力。

　　本量表对《评估指南》中的相关指标进行了拓展,对二级指标"建立关系"的评估包括"师幼关系"和"幼幼关系"两个方面。

- 首先,本量表中的师幼关系指的是师幼互动行为和过程所产生的结果。这种互动是指在幼儿园内部发生的教师与幼儿之间的相互作用和影响,贯穿于幼儿一日活动和游戏之中(刘晶波,1999)。良好的师幼关系对幼儿的认知、情感、心理健康等方面的发展都有积极的影响,是保证教育活动正常开展的重要条件。研究显示,在课堂上,幼儿感受到情感支持、尊重和安全感,更容易与教师和同伴积极互动。因此,教师需要欣赏幼儿的独特个性、能力、活动水平以及发展速度,并满足幼儿的个人需求。教师应该尊重幼儿的想法,并通过积极倾听、反馈他们的问题和需求,让幼儿感受到平等和尊重。此外,教师还应该表现出同理心,关注幼儿的情绪状态,并给予适当的关注。本量表对"师幼关系"的评估,重点关注教师对每个幼儿的关注、师幼互动气氛,以及师幼互动时平等和尊重的语言、行为和状态。
- 其次,在幼儿成长过程中,除了师幼关系,还需要教师的支持和帮助来与同伴

建立积极的社会关系。教师应该通过各种机会鼓励幼儿建立良好的同伴关系，帮助幼儿更好地合作游戏，同时引导幼儿妥善解决冲突，营造融洽、愉快的社交氛围。本量表在评估"幼幼关系"时，重点关注教师对同伴关系的态度、对同伴关系的支持与引导、同伴互动氛围以及同伴互动时平等和尊重的语言、行为和状态等要素。

■ 总结

3.1　建立关系

与《评估指南》的共同点	本量表的侧重点
➤ 积极的师幼互动：两者都强调教师应保持积极乐观的情绪状态，与幼儿进行亲切和蔼的交流，鼓励幼儿自信地表达自己的情绪和观点。 ➤ 尊重与平等：两者都提到教师应平等对待每一名幼儿，并在师幼互动中体现出尊重。 ➤ 支持幼儿自主性：两者都认为应支持幼儿自主选择游戏材料、同伴和玩法，并参与与自己有关的决策。	➤ 日常交流与情感表达：细化教师与幼儿之间的日常交流方式，包括教师对幼儿的个别关注、使用肢体语言回应幼儿，以及使用幽默感拉近与幼儿之间的情感距离。 ➤ 班级管理：特别强调教师在维持班级管理常态与稳定性方面的作用。 ➤ 幼儿之间的关系：描述教师如何促进幼儿之间积极的同伴关系，包括允许自然形成的友谊、提供合作活动以及在冲突发生时的处理方式。 ➤ 教师的引导：侧重于描述教师如何引导幼儿在自主游戏中与同伴进行有效的交流和探索。

3.2　各领域及学习品质发展

■ 指标对应关系

《评估指南》中的"考查要点"	本量表中的指标表述
12. 帮助幼儿建立合理生活常规，引导幼儿根据需要自主饮水、盥洗、如厕、增减衣物等，养成良好的生活卫生习惯。 13. 指导幼儿进行餐前准备、餐后清洁、图画书与玩具整理等自我服务，引导幼儿养成劳动习惯，增强环保意识、集体责任感。	3.2.1　支持幼儿身心健康与自我服务能力的发展 3.2.1.1　教师关注并照顾幼儿的情绪情感状态和日常需要。 3.2.1.2　教师以平和的、尊重的态度对待和回应幼儿的需要、感受和情绪。

《评估指南》中的"考查要点"	本量表中的指标表述
14. 制定并实施与幼儿身体发展相适应的体格锻炼计划，保证每天户外活动时间不少于2小时，体育活动时间不少于1小时。	3.2.1.3 教师对幼儿发展自我服务能力方面有耐心和信心，不因幼儿做不好或做得慢而责怪、包办、代替。
29. 善于发现各种偶发的教育契机，能抓住活动中幼儿感兴趣或有意义的问题和情境，能识别幼儿以新的方式主动学习，及时给予有效支持。	3.2.1.4 教师运用适宜的策略支持幼儿培养自我服务能力。
30. 尊重并回应幼儿的想法与问题，通过开放性提问、推测、讨论等方式，支持和拓展每一个幼儿的学习。	3.2.1.5 教室里的材料和设施便于幼儿学习自我服务。
31. 理解幼儿在健康、语言、社会、科学、艺术等各领域的学习方式，尊重幼儿发展的个体差异，发现每个幼儿的优势和长处，促进幼儿在原有水平上的发展。不片面追求某一领域、某一方面的学习和发展。	3.2.1.6 教室里配置的材料和设施便于幼儿学习自我清洁。
	3.2.1.7 大部分幼儿看上去能够有序完成各项自我服务的事情。
	3.2.1.8 教师和大部分幼儿用正确的方式洗手。
	3.2.1.9 教师及时给予幼儿恰当的提醒与帮助，以支持幼儿发展自我服务能力。
	3.2.1.10 每位幼儿都有机会依据自己的需要自主取用食物。
	3.2.2 支持幼儿运动能力的发展
	3.2.2.1 每位幼儿每天都有时间自主使用室内和（或）室外空间进行运动，尤其是进行大肌肉活动。
	3.2.2.2 教师鼓励幼儿参与大肌肉活动，并提醒那些看起来不动的或不积极参与的幼儿动起来。
	3.2.2.3 教师与幼儿一起开展和运动相关的沟通与互动。
	3.2.2.4 教师适当地准备室内和（或）室外环境中的运动资源和体育器械。
	3.2.2.5 教师对班级室内和（或）室外的运动空间有适当的规划，不同形式的活动不会互相干扰。
	3.2.2.6 在幼儿的自主运动中，教师能把握教学时机，且用于回应或支持幼儿的策略与其他学习领域相互渗透。
	3.2.2.7 可以观察和感受到班级中大部分幼儿乐于且积极参与运动。
	3.2.2.8 教师邀请幼儿用画画、照片、视频等方式记录他们的运动经历。

《评估指南》中的"考查要点"	本量表中的指标表述
	3.2.2.9　教师通过开放式提问，鼓励幼儿谈论他们的运动经验。
	3.2.2.10　教师支持大多数幼儿在运动中进行挑战和冒险，在幼儿尝试的同时给予指导，并知道什么时候退出、什么时候介入。
	3.2.3　支持幼儿听说读写能力的发展
	3.2.3.1　班级有布置舒适的、光线充足的阅读区。
	3.2.3.2　教师根据幼儿的兴趣和需要，调整或重新安排阅读区内的图书、材料。
	3.2.3.3　教室内有不同种类的图书。
	3.2.3.4　幼儿很容易在室内或室外环境中看到符合自身视线高度、附有图像或文字的标签。
	3.2.3.5　每位幼儿每天有时间进行自主阅读活动。
	3.2.3.6　大部分幼儿乐于和他人交谈，并在游戏中体现前读写能力。
	3.2.3.7　教师为幼儿朗读图书或有文字的图片，并示范阅读技巧。
	3.2.3.8　教师每日与幼儿开展与幼儿游戏和日常生活相关的对话和交流，注意倾听幼儿，回应时示范正确的口语发音，以及加入新的信息以丰富幼儿的词汇量。
	3.2.3.9　教师经常在幼儿面前书写，且作为书写的榜样。
	3.2.3.10　在幼儿需要时，教师为其提供材料支持幼儿写写、涂涂、画画。
	3.2.4　支持幼儿社会性的发展
	3.2.4.1　教师敏锐地察觉到幼儿的情绪情感需要，并以恰当的方式及时回应。
	3.2.4.2　教室中有支持幼儿了解身边社区环境中的人、事、物的材料和资源。
	3.2.4.3　教室中有专门用于角色游戏的空间和材料。
	3.2.4.4　教师总是以身作则，做幼儿社会

《评估指南》中的"考查要点"	本量表中的指标表述
	交往和遵守规则的榜样。
	3.2.4.5 班级行为规则是合理且幼儿能理解的，教师经常提醒幼儿按这些规则行事。
	3.2.4.6 教师根据幼儿所处的情境，及时引导幼儿学习和发展社交技能，理解和遵守规则。
	3.2.4.7 教师有策略地支持幼儿发展亲社会行为。
	3.2.4.8 教师关注幼儿与同伴的冲突，并有策略地引导幼儿处理同伴冲突，将同伴冲突作为社会性教育的契机。
	3.2.4.9 大部分幼儿情绪稳定、平和，积极参与游戏和活动。
	3.2.4.10 在幼儿园的日常活动中，教师经常打破班级界限，让幼儿有机会与不同年龄或班级的同伴交往和互动。
	3.2.5 支持幼儿的科学探索
	3.2.5.1 教师在室内或室外环境中提供各种有关早期科学概念的游戏材料和资源。
	3.2.5.2 室内有关早期科学概念的游戏材料、资源和环境布置与幼儿的日常生活经验及所属地域文化相联系，且对幼儿具有吸引力。
	3.2.5.3 教师根据幼儿的科学兴趣、不同水平、科学经验等，持续更新有关早期科学概念的游戏材料和资源。
	3.2.5.4 每位幼儿每天都有时间进行自主科学探索活动。
	3.2.5.5 教师提供额外的信息来拓展幼儿对早期科学概念的自主探索，不是简单说出"正确"或"错误"的答案。
	3.2.5.6 教师用于回应或支持幼儿自主探索早期科学概念的策略体现与其他学习领域的相互渗透。
	3.2.5.7 在科学探索中，教师通过追问、提示等方式，激发和满足幼儿对科学探索的兴趣和需要。
	3.2.5.8 教师鼓励和支持幼儿与同伴展开与科学相关的日常探索和对话。

《评估指南》中的"考查要点"	本量表中的指标表述
	3.2.5.9 在幼儿解决与早期科学概念有关的问题时,教师用"为什么""如何"等开放性问题,帮助幼儿反思和促进他们的思考。
	3.2.5.10 教师为幼儿的科学探索活动提供有弹性的空间和时间。
	3.2.6 支持幼儿的数学探索
	3.2.6.1 有支持且便于幼儿探索早期数学概念的各种材料和资源。
	3.2.6.2 室内有与幼儿日常生活中的数学经验相关的区角或环境布置,且对幼儿具有吸引力。
	3.2.6.3 教师根据幼儿的数学兴趣、不同数学水平、数学关键经验等,持续更新有关早期数学概念的游戏材料和资源。
	3.2.6.4 每位幼儿每天都有时间进行自主数学探索活动。
	3.2.6.5 在幼儿解决与早期数学概念有关的问题时,教师用"如果""如何"等开放性问题来帮助幼儿反思和促进他们的思考。
	3.2.6.6 教师用于回应或支持幼儿自主探索早期数学概念的策略体现与其他学习领域的相互渗透。
	3.2.6.7 教师通过问题和谈话,引发幼儿关注游戏和活动中的数学名称或概念。
	3.2.6.8 教师在日常活动中,支持幼儿与同伴一起讨论所看到、听到的数学概念,以加深幼儿对具体数学概念的理解。
	3.2.6.9 在数学区角活动中,教师会在观察幼儿操作的基础上,及时为有需要的幼儿提供个别指导。
	3.2.6.10 在日常生活中,教师用多种方式和工具与幼儿进行数学互动。
	3.2.7 支持幼儿在视觉艺术方面的发展
	3.2.7.1 有支持且便于幼儿开展自主视觉艺术活动的各种材料、设备和资源。
	3.2.7.2 教师根据幼儿的兴趣、不同水平、年龄特点、生活经验等,及时补充和持续更

《评估指南》中的"考查要点"	本量表中的指标表述
	新有关视觉艺术的材料和资源。
	3.2.7.3 教师以欣赏的态度对待幼儿的创作意图、创作过程和作品，鼓励幼儿用自己的方式创作。
	3.2.7.4 室内有保留幼儿尚未完成作品的设施或空间，便于每位幼儿有条理地存放自己的视觉艺术作品。
	3.2.7.5 教师对幼儿的创作过程进行观察和记录，并向幼儿展示相关纪录。
	3.2.7.6 有关视觉艺术的材料、资源和环境布置体现多样性。
	3.2.7.7 教师允许幼儿在艺术创作过程中使用个性化的表达方式。
	3.2.7.8 每位幼儿每天都有时间进行自主视觉艺术创作活动。
	3.2.7.9 教师用于支持幼儿发展视觉艺术的策略体现与其他学习领域的相互渗透。
	3.2.7.10 幼儿园有专供幼儿创作中、大型艺术作品的地方，且幼儿每天都能使用。
	3.2.8 支持幼儿在音乐与律动方面的发展
	3.2.8.1 有支持且便于幼儿开展自主音乐与律动游戏的各种材料、设备和资源。
	3.2.8.2 教师适时播放不同类型的、适合幼儿的音乐，供幼儿欣赏和聆听。
	3.2.8.3 每位幼儿每天都有时间，能自主使用教师设置的各种音乐与律动材料、设备和资源。
	3.2.8.4 在音乐与律动活动中，教师关注幼儿对音乐的感受，鼓励幼儿创造性地展现对音乐的理解。
	3.2.8.5 教师每天至少有1次与幼儿一起的音乐与律动活动。
	3.2.8.6 班级或园所每学年有扩展幼儿音乐兴趣和经验的特别活动。
	3.2.8.7 教师用于支持幼儿开展与音乐、律动有关的活动或自主游戏的策略体现与其他学习领域的相互渗透。
	3.2.8.8 教师及时创设音乐环境，鼓励和

（续表）

《评估指南》中的"考查要点"	本量表中的指标表述
	支持幼儿的自主音乐行为。 3.2.8.9 教师营造宽松的班级音乐氛围，支持幼儿与同伴一起用自己喜欢的方式哼唱、模仿有趣的表情、表演和创作。 3.2.8.10 教师适时引导幼儿的自主音乐行为，结合自身音乐素养提高幼儿音乐水平。

■ **指标概述**

《3—6岁儿童学习与发展指南》强调，在实施幼儿教育时，首先需要注意幼儿的学习与发展是一个整体，需要重视不同领域和目标之间的相互渗透和整合，促进幼儿身心全面协调发展，而不是片面追求某些方面的发展。其次，要理解和尊重幼儿发展进程中的个别差异，支持和引导幼儿按照自身的速度和方式进行学习，不应用一把"尺子"衡量所有幼儿。再次，要理解幼儿的学习是以直接经验为基础，在游戏和日常生活中进行的。因此，幼儿教育工作者应该珍视游戏和日常生活的独特价值，创设丰富的教育环境，合理安排幼儿的日常生活，并尽可能地支持和满足幼儿通过直接感知、实际操作和亲身体验来获取经验的需求。同时，幼儿园还应该严格禁止"拔苗助长"式的超前教育和强化训练。

除此之外，《3—6岁儿童学习与发展指南》还强调要重视幼儿学习品质的发展。在幼儿活动过程中，应该珍视幼儿表现出的积极态度和良好行为倾向，充分尊重和保护幼儿的好奇心和学习兴趣。幼儿教育工作者应该支持幼儿在自主游戏和探索过程中，逐步培养积极主动、认真专注、不畏困难、勇于探究和尝试、乐于想象和创造等良好的学习品质。这些品质是幼儿终身学习与发展所必需的。忽视幼儿学习品质的培养，单纯追求知识技能学习的做法是短视而有害的。

《评估指南》在支持幼儿各领域及学习品质发展方面，强调为幼儿创造一个全面发展的环境，不仅注重培养基本生活技能，还包括尊重个性、培育劳动和环保意识、重视体育锻炼，以及激发和支持幼儿的学习兴趣。其主要内容可以概括为以下6点：

- 培养生活自理能力：强调帮助幼儿建立合理的生活常规，如自主饮水、盥洗、如厕、增减衣物等，以养成良好的生活卫生习惯；
- 培养劳动习惯与环保意识：指导幼儿进行餐前准备、餐后清洁、整理图画书与玩具等，培养劳动习惯，同时增强环保意识和集体责任感；
- 保障体格锻炼与户外活动：制定并实施与幼儿身体发展相适应的体格锻炼计

划，并确保每天有足够的户外活动时间和体育活动时间；

- 把握与支持教育契机：善于发现和利用偶发的教育契机，抓住幼儿感兴趣的问题和情境，识别幼儿主动学习的方式，并提供有效的支持；
- 尊重与回应幼儿的想法：尊重并回应幼儿的想法与问题，通过开放性提问、推测、讨论等方式，支持和拓展幼儿的学习；
- 理解个体差异与多领域发展：理解并尊重幼儿在不同领域的学习方式和发展的个体差异，发现每个幼儿的优势和长处，促进幼儿在原有水平上的综合发展，而不是片面追求某一领域或方面的学习和发展。

本量表对"各领域及学习品质发展"的评估以教师对幼儿自主游戏的支持为基础，从身心健康与自理能力、运动能力、听说读写能力、社会性、科学探索、数学探索、视觉艺术、音乐与律动 8 个方面来关注幼儿的全面发展以及相关学习品质的培养。

■ **总结**

3.2　各领域及学习品质发展

与《评估指南》的共同点	本量表的侧重点
➢ 培养幼儿自我服务能力：两者都强调教师应关注幼儿的日常需要，并支持幼儿发展自我服务能力，如自主饮水、盥洗、如厕、进餐等。 ➢ 促进幼儿身体运动：两者都提到应制定体格锻炼计划，确保幼儿有充足的户外活动和体育活动时间。 ➢ 支持幼儿多领域发展：两者都认为应支持幼儿在健康、语言、社会、科学、艺术等领域的学习，尊重幼儿个体差异，发现和培养幼儿的优势和长处。 ➢ 教师的角色和态度：两者都强调教师应以尊重的态度对待幼儿，通过开放性提问、讨论等方式回应幼儿的想法与问题，支持幼儿学习。	➢ 细化具体行为指标：提供具体的行为指标，如教师如何关注幼儿的情绪情感状态，如何支持幼儿培养自我服务能力，以及如何规划活动空间等。 ➢ 观察和记录：强调教师应观察和记录幼儿的行为和学习过程，以便更好地了解幼儿的发展情况。 ➢ 环境和材料的配置：特别提到教室里的材料和设施应便于幼儿学习自我服务和自主探索，如阅读区的布置和科学探索材料的配置。 ➢ 教学策略的运用：详细描述教师应如何运用策略来支持幼儿在各个领域的学习，如通过开放式提问促进幼儿思考，或者在幼儿探索时提供适时的指导和介入。 ➢ 社会交往和规则的学习：提到教师应支持幼儿发展社交技能，理解和遵守规则，以及处理同伴冲突的能力。 ➢ 多样化的学习体验：鼓励教师为幼儿提供多样化的学习体验，如科学探索、数学探

（续表）

与《评估指南》的共同点	本量表的侧重点
	索、视觉艺术和音乐与律动活动，以及鼓励幼儿用多种方式表达自己。

3.3 教育计划与评估

■ 指标对应关系

《评估指南》中的"考查要点"	本量表中的指标表述
20. 一日活动安排相对稳定合理，并能根据幼儿的年龄特点、个体差异和活动需要做出灵活调整，避免活动安排频繁转换、幼儿消极等待。	**3.3.1 一日活动安排**
	3.3.1.1 室内张贴有给幼儿看的一日活动安排，且内容与实践基本一致。
21. 以游戏为基本活动，确保幼儿每天有充分的自主游戏时间，因地制宜为幼儿创设游戏环境，提供丰富适宜的游戏材料，支持幼儿探究、试错、重复等行为，与幼儿一起分享游戏经验。	3.3.1.2 每位幼儿每天有至少1个小时的连续自主游戏时间，每天有2—3小时累计的自主游戏时间。
	3.3.1.3 幼儿园活动安排中体现对幼儿个体差异与需要的考虑。
	3.3.1.4 教师依据幼儿的兴趣和需要，合理且灵活调整既定的计划。
22. 发现和支持幼儿有意义的学习，采用小组或集体的形式讨论幼儿感兴趣的话题，鼓励幼儿表达自己的观点，提出问题、分析解决问题，拓展提升幼儿日常生活和游戏中的经验。	3.3.1.5 幼儿每天既有机会参与教师发起的以集体或小组形式开展的活动，又有机会参与自主游戏。
	3.3.1.6 教师在转换环节中，用合理的方式提醒幼儿即将结束当下的环节。
	3.3.1.7 一日活动中，班级教师之间合作默契。
	3.3.1.8 一日活动安排是可预测的，教师会提前告知幼儿下一环节的安排。
	3.3.1.9 幼儿园的一日活动体现幼儿的选择和决定。
	3.3.1.10 教师准备充分，使活动间的转换有序，不会让幼儿等太久。
27. 认真观察幼儿在各类活动中的行为表现并做必要记录，根据一段时间的持续观察，对幼儿的发展情况和需要做出客观全面的分析，提供有针对性的支持。不急于介入	**3.3.2 过程性评估**
	3.3.2.1 幼儿园有对幼儿进行过程性评估的体系。

《评估指南》中的"考查要点"	本量表中的指标表述
或干扰幼儿的活动。	3.3.2.2 教师对每位幼儿进行过程性评估。
	3.3.2.3 个体幼儿的评估报告上显示出教师经常从欣赏的视角观察幼儿,描述幼儿积极的学习与发展行为。
	3.3.2.4 教师对幼儿的评估显示对幼儿学习过程的关注。
	3.3.2.5 教师在真实自然的场景中进行过程性评估。
	3.3.2.6 教师邀请家长或照顾者参与对幼儿的过程性评估。
	3.3.2.7 教师用不同的方式经常与家庭分享过程性评估内容。
	3.3.2.8 学期末个体幼儿的评估报告体现出幼儿的学习风格和学习倾向,且体现出教师对幼儿在某一个或几个领域发展方面的持续关注。
	3.3.2.9 学期末个体幼儿的评估报告体现出幼儿在五大领域的整体学习与发展。
	3.3.2.10 在过程性评估中,教师使用文字、照片、录音和(或)录像等方式,记录对幼儿的观察、分析及回应。
19. 认真按照《幼儿园教育指导纲要》《3—6岁儿童学习与发展指南》要求,结合本园、班实际,每学期、每周制定科学合理的班级保教计划。	3.3.3 教育反思与计划制定
	3.3.3.1 以对幼儿的观察和分析为基础,制定月或周教育计划。
	3.3.3.2 以对上一个月或上一周幼儿学习兴趣和学习倾向的反思为基础,制定月或周教育计划。
	3.3.3.3 同班级教师经常一起反思和制定教育计划。
	3.3.3.4 教育计划中体现教师使用环境和材料对幼儿进行支持。
	3.3.3.5 教师每天有专门的时间进行教育反思以及制定或调整次日计划。
	3.3.3.6 教师在近期计划的活动中体现对个体幼儿的支持。
	3.3.3.7 教师根据幼儿当下的游戏和活动情况,及时生成活动计划。
	3.3.3.8 教师制定计划的依据源于对不同类型的游戏和活动的观察。

■ 指标概述

《评估指南》中有关"教育计划与评估"的内容可以概括为以下5点：

- 制定科学合理的保教计划：教育计划应遵循国家的教育指导文件，如教育部于2001年印发的《幼儿园教育指导纲要（试行）》和2012年印发的《3—6岁儿童学习与发展指南》，同时要结合幼儿园和班级的具体情况；
- 稳定且灵活的日常活动安排：一日活动的安排应该是稳定和合理的，以确保幼儿有一个清晰和有序的日程。同时，活动安排应当灵活，能够根据幼儿的年龄、个体差异和实际活动需求进行调整，避免频繁转换活动导致幼儿消极等待；
- 以游戏为基础的学习环境：确保幼儿每天有足够的时间进行自主游戏，为幼儿提供适宜的游戏环境和材料，支持幼儿通过探究、试错、重复等行为进行学习，同时与幼儿分享游戏经验，增强游戏的教育价值；
- 鼓励幼儿表达和探索：发现并支持幼儿在学习中的兴趣和需求，通过小组讨论或集体活动，鼓励幼儿表达自己的观点，提出问题，并参与到问题的分析和解决过程中，以此拓展和提升幼儿的日常生活及游戏经验；
- 观察与记录幼儿的发展：通过持续观察和记录幼儿在各类活动中的行为表现，对幼儿的发展情况和需求进行客观全面的分析，提供有针对性的支持。在幼儿的活动过程中，教师应避免急于介入或干扰，而是给予幼儿足够的空间自主学习和探索。

本量表对幼儿园"教育评估与计划"方面的评估强调一日活动安排、过程性评估、教育反思与计划制定这三个要素。

- 首先，幼儿一日活动涵盖了从入园到离园的所有环节。为了确保幼儿园课程内容的有效性，关键在于合理规划这些活动及其流畅的过渡，同时须贴合幼儿的成长规律并尊重每位幼儿的独特发展需要。本量表在评估幼儿园"一日活动安排"时，特别注重作息时间的计划与灵活性、自主游戏、活动中的个体差异关怀、不同类型活动的合理安排、流畅的活动转换，以及教师间的协作。
- 其次，评估是幼儿园课程实施的核心部分，是高质量教育的关键，能反映幼儿学习发展并检验课程效果。根据《评估指南》，有效评估需要教师持续观察、记录、分析和回应。随着教育改革和《幼儿园教育指导纲要（试行）》的实施，评估观念由结果导向转为过程导向，重视幼儿独特的学习经历。过程性评估

认可个体差异,支持幼儿学习,促进教育发展。本量表评估幼儿园"过程性评估"的质量,包括过程性评估的制度体系、过程性评估的视角、过程性评估的方式与内容、真实自然场景中的过程性评估,以及家庭参与幼儿过程性评估等方面。

- 第三,在教育反思与计划制定方面,传统课程要求教师跟随教案逐步执行,而生成式课程要求教师依据观察和幼儿需求灵活制定计划。幼儿教育的国家政策越来越强调教师根据幼儿兴趣和需求及时调整计划。例如,教育部于2001年印发的《幼儿园教育指导纲要(试行)》与2012年颁布出台的《幼儿园教师专业标准(试行)》均提倡教师观察幼儿并根据其反应调整教育活动。这种课程注重基于观察的计划和教师间合作反思,以满足幼儿兴趣。对教师而言,持续深入反思促进其成为反思研究型教师。本量表评估幼儿园"教育反思与计划制定"质量时,关注基于观察的教育反思、教育反思与计划中个体差异的体现、同班教师合作反思和计划以及基于观察和反思的教育计划等要素。

■ 总结

3.3　教育计划与评估

与《评估指南》的共同点	本量表的侧重点
➢ 重视一日活动的合理安排:两者都强调一日活动应该有稳定合理的安排,考虑幼儿的个体差异,并能根据幼儿的兴趣和需要进行灵活调整。 ➢ 自主游戏的重要性:两者均认为自主游戏对幼儿的发展至关重要,并提出幼儿每日应有足够的自主游戏时间。 ➢ 观察和个体化评估:两者都提到对幼儿行为的观察和记录,以及根据观察结果进行个体化评估和提供支持。 ➢ 教育计划的制定:两者都提到基于对幼儿的观察和分析来制定教育计划,以及教师之间的合作与反思。 ➢ 尊重幼儿的选择和决定:两者都强调在教育过程中要尊重幼儿的选择和决定,并在活动中体现出来。	➢ 过程性评估体系:特别强调建立对幼儿进行过程性评估的体系,且评估要有家长或照顾者的参与。 ➢ 教育反思与计划制定:着重于教师的教育反思和基于反思的计划制定,以及计划制定的具体依据。 ➢ 教师的准备和协作:强调教师之间的合作默契以及在活动转换中的充分准备和提醒方式。 ➢ 记录和分享:提到使用多种方式记录幼儿观察和评估结果,并与家庭分享的重要性。

3.4 家园社协同合作

■ 指标对应关系

《评估指南》中的"考查要点"	本量表中的指标表述
32. 幼儿园与家长建立平等互信关系，教师及时与家长分享幼儿的成长和进步，了解幼儿在家庭中的表现，认真倾听家长的意见建议。 33. 家长有机会体验幼儿园的生活，参与幼儿园管理，引导家长理解教师工作对幼儿成长的价值，尊重教师的专业性，积极参与并支持幼儿园的工作，成为幼儿园的合作伙伴。 34. 幼儿园通过家长会、家长开放日等多种途径，向家长宣传科学育儿理念和知识，为家长提供分享交流育儿经验的机会，帮助家长解决育儿困惑。 35. 幼儿园与家庭、社区密切合作，积极构建协同育人机制，充分利用自然、社会和文化资源，共同创设良好的育人环境。	3.4.1 幼儿园有明文规定的家园沟通机制。 3.4.2 幼儿园有完整详细的机制，用于回应家长的问题和诉求，能够以尊重的态度、有建设性地解决家长投诉和关注的问题，并寻求家长的认可。 3.4.3 幼儿园定期制定和调整家园工作计划。 3.4.4 幼儿园经常邀请家长参与幼儿园的园内活动。 3.4.5 幼儿园通过各种渠道向家长宣传育儿理念、为家长提供育儿资源。 3.4.6 家长代表定期与学校讨论有关管理的决策。 3.4.7 幼儿园定期邀请家长对幼儿园课程进行评价。 3.4.8 当幼儿有需要时，幼儿园利用社区资源支持幼儿的学习与发展。 3.4.9 教职工参与各类社区事务。 3.4.10 幼儿园与社区相互分享教育资源，合作开展面向家长的活动。

■ 指标概述

　　幼儿的学习和发展与家庭、社区密不可分。《评估指南》强调幼儿园、家庭和社区之间的紧密合作与沟通，共同为幼儿创造一个全面、协调和支持性的成长环境，促进幼儿的健康发展。相关指标所体现的内容可以概括为以下 4 点：

- 建立平等互信的关系：幼儿园与家长应建立平等互信的合作关系，教师需要及时与家长分享幼儿在园中的成长和进步，同时也要了解幼儿在家庭中的表现，并认真听取家长的意见和建议；

- 家长的参与和体验：家长应有机会亲身体验幼儿园的日常生活，并参与到幼儿园的管理中来。幼儿园需要引导家长理解教师工作的价值，尊重教师的专业性，并鼓励家长积极参与支持幼儿园的工作，成为幼儿园教育的合作伙伴；

- 为家长提供教育支持：幼儿园应通过家长会、家长开放日等多种方式向家长

传播科学的育儿理念和知识,提供平台让家长分享和交流育儿经验,帮助家长解决在育儿过程中遇到的问题;

- 构建协同育人机制:幼儿园需要与家庭、社区紧密合作,共同构建协同育人的机制。这包括充分利用自然、社会和文化资源,创设一个有利于儿童全面发展的环境,让幼儿在多元丰富的社会实践中学习和成长。

在本量表中,有关"家园社协同合作"的理念体现在以下5方面:

- 明确的家园沟通机制:幼儿园应有明确的规定和详细的机制,以此来确保与家长有效沟通,确保家长的问题和诉求得到尊重和建设性的回应;
- 定期的家园合作计划:幼儿园需要定期制定和调整家园合作计划,以促进家园之间的协同工作和沟通;
- 家长的参与和反馈:幼儿园鼓励家长参与园内活动,定期邀请家长对幼儿园的课程和教学质量进行评价,从而使家长成为幼儿园教育的合作伙伴;
- 宣传与支持育儿理念:幼儿园应通过多种渠道向家长传播科学的育儿理念,并提供相应的育儿资源和支持;
- 家长在管理中的角色:家长代表应定期参与讨论幼儿园的管理决策,这样可以确保家长的声音被听到,并参与到幼儿园的管理和运营中。

此外,本量表还对社区概念进行了诠释,认为社区是由居住在某一地方的人们结成多种社会关系和社会群体,从事多种社会活动,而构成的社会共同体。社区不仅是幼儿的生活场所,还是幼儿的学习环境,在物质空间和精神空间上都起着重要作用。社区拥有丰富的资源,可以有效地弥补家庭和幼儿园资源的不足,给幼儿提供更多真实环境下的实践和锻炼机会,从而支持幼儿的社会性发展。

■ 总结

3.4 家园社协同合作

与《评估指南》的共同点	本量表的侧重点
➤ 家园沟通与合作:两者都强调幼儿园与家长之间需要建立平等互信的关系,并通过各种机制和活动促进沟通和合作。 ➤ 家长参与:两者均提倡家长参与幼儿园的	➤ 明确规定的家园沟通机制:强调幼儿园应有明文规定的家园沟通机制,以确保家长的意见和诉求得到有效处理。 ➤ 制定和调整家园工作计划:提到幼儿园

与《评估指南》的共同点	本量表的侧重点
活动和管理,包括对幼儿园课程的评价和参与决策,以提高家长对幼儿园工作的理解和支持。 ➤ 共享和利用教育资源:两者都认为应充分利用社区资源,与家庭和社区合作,共同为幼儿创造良好的育人环境。	➤ 应定期制定和调整家园工作计划,以适应家长和幼儿的需求。 ➤ 家长对幼儿园课程的评价:特别提出幼儿园应定期邀请家长评价课程,这体现了家长反馈对改进幼儿园教育质量的重要性。 ➤ 利用社区资源:强调幼儿园在需要时应利用社区资源支持幼儿的学习与发展,并鼓励教职工参与社区事务,促进资源共享和合作。

4. 环境创设

环境是幼儿园教育中的重要资源,具有不可替代的教育功能,有利于促进幼儿身心发展。《幼儿园教育指导纲要(试行)》指出:"幼儿园的空间、设施、活动材料和常规要求等应有利于引发、支持幼儿的游戏和各种探索活动,有利于引发、支持幼儿与周围环境之间积极的相互作用。"幼儿园通过规划合理、装备齐全、维护良好等方式来创设室内外环境,确保幼儿安心、舒适、自主地实现游戏、学习和发展,这是体现其教育质量的重要途径。

在本量表中,一级指标"环境创设"包含 4 个二级指标。

- 室内环境规划与室外环境规划是环境创设的基础,它们直接影响幼儿的活动、学习和成长;
- 提供多样化、丰富的材料和资源是环境创设的重要部分,能够丰富幼儿的学习和探索体验,激发他们的兴趣和动力;
- 营造良好的环境氛围是幼儿园环境创设的关键,能够影响幼儿的情绪、行为和学习效果。

因此,在本量表中,"环境创设"的概念以"室内外环境规划""材料与资源""环境氛围"为关键要素。本量表所强调的"环境创设"指标与《评估指南》有共同点,也存在独特的侧重点:

与《评估指南》的共同点	本量表的侧重点
➤ 都强调环境、设施和材料对于幼儿的学习和成长的重要性。	➤ 以支持幼儿的自主游戏为基础。 ➤ 强调室内外环境的空间规划。

与《评估指南》的共同点	本量表的侧重点
➤ 都强调幼儿园合理规划和设计环境，以满足幼儿的游戏需要。	➤ 关注室内外环境中的设施和展示。 ➤ 在材料与资源方面，重点关注游戏材料、图书和语言材料、多媒体资源。 ➤ 强调室内外环境的氛围。

对一级指标"环境创设"所包含的 4 个方面的解释具体如下：

4.1 室内环境规划

■ 指标对应关系

《评估指南》中的"考查要点"	本量表中的指标表述
36. 幼儿园规模与班额符合国家和地方相关规定，合理规划并灵活调整室内外空间布局，最大限度地满足幼儿游戏活动的需要。除综合活动室外，不追求设置专门的功能室，避免奢华浪费和形式主义。 37. 各类设施设备安全、环保，符合幼儿的年龄特点，方便幼儿使用和取放，满足幼儿逐步增长的独立活动需要。	4.1.1　室内空间和设施 4.1.1.1　室内空间宽敞，足够使所有幼儿和成人自如活动。 4.1.1.2　室内有充足的空间，可以在有需要时，供全班幼儿聚在一起开展与各领域相关的集体活动。 4.1.1.3　室内有专门的空间，供个别没有午睡需要的幼儿开展游戏和活动。 4.1.1.4　室内有自然光、通风和温度调节设备。 4.1.1.5　教师依照幼儿活动和游戏的需要调节室内的光线、通风和温度。 4.1.1.6　室内有满足日常照料、游戏和活动的设施以及个人物品的收纳区。 4.1.1.7　大部分室内家具的尺寸适合幼儿。 4.1.1.8　室内有一些自然材质的家具和设施。 4.1.1.9　室内家具和设施安全、卫生、维护良好。 4.1.1.10　室内设置有男女分开或供残障儿童使用的如厕设施。 4.1.2　室内游戏及活动空间规划 4.1.2.1　室内有不同类型的游戏区角，可

（续表）

《评估指南》中的"考查要点"	本量表中的指标表述
	以为幼儿提供多种学习经验。
	4.1.2.2 室内空间规划动静相对分开,减少干扰。
	4.1.2.3 室内区角的空间设置和家具摆放便于幼儿游戏与探索。
	4.1.2.4 教师注重室内空间规划的灵活性,能够依据幼儿的兴趣和需要灵活调整家具和设施的摆放。
	4.1.2.5 室内游戏空间规划允许幼儿自由选择区角。
	4.1.2.6 室内既有适合个体幼儿自主游戏和活动的空间,也有适合小组和大组幼儿游戏和活动的相对固定的空间。
	4.1.2.7 室内有安全的、简单遮挡的私密空间,供个别幼儿进行游戏、活动或休息。
	4.1.2.8 室内美工区接近水源。
	4.1.2.9 教室内有允许幼儿每天自主进行大肌肉活动的空间。
	4.1.2.10 室内游戏空间适合残障儿童使用。（允许不适用）
	4.1.3 室内环境中的展示
	4.1.3.1 室内环境中的大部分展示符合班里幼儿的年龄特点。
	4.1.3.2 室内环境中的展示有许多幼儿的作品。
	4.1.3.3 室内环境中的大部分展示布置在符合幼儿视线的高度。
	4.1.3.4 室内环境中展示的幼儿作品都是由幼儿自主创作的,并非在教师统一要求下完成的。
	4.1.3.5 室内环境中展示的内容与最近的活动和班里幼儿的兴趣、需要或经历紧密相关。
	4.1.3.6 室内环境中展示的内容具有明显可见的多样性。
	4.1.3.7 室内环境中展示的既有平面的也有立体的幼儿作品。
	4.1.3.8 室内环境中展示的既有幼儿创作

（续表）

《评估指南》中的"考查要点"	本量表中的指标表述
	的艺术类作品,也有幼儿创作的"书写"作品。 4.1.3.9 环境中的展示能够鼓励和邀请幼儿与物质环境、同伴、成人进行互动。 4.1.3.10 幼儿参与对环境中展示内容的规划。

■ 指标概述

幼儿园室内环境的规划是否合理会直接影响幼儿在其中学习和发展的质量。因此,合理而有效的规划既要考虑室内空间的合理利用和布局,也要考虑室内设施是否最大限度地满足幼儿游戏活动的需要,同时还要考虑环境对幼儿的展示效果。幼儿园通过有效规划提供合理的空间、设施和展示,来创造一个安全、有序、富有乐趣的室内环境,有助于支持幼儿的游戏、活动和其他教学活动的开展。

《评估指南》中关于"室内环境规划"的内容可以概括为以下4点:

- 符合规定的幼儿园规模与班额:幼儿园的规模和班额应该遵守国家和地方的相关规定,确保每个班级的幼儿数量适宜,这有利于提供更好的教育和保育服务;
- 合理规划空间布局:幼儿园应合理规划并灵活调整室内外空间布局,以最大限度地满足幼儿的游戏和活动需求,这包括确保有足够的空间供幼儿自由活动和游戏;
- 避免不必要的专门功能室:除了综合活动室之外,不应追求设置过多的专门功能室,以避免造成奢华浪费和形式主义,重点应放在多功能和灵活使用的空间上;
- 安全、环保的设施设备:幼儿园内的各类设施和设备应安全、环保,并且符合幼儿的年龄特点,方便幼儿使用和取放,设备应满足幼儿逐步增长的独立活动需求,鼓励他们自主学习和探索。

本量表对幼儿园"室内环境规划"方面质量的评估,强调"室内空间和设施""室内游戏及活动空间规划""室内环境中的展示"这三个要素,具体如下:

- 第一,室内空间是教师与幼儿共用的物理环境。本量表强调空间的实际使用效果,而非仅以面积衡量。设施包括满足日常照料、游戏和学习需求的各类

设备。另外,充足的空间和适宜的设施是开展室内活动的基础保障。本量表对"室内空间和设施"的评估,重点关注室内空间大小、室内环境的舒适度、室内设施的适应性和室内活动与游戏需要的配合,以及室内家具的尺寸、材质和维护情况等方面。

- 第二,室内空间环境涵盖空间规划和家具设施,对幼儿学习体验至关重要。设计时应考虑幼儿的发展和需求,保持灵活性,适应各类游戏活动。要设立多功能游戏区角,如美工、积木、图书等,以丰富学习体验。空间还应支持个体和集体活动,家具布置需可调节以满足幼儿不断变化的兴趣和需求。本量表对于"室内游戏空间规划"的评估,重点关注游戏区角的类型、区域规划、设施和家具摆放,以及教师对幼儿在游戏过程中的监护情况。

- 第三,环境在幼儿园教育中扮演着核心角色,形成了一种"隐性课程"。经过精心设计的环境展示能够激发幼儿的反思与学习延伸。这些展示应以幼儿的创作为核心,反映他们的家庭文化、班级的探索主题和个人兴趣。同时,展示内容需要随着幼儿的成长和需求适时更新,以保持其相关性和鲜活性。本量表对"环境中的展示"的评估,重点考虑展示内容与幼儿的相关性、所展现的文化多样性以及展示形式。

■ 总结

4.1　室内环境规划

与《评估指南》的共同点	本量表的侧重点
➢ 室内空间的合理规划:两者都强调室内空间应宽敞、灵活,并能够满足幼儿游戏和活动的需求。这包括为不同类型的活动提供适当的空间,以及考虑到动静分区,减少干扰。 ➢ 设施设备的安全性和适用性:两者都指出设施设备应安全、环保,且符合幼儿的年龄特点,便于幼儿使用和取放,支持幼儿独立活动。 ➢ 考虑幼儿的需求和特点:两者都提到室内环境规划应考虑幼儿的年龄特点和个别需求,如为没有午睡需要的幼儿提供专门的活动空间,以及为残障儿童提供适用的游戏空间。	➢ 室内环境的细节设计:详细描述了室内环境的具体要求,如自然光、通风、温度调节、家具的尺寸和材质、如厕设施等。 ➢ 灵活性和多样性:强调教师应根据幼儿的兴趣和需要调整室内空间,提供多样化的游戏区角,以及保持室内空间规划的灵活性。 ➢ 幼儿作品的展示:特别提到室内环境中幼儿作品的展示,强调这些作品应当是幼儿自主创作的,并与他们的兴趣、需要或经历紧密相关,鼓励幼儿参与展示的规划。

4.2 室外环境规划

■ 指标对应关系

《评估指南》中的"考查要点"	本量表中的指标表述
36. 幼儿园规模与班额符合国家和地方相关规定,合理规划并灵活调整室内外空间布局,最大限度地满足幼儿游戏活动的需要。除综合活动室外,不追求设置专门的功能室,避免奢华浪费和形式主义。 37. 各类设施设备安全、环保,符合幼儿的年龄特点,方便幼儿使用和取放,满足幼儿逐步增长的独立活动需要。提供必要的遮阳遮雨设施设备,确保特殊天气条件下幼儿必要的户外活动能正常开展。	**4.2.1 室外空间与规划** 4.2.1.1 有供幼儿玩沙和玩水的地方及设施。 4.2.1.2 室外活动空间充足,方便所有幼儿和成人自如地开展大肌肉活动。 4.2.1.3 室外有一些用来进行各类游戏和活动的空间。 4.2.1.4 所有幼儿每天至少有2个小时在室外进行游戏和大肌肉活动。 4.2.1.5 在室外游戏和大肌肉活动空间中有充足的抵御炎热、暴晒、降雨或降雪等恶劣天气的设施。 4.2.1.6 当遭遇恶劣天气时,教师用适当的材料、器材或家具把室内空间合理改造成可供幼儿进行大肌肉活动的场地。 4.2.1.7 室外游戏和大肌肉活动空间中铺设有不同材质的地面,以及设置有不同类型的地形,以满足幼儿开展各种游戏和活动的需要。 4.2.1.8 幼儿园合理安排进行大肌肉活动的室外空间,保障每位幼儿、每个班级每天都有运动空间,且每周都有机会使用幼儿园内所有不同的运动空间。 4.2.1.9 室外场地的规划需考虑到不同类型活动的需要,且不同类型的活动互相不干扰。 4.2.1.10 室外场地的整体规划布局有利于成人看护幼儿的活动和游戏。 **4.2.2 室外器材和设施** 4.2.2.1 室外有幼儿可以使用的多种类型的固定运动器材和设施。 4.2.2.2 室外有幼儿可以使用的不同类型的可移动运动器材和设施。 4.2.2.3 在幼儿的运动过程中,有充足的

79

（续表）

《评估指南》中的"考查要点"	本量表中的指标表述
	运动器材和设施。
	4.2.2.4 室外运动器材和设施符合学前幼儿的身体发展特点。
	4.2.2.5 在运动过程中,室外运动器材和设施可以满足班级中不同发展水平幼儿的需要。
	4.2.2.6 室外设置有鼓励幼儿进行科学探索、角色扮演、搭建、艺术创作等游戏和活动的器材或设施。
	4.2.2.7 室外器材、设施与地面安全且维护良好。
	4.2.2.8 在运动过程中,教师为幼儿的自由跳落和攀爬活动提供缓冲保护。
	4.2.2.9 室外器材和设施与幼儿的日常生活经验以及所属地域文化相联系。
	4.2.2.10 室外设置有方便幼儿如厕、饮水和休息的设施。

■ 指标概述

室外环境是幼儿进行探索、体验、观察和学习的地方。它有助于激发幼儿的好奇心、创造力和想象力,提高幼儿的身体素质和运动能力。因此,一个精心设计、有趣且安全的室外环境可以极大地促进幼儿的发展。

《评估指南》强调幼儿园的整体环境规划,没有专门用于描述室外环境规划的指标,因此与室外环境规划相关的内容与室外环境规划是相似的。但值得注意的是,《评估指南》在指标37中提出:"提供必要的遮阳遮雨设施设备,确保特殊天气条件下幼儿必要的户外活动能正常开展。"由此可见,《评估指南》对幼儿在特殊天气条件下进行必要的户外活动是极为重视的。

本量表对幼儿园"室外环境规划"进行评估,特别重视室外空间的合理使用和规划,以及室外材料、设备和设施的选择和适宜使用。不仅关注幼儿园室外环境规划是否能够满足幼儿大肌肉的发展需求,还关注其是否能够涵盖幼儿在其他领域的发展需求。具体如下:

- 首先,本量表认为室外空间规划与室内空间规划同等重要。幼儿园室外环境的创设对幼儿的室外活动和游戏起着非常关键的作用。许多室外场地专家建议,室外空间应根据幼儿的需要和发展划分成不同的区域,以满足不同的

运动需求。划分不同的区域可以减少冲突,提高幼儿的注意力。幼儿在室外游戏时,各项技能会得到提高,例如,更好的身体素质、更多的锻炼机会、更少的肥胖症、更好的动作发展,以及社会性和认知发展等。同时,幼儿园创设自然的户外环境能够发展幼儿对大自然的情感亲近。本量表对"室外空间与规划"的评估,重点关注室外空间安排及使用、抵御特殊天气的设施及措施、地面的材质与类型以及场地规划。

- 其次,本量表将室外大肌肉运动的器材分为可移动和固定两种类型。适宜的室外器材和设施可以满足幼儿各种类型的肢体运动,包括走、跑、跳、投掷、钻、爬、攀登、倒挂、翻滚、持重物、推拉、平衡、骑行、旋转等动作。幼儿的发展是整合的,室外环境可以为幼儿创造很多有价值的学习机会,促进幼儿身体发展的同时,也有助于发展他们的创造力和认知能力等其他领域。因此,室外器材和设施不仅需要满足幼儿身体运动发展的需要,还需要提供支持幼儿其他领域发展的可能性。本量表对"室外器材和设施"的评估,重点关注器材与设施的数量、类型、与室外活动与游戏需要的配合以及安全性。

■ 总结

4.2 室外环境规划

与《评估指南》的共同点	本量表的侧重点
➤ 都强调室外活动空间的重要性,指出空间应充足,能满足幼儿进行大肌肉活动的需求。 ➤ 都提到室外环境应具备多样化,包括不同材质的地面和不同类型的地形,以及多种类型的固定和可移动运动器材和设施,以促进幼儿全面发展。 ➤ 都注意到室外设施应安全、环保,并且适合幼儿的年龄特点和身体发展。 ➤ 都认为教师在室外活动中的角色很重要,需在保护和促进幼儿自由活动之间取得平衡。 ➤ 都考虑到不利天气条件下室外活动的替代方案,确保幼儿的户外活动能够正常开展。	➤ 侧重于具体的室外空间和设施的规划与布局,如室外活动时间、室外地面材质、不同运动空间的合理安排等。 ➤ 详细描述室外器材和设施的多样性和安全性,包括固定的和可移动的运动器材、科学探索和角色扮演的设施等。 ➤ 强调每个幼儿和每个班级每天都应有足够的运动空间,以及每周都有机会使用幼儿园内所有不同的运动空间。

4.3　材料与资源

■ 指标对应关系

《评估指南》中的"考查要点"	本量表中的指标表述
38. 玩具材料种类丰富，数量充足，以低结构材料为主，能够保证多名幼儿同时游戏的需要。尽可能减少幼儿使用电子设备。 39. 幼儿园配备的图画书应符合幼儿年龄特点和认知水平，注重体现中华优秀传统文化和现代生活特色，富有教育意义。人均数量不少于10册，每班复本量不超过5册，并根据需要及时调整更新。幼儿园不得使用幼儿教材和境外课程，防止存在意识形态和宗教等渗透的图画书进入幼儿园。	**4.3.1　游戏材料** 4.3.1.1　游戏区角中的游戏材料符合幼儿的能力和发展需要。 4.3.1.2　游戏区角中有开放性游戏材料，幼儿可以自己决定如何操作。 4.3.1.3　游戏区角中有足够的游戏材料供全班幼儿使用。 4.3.1.4　游戏区角中有适合发展幼儿精细动作的游戏材料。 4.3.1.5　有多种符合标准的积木和辅助材料，以让幼儿开展建构游戏。 4.3.1.6　游戏材料中有一些幼儿平时搜集到的自然物品和日常生活中的常见物品。 4.3.1.7　有明显可见的体现多样性的游戏材料。 4.3.1.8　幼儿可以方便地取放室内所有的游戏材料，且相关标签便于引导幼儿取用和收纳。 4.3.1.9　教师依据幼儿的兴趣和需要调整游戏材料。 4.3.1.10　室内所有游戏材料存放在开放或透明的托盘或储物盒中，使幼儿能够清晰地看到。 **4.3.2　图书和语言材料** 4.3.2.1　室内有充足的图书供幼儿自主取用。 4.3.2.2　室内有不同类型和内容的图书供幼儿自主取用。 4.3.2.3　室内有与班级中正在开展的活动或幼儿当前的兴趣相关的图书。 4.3.2.4　教师会视班级中正在开展的活动或幼儿当前的兴趣定期更换图书。

《评估指南》中的"考查要点"	本量表中的指标表述
	4.3.2.5　图书的选择，在内容和形式上符合幼儿年龄特点，图书的设计、插图具有童趣及美感。
	4.3.2.6　图书及语言材料体现出明显可见的多样性。
	4.3.2.7　室内每个区角都设置有幼儿触手可及的纸、笔等书写材料。
	4.3.2.8　图书区设置有支持幼儿创造性讲述和想象的游戏材料，且方便幼儿取用。
	4.3.2.9　室内设置有专门的材料和设施，支持幼儿自制图书。
	4.3.2.10　室内设置有音频播放器或录制设备，支持幼儿进行故事讲述和创编。
	4.3.3　多媒体资源
	4.3.3.1　多媒体资源的内容适合幼儿的年龄，难度适宜。（允许不适用）
	4.3.3.2　多媒体资源的内容积极正向，对幼儿是有益的。（允许不适用）
	4.3.3.3　多媒体资源的内容与幼儿当前探索的主题或活动相关。（允许不适用）
	4.3.3.4　大部分情况下，幼儿能够自主使用班级中的多媒体设备和材料。
	4.3.3.5　教师依据幼儿的兴趣和需要，支持幼儿自主使用多媒体资源和设备。
	4.3.3.6　教师对幼儿观看和使用电子屏幕的时间有所限制。（允许不适用）
	4.3.3.7　不需要使用电子屏幕时及时关闭屏幕。（允许不适用）
	4.3.3.8　教师所选的多媒体设备和内容有利于幼儿积极参与或发挥创造性。（允许不适用）
	4.3.3.9　班级中有一些幼儿可以自主使用的多媒体资源和设备。
	4.3.3.10　多媒体资源和设备操作简单方便，支持幼儿自主使用。

■　指标概述

《评估指南》在材料与资源方面的关注点是为幼儿提供一个安全、健康、丰富且有教

育意义的学习环境,同时保护幼儿不受不适宜内容的影响。相关内容可以概括为以下5点:

- 玩具和材料的多样性与充足性:强调玩具材料应种类丰富、数量充足,以低结构材料为主,这种材料可以激发幼儿的想象力和创造力,并能支持多名幼儿同时进行游戏活动;
- 减少电子设备的使用:建议尽可能降低幼儿使用电子设备的频率,这可能是为了促进幼儿进行更多实际操作和互动式的学习活动,以及避免因幼儿过早接触电子屏幕而可能产生的负面影响;
- 图画书的适宜性与文化内涵:要求幼儿园配备的图画书应适合幼儿的年龄和认知水平,并且体现中华优秀传统文化与现代生活特色,具有教育意义,以促进幼儿的文化认同和价值观形成;
- 图画书的数量与更新:规定图画书的人均数量要求,并对每班复本量设限,同时强调根据需要及时更新图画书的重要性,以确保资源的新鲜性和相关性;
- 防止不适宜内容的渗透:明确指出幼儿园不得使用可能含有意识形态和宗教内容的教材和境外课程,以及防止这类图画书进入幼儿园。这是为了确保幼儿园教育内容的安全性和适宜性。

本量表认为在为幼儿创设学习环境时,教师应该提供适宜的材料和资源,以满足幼儿的游戏需要,激发幼儿的学习兴趣,并促进幼儿的语言、认知和情感发展,提高他们在幼儿园的探索体验。因此,幼儿园需要全面考虑幼儿的兴趣和需要、发展水平以及文化背景等因素,以科学合理的方式选择和投放幼儿的玩具、图书以及其他材料和资源,确保其质量和有效性。同时,需要不断跟进和更新材料和资源,尤其是为幼儿提供多媒体资源,以紧跟时代和教育发展的趋势和需要。

本量表对幼儿园"材料与资源"方面的质量评估强调"游戏材料""图书和语言材料""多媒体资源"这三个方面,具体如下:

- 第一,幼儿从出生起便置身于物质世界,日常生活中不乏游戏材料。通过与这些材料的互动,幼儿探索世界,达成健康、社交和学习等发展目标。《幼儿园教育指导纲要(试行)》强调幼儿园要"提供丰富的可操作的游戏材料,为每个幼儿都能运用多种感官、多种方式进行探索提供活动的条件"。这里的游戏材料特指室内游戏区的资源。本量表对"游戏材料"的评估着重关注以下方面:游戏材料的适宜程度、数量和类型、游戏材料与日常生活的自然属性和相关程度、游戏材料文化多样性的体现、幼儿取用和收纳游戏材料的方便程

度,以及教师对游戏材料的调整。

- 第二,《3—6岁儿童学习与发展指南》将幼儿在语言方面的学习与发展分为"倾听与表达"和"阅读与书写准备"两个方面,并指出教师应该"为幼儿提供丰富、适宜的低幼读物"。基于此,语言区的图书和语言材料应该能够支持幼儿在听、说、读、写四个方面的活动。此外,《3—6岁儿童学习与发展指南》还指出,学龄前幼儿具有书面表达的愿望和处理技能(如喜欢用涂涂画画表达一定的意思;愿意用图画和符号表达事物、故事以及自己的愿望、想法等)。因此,教师应让幼儿在写写画画的过程中体验文字符号的功能,培养书写兴趣。本量表对"图书和语言材料"的评估,重点关注以下方面:班级中图书的数量、类型及可获得性;图书及相关材料是否适宜,包括对幼儿年龄、学习及发展需要的考虑;图书及相关材料是否体现文化的多样性;能激发幼儿听说读写的材料。

- 第三,多媒体资源是幼儿日常生活和学习环境中不可或缺的一部分,恰当使用能增进幼儿对科技的了解,激发其好奇心和创造力。研究显示幼儿与多媒体资源的互动可以激发其智力、创造力,并使他们通过适宜的探究方式扩展学习经验,提升解决问题的技能。多媒体资源包括电脑、数码相机、可编程玩具、电子邮件、互联网、文字处理和图形软件以及移动电话等,也包括日常电子物品和玩具。在幼儿使用多媒体资源的过程中,教师扮演着重要的角色,应选择与幼儿年龄、发展和主题相符的资源,并指导幼儿积极创造性地使用。另外,也有一部分实践者表现出对幼儿阶段使用多媒体资源的抵制态度。尽管各方人士对多媒体资源的使用有不同的观点,但本量表对"多媒体资源"的评估,重点关注以下方面:幼儿园现有多媒体设备内容的适宜程度,即是否考虑了幼儿的年龄、学习及发展需要等因素;多媒体设备功能如何激发幼儿参与自主学习和互动;幼儿使用多媒体设备的时间;多媒体资源与激发幼儿创造性的关系。

■ 总结

4.3 材料与资源

与《评估指南》的共同点	本量表的侧重点
➤ 游戏材料和图书的重要性:两者都强调提供丰富、多样化的游戏材料和图书对于满足幼儿不同能力和发展需求的重要性。	➤ 材料多样性与文化多元性:特别强调游戏材料和图书应体现多样性,包括自然物品、日常生活物品,并在图书和语言材料

（续表）

与《评估指南》的共同点	本量表的侧重点
➤ 材料的开放性与可获得性：两者都提到游戏材料应具有开放性，让幼儿可以自主操作，并且易于幼儿取放。 ➤ 支持幼儿的自主性：两者都提倡支持幼儿自主选择和使用游戏材料以及图书，以促进他们的探索和学习。 ➤ 限制使用电子设备：两者都建议减少幼儿使用电子设备，鼓励更多实际操作和互动式学习。	上体现中华优秀传统文化和现代生活特色。 ➤ 教师的角色：强调教师根据幼儿兴趣和需要调整游戏材料和图书，并支持幼儿使用多媒体资源。 ➤ 使用多媒体资源：提到多媒体资源的适宜性、正向性和与主题相关性，同时强调教师应限制幼儿使用电子屏幕的时间，并在不需要时关闭屏幕。 ➤ 环境布局：提到室内所有游戏材料应存放在开放或透明的托盘或储物盒中，便于幼儿清晰看到并取用。

4.4 室内外环境氛围

■ 指标对应关系

《评估指南》中的"考查要点"	本量表中的指标表述
26. 支持幼儿自主选择游戏材料、同伴和玩法，支持幼儿参与一日生活中与自己有关的决策。	4.4.1 教师在与个别或一组幼儿互动结束时，会留意其他幼儿的情况。 4.4.2 教师之间分工合理，以保障幼儿安全、安心地游戏和活动。 4.4.3 在游戏和活动结束后，幼儿和教师一起收拾，使教室恢复整洁有序。 4.4.4 有一些柔软设施供幼儿使用。 4.4.5 有些许干净的软质游戏材料供幼儿取用。 4.4.6 班级整体色彩自然、和谐。 4.4.7 每位幼儿每天都有机会参与至少3个小时的自主游戏及活动，且可以自主取用各种材料。 4.4.8 幼儿积极参与调整环境的设置。 4.4.9 在保障幼儿安全的基础上，教师适当允许幼儿发起追逐打闹游戏。 4.4.10 为配合自主游戏的需要，幼儿对不同区角的材料进行整合。

■ 指标概述

《评估指南》强调幼儿园应该创造一个自主、包容、尊重和支持幼儿个性发展的环境氛围。这样的氛围有助于幼儿在自信、独立和社交技能方面的成长。具体内容可以概括为以下 4 点：

- 自主性支持：幼儿园应创建一个支持幼儿自主选择游戏材料、同伴和玩法的环境，这有助于培养幼儿的独立思考和决策能力；
- 参与决策：幼儿园应鼓励幼儿参与到一日生活中与自己有关的决策过程中，这不仅能增强幼儿的参与感和自主感，还有助于他们学习如何做出选择和承担责任；
- 尊重个体：幼儿园的环境氛围应当是尊重每个幼儿的个性和选择，允许他们根据自己的兴趣和需求进行游戏和活动，以此促进幼儿个性化发展；
- 促进社交互动：通过支持幼儿自主选择同伴，来为他们创建一个促进社交互动和协作能力的环境，这对幼儿的社会情感发展极为重要。

本量表认为幼儿园应当是一个让幼儿记得和喜爱的地方，是一个能够满足他们个性化和舒适性需求的场所。在这里，幼儿获得丰富的感官体验、探索和自由，并体验快乐和成长。学习环境不仅由空间和物品组成，还包括教室氛围和文化，以及幼儿与周围环境中的人、事、物进行互动的方式。只有在一个温暖、受欢迎和关爱的环境中，幼儿才能感到有价值和安全，从而达到最佳的学习效果。因此，教师应致力于创造一个受幼儿欢迎、吸引人的环境，让幼儿感到归属感和主人翁意识。

本量表对幼儿园"环境氛围"的评估，重点关注环境为幼儿营造出受欢迎的、舒适的氛围，关注幼儿一天中如何使用空间、时间和资源，重视幼儿在环境中的主动参与和所发挥的主观能动性。

■ 总结

4.4 室内外环境氛围

与《评估指南》的共同点	本量表的侧重点
➤ 支持自主性：两者都强调支持幼儿自主选择游戏材料、同伴和玩法以及参与日常生活中的决策过程。	➤ 教师互动：侧重于教师在与幼儿互动时的注意力分配，以及在游戏和活动中的角色。
➤ 教师的角色：两者都提到教师应在保障幼儿安全的同时，留意幼儿的情况，并合理	➤ 环境规划：侧重于班级环境的色彩搭配、柔软设施的提供，以及幼儿参与调整环境

（续表）

与《评估指南》的共同点	本量表的侧重点
分工以支持幼儿的游戏和活动。 ➤ 环境的整洁与有序：两者都强调在活动结束后，幼儿和教师应共同努力，收拾物品，使教室恢复整洁有序。 ➤ 材料的可获得性：两者都提到幼儿应能自主取用各种游戏材料，并且这些材料应保持清洁和安全。	设置的机会。 ➤ 活动时间：侧重于保证每位幼儿每天都有足够的时间参与自主游戏及活动。 ➤ 游戏的多样性：侧重于在保障安全的前提下，允许幼儿参与多样化的游戏，包括追逐打闹游戏。 ➤ 材料整合：侧重于幼儿能够根据自主游戏的需要对不同区角的材料进行整合。

5. 教师队伍

一个高质量的团队是幼儿园能够提供高质量幼儿教育的重要保障，其中包括园长或管理者、教师和承担其他岗位职责的职工（如保育员、厨师、校医、保安等）。

本量表的一级指标"教师队伍"包含 3 个二级指标。

- "教职工职业道德"是教师队伍建设的重要组成部分，是提高教师教育教学水平和教职工综合素质的前提条件；
- "人员配备与专业发展"涉及到教师队伍建设中的人员招聘和培训等重要方面，只有建立完善的人员配备和专业发展机制，才能吸引和留住优秀的教职工，不断提高教职工的专业素养；
- "教职工福利待遇与激励制度"是对优秀教职工的肯定和激励，不仅能够提高教职工的积极性和工作投入度，还能够吸引更多的优秀人才加入到教师队伍中。

本量表所强调的"教师队伍"指标既与《评估指南》有共同点，也存在独特的侧重点：

与《评估指南》的共同点	本量表的侧重点
➤ 都关注教师的职业道德或师德师风。 ➤ 都强调人员配备在教师队伍建设中的重要性。 ➤ 都强调专业发展在教师队伍建设中的重要性。	➤ 除了教师之外，将幼儿园其他职工也纳入职业道德、人员配备和专业发展的评估范围内。 ➤ 同时强调教职工福利待遇和其他激励制度。

对一级指标"教师队伍"所包含的 3 个方面的解释具体如下：

5.1 教职工职业道德

■ 指标对应关系

《评估指南》中的"考查要点"	本量表中的指标表述
40. 教职工有坚定的政治信仰,按照"四有"好教师标准履行幼儿园教师职业道德规范,爱岗敬业,关爱幼儿,严格自律,没有歧视、侮辱、体罚或变相体罚等有损幼儿身心健康的行为。 41. 关心教职工思想状况,加强人文关怀,帮助解决教职工思想问题与实际困难,促进教职工身心健康。	5.1.1 幼儿园内张贴有内容清晰、位置明显可见的儿童保护程序。 5.1.2 幼儿园有清晰的程序,以支持和保护检举伤害幼儿事件的人。 5.1.3 教师了解并遵守职业道德。 5.1.4 幼儿园设置有师德师风监督机制。 5.1.5 每位教职工都签署了书面的道德协议承诺书、员工手册,或成人行为准则等。 5.1.6 师德师风是教职工工作考核的重要内容。 5.1.7 管理团队熟悉《幼儿园教师违反职业道德行为处理办法》,并知道如何处理一些违反师德师风的行为。 5.1.8 幼儿园有专门的渠道让家长反馈教职工违反职业道德的行为,并有专人负责处理。 5.1.9 幼儿园用各种方式提升教职工职业道德。 5.1.10 管理团队有专门的措施帮助教职工调节情绪,保持平和的心态。

■ 指标概述

教职工的职业道德,也称为师德,是长期教育教学实践中形成的道德观念、行为准则和品质的综合体现。它是教师思想觉悟、道德品质和精神面貌的重要体现,也是教职工专业伦理规范的核心。

《评估指南》中关于教职工职业道德的内容可以概括为以下 4 点：

- 政治信仰与职业规范:教职工应具有坚定的政治信仰,并遵循"四有"好教师的标准(即有理想信念、有道德情操、有扎实学识、有仁爱之心),履行幼儿园教师的职业道德规范;

- 爱岗敬业与关爱幼儿：教职工应爱岗敬业，对待工作认真负责，并关爱幼儿，为幼儿提供一个安全、健康、和谐的成长环境；
- 严格自律与无不良行为：教职工应严于律己，避免任何歧视、侮辱、体罚或变相体罚等行为，确保自己的行为不会对幼儿的身心健康造成损害；
- 关怀教职工的思想状况：幼儿园管理层应关心教职工的思想状况，提供人文关怀，帮助他们解决工作和生活中的思想问题及实际困难，以促进教职工的身心健康和职业发展。

本量表对"教职工职业道德"的界定，除了参考《评估指南》等相关政策文件，还参考了《幼儿园教师专业标准（试行）》，该文件指出，师德与专业态度是教师职业的基准线（庞丽娟和刘占兰，2011）。在幼儿园教育中，幼儿是身心发展迅速、可塑性大、易受伤害的对象。因此，幼儿园教师的职业道德要求更高，必须具有高尚的师德，良好的职业道德修养，充分的爱心、责任心、耐心和细心，热爱幼儿，并为幼儿提供精心的照顾和教育。

就此，本量表对"教职工职业道德"的评估，主要关注教职工对相应的职业道德规范与准则的熟悉程度、儿童保护政策与措施，以及教职工对职业道德规范与准则的探讨等方面。

■ 总结

5.1 教职工职业道德

与《评估指南》的共同点	本量表的侧重点
➤ 重视职业道德：两者都强调教职工遵守职业道德规范的重要性，包括爱岗敬业、关爱幼儿、严格自律等方面。 ➤ 监督与考核师德师风：两者都提到建立师德师风的监督机制，并将师德作为教职工工作考核的重要内容。 ➤ 处理违反职业道德行为的程序：两者都指出幼儿园应有清晰的程序和专门的渠道来支持和保护检举伤害幼儿事件的人，并处理教职工违反职业道德的行为。 ➤ 支持与关怀教职工：两者都认为应关心教职工的思想状况和身心健康，提供必要的帮助和人文关怀。	➤ 明确的保护程序和承诺：强调幼儿园内应张贴明显的儿童保护程序，并要求教职工签署书面的道德协议承诺书或成人行为准则。 ➤ 管理团队的责任：特别指出管理团队应熟悉处理违反职业道德行为的办法，并采取措施帮助教职工调节情绪，保持良好心态。 ➤ 提升教职工的职业道德：提到幼儿园应通过多种方式来提升教职工的职业道德水平。

5.2 人员配备与专业发展

■ 指标对应关系

《评估指南》中的"考查要点"	本量表中的指标表述
42. 幼儿园教职工按国家和地方相关要求配备到位，并做到持证上岗，无岗位空缺和无证上岗情况。 43. 幼儿园教师符合专业标准要求，保育员受过幼儿保育职业培训，保教人员熟知学前儿童身心发展规律，具有较强的保育教育实践能力。园长应具有五年以上幼儿园教师或者幼儿园管理工作经历，具有较强的专业领导力。 44. 园长能与教职工共同研究制订符合教职工自身特点的专业发展规划，提供发展空间，支持他们有计划地达成专业发展目标。 45. 制订合理的教研制度并有效落实，教研工作聚焦解决保育教育实践中的困惑和问题，注重激发教师积极主动反思，提高教师实践能力，增强教师专业自信。	5.2.1　幼儿园各岗位教职工的任职资格达到国家及当地教育部门的要求。 5.2.2　每个班级都配备2名专任教师和1名保育员，或配备3名专任教师。 5.2.3　为新教师提供详细的入职培训。 5.2.4　管理者定期与每位教职工共同制订符合教职工兴趣和个人发展需要的专业发展规划。 5.2.5　管理者经常为教职工提供专业学习和培训。 5.2.6　依据幼儿园教师专业发展各阶段的规律和特点，为不同发展阶段的教师安排不同的培训内容。 5.2.7　幼儿园秉持终身学习的理念，并设有专门的措施，鼓励不同岗位的教职工进修。 5.2.8　有一些特定的措施鼓励教师之间合作学习，建立幼儿园专业发展共同体。

■ 指标概述

《评估指南》中关于"人员配备与专业发展"的内容可以概括为以下5点：

- 合格的人员配备：幼儿园应确保教职工按照国家和地方的相关要求完全配备到位，所有教职工都应持有相应的资格证书，无岗位空缺和无证上岗的情况；

- 专业标准与培训：幼儿园教师应符合专业标准要求，保育员应接受专业的幼儿保育培训，保教人员必须深刻理解学前儿童身心发展规律，并具备强大的保育教育实践能力；

- 园长的资历与领导力：园长应具备五年以上幼儿园教师或管理工作经验，并具有较强的专业领导能力；

- 专业发展规划：园长应与教职工共同制订符合他们个人特点的专业发展规划，提供发展空间，支持教职工有目标、有计划地实现专业成长；

- 教研制度的建立与实施：应建立合理的教研制度，并确保有效执行，教研工作应聚焦于解决保育教育实践中的问题，鼓励教师积极主动地进行反思，以提高教师的实践能力和增强专业自信。

本量表将人员配备定义为在幼儿园教职工队伍中各个岗位的人员数量和比例的配置。另外，还认为专业发展是指教职工不断地通过学习、研究、实践和反思等方式来提高自身专业素养和水平，并促进自身不断成长和发展的过程。它有助于教职工更好地适应教育改革和发展，提高教育教学、保育或照顾的质量和水平，更好地为幼儿服务，推动幼儿教育事业的发展和进步。为实现教职工的专业发展，园长或管理者还应该与教职工共同制订符合教职工自身特点的专业发展规划，为他们提供发展空间，支持他们有计划地实现专业发展目标。在教研制度的制订和落实方面，应该注重解决保育教育实践中的问题，激发教师的积极主动反思，提高实践能力和增强专业自信。园长或管理者应当深入班级了解一日活动和师幼互动情况，与教职工共同研究保育教育实践问题，营造协同学习、相互支持的良好氛围。

本量表对"人员配备与专业发展"的评估，重点关注幼儿园的教职工配备、个体教职工专业发展制度与体系、教师专业发展制度与体系、对个体教师差异和需要的体现、教师专业发展和培训机会、专业资源支持等方面。

■ 总结

5.2　人员配备与专业发展

与《评估指南》的共同点	本量表的侧重点
➤ 合格的人员配备：两者都强调教职工的任职资格应达到国家及当地教育部门的要求，确保教职工持证上岗，没有岗位空缺和无证上岗情况。 ➤ 专业发展规划：两者都提到园长或管理者应与教职工共同制订符合个人特点的专业发展规划，支持教职工有计划地达成专业发展目标。 ➤ 培训与学习：两者都认为教职工应接受适当的培训，以提升其保育教育实践能力和专业水平，并鼓励终身学习。	➤ 人员配备的具体要求：具体描述每个班级的教职工配备情况，例如每班应配备的专任教师和保育员数量。 ➤ 新教师培训：强调为新教师提供详细的入职培训，以帮助他们更好地融入工作环境并提升教学能力。 ➤ 组织结构支持：提出幼儿园应有专门的措施鼓励教职工进修，以及鼓励教师之间的合作学习，建立专业发展共同体。

5.3　教职工福利待遇与激励制度

■ 指标对应关系

《评估指南》中的"考查要点"	本量表中的指标表述
47. 树立正确激励导向，突出日常保育教育实践成效，克服唯课题、唯论文等倾向，注重通过表彰奖励、薪酬待遇、职称评定、岗位晋升、专业支持等多种方式，激励教师爱岗敬业、潜心育人。 48. 善于倾听、理解教职工的所思所做，发现和肯定每一名教职工的闪光点和成长进步，教职工能够感受到来自园长和同事的关心与支持，有归属感和幸福感。	5.3.1　幼儿园为教职工提供与个人岗位薪酬福利制度相关的资料，且有一些明文规定的共同薪酬福利制度，方便教职工阅读。 5.3.2　教职工福利待遇制度符合国家和各省市的标准及要求。 5.3.3　幼儿园有教职工代表组成的联合会，维护或保障教职工的共同合法权益。 5.3.4　幼儿园有相应的沟通渠道，支持教职工对福利待遇与奖励制度提出疑问和修订建议。 5.3.5　对独立或合作承担一些园内管理工作的教职工，幼儿园有相应的工作管理机制和福利保障机制进行鼓励。 5.3.6　幼儿园内有展示教职工工作成果和荣誉的区域及场所。 5.3.7　为教职工设置专门的餐厅和休息室，且有适合成人的家具和方便个人储物的设备。 5.3.8　教职工休息室有一些舒适、休闲、放松的设施设备。 5.3.9　幼儿园每年以员工福利的形式，组织教职工的家庭成员参与员工联谊活动。 5.3.10　幼儿园有专人或专门的系统记录教职工的生日和(或)个人重要事件，并给予相应的祝福或福利。

■ 指标概述

《评估指南》中关于"教职工福利待遇与激励制度"的内容可以概括为以下 4 点：

- 正确的激励导向：建立激励机制时，应注重日常保育教育实践的成效，而不是单纯依赖课题研究或学术论文的成果等；

- 多元化的激励方式：使用多种方式进行教职工激励，包括表彰奖励、薪酬待遇、职称评定、岗位晋升和专业支持等，以激发教师的工作热情和专注于教育工作；

- 认可个人成就：园长和管理层应善于发现和肯定每一位教职工的优点和成长，使教职工感受到他们的工作被重视和尊重；
- 营造支持性的工作环境：确保教职工能够感受到来自园长和同事的关心与支持，从而有较强的归属感和幸福感。

本量表认为教师福利待遇是吸引和稳定幼儿教师群体的重要条件，也客观影响着幼儿教育的质量。激励措施可以调动教职工的积极性和主动性，在不同方面调配教职工的时间和精力。有些幼儿园倾向于通过课题、论文等方式激励教职工，而有些则注重教职工日常的保教成效，如幼儿的学习与发展、家长的反馈等。适当的多元化激励方式能够激发教师的热情、创造性和全身心的投入，使其爱岗敬业、潜心育人。从最朴素的激励理论出发，只有尊重人的需求才能最有效地调动教职工的积极性（王珊，2008）。

本量表对"教职工福利待遇与激励制度"的评估，重点关注教职工被赋予的权利与主人翁感、是否熟悉福利待遇与奖励制度、是否有权对福利待遇与激励制度提出修订建议，以及是否有休息学习的时间与场所等方面。

■ 总结

5.3 教职工福利待遇与激励制度

与《评估指南》的共同点	本量表的侧重点
➢ 薪酬福利与激励：两者都强调教职工的薪酬福利制度应符合国家和地方的标准要求，并通过薪酬待遇、职称评定、岗位晋升等方式激励教师爱岗敬业和专注于教育工作。 ➢ 教职工权益保护：两者都提到维护教职工合法权益的重要性，包括设立教职工代表组成的联合会和有相应的沟通渠道。 ➢ 认可个人成就与荣誉：两者都认为应该发现和肯定教职工的个人成就和成长进步，并通过设立展示区域和场所来展示教职工的工作成果和荣誉。	➢ 福利待遇的透明度：提供与个人岗位薪酬福利制度相关的资料，并有明文规定的共同薪酬福利制度，方便教职工阅读。 ➢ 改进福利待遇：支持教职工对福利待遇与奖励制度提出疑问和修订建议，以反映教职工的声音和需求。 ➢ 工作环境与设施：为教职工设置专门的餐厅和休息室，配备适合成人的家具和方便个人储物的设备，以及提供舒适、休闲、放松的设施设备。 ➢ 社交与关怀：组织员工家庭成员参与的联谊活动，记录教职工的生日和个人重要事件，给予相应的祝福或福利，以此强化教职工的归属感和幸福感。

三、使用说明

本小节是对《评估量表》的评估目的、适用对象、评估范围与标准、评估流程与方法、

评估结果统计及分析这五个方面的详细说明。这对于量表的正确使用和结果的准确解释和应用具有重要的作用，是量表研究和应用中不可或缺的一部分。

1. 评估目的

《幼儿园质量评估量表》的评估目的主要包括以下三个方面：

- 评估幼儿园的教育质量：《幼儿园质量评估量表》从幼儿园的办园方向、保育与安全、教育过程、环境创设、教师队伍这 5 个角度来评估幼儿园的质量。
- 促进幼儿园发展：《幼儿园质量评估量表》有助于了解幼儿园的发展状况，识别优势领域，有利于为幼儿园的发展提供明确的方向，从而提高幼儿园的整体竞争力。
- 提供改进建议：《幼儿园质量评估量表》可以发现幼儿园存在的问题和不足，为幼儿园提供改进建议，并帮助幼儿园提高整体质量。

2. 适用对象

《幼儿园质量评估量表》主要适用于评估为 3—6 岁幼儿提供保育和教育服务的幼儿园的整体质量。具体适用对象包括：

- 全国各级幼儿园：可用于对幼儿园的整体质量进行评估，检测幼儿园的质量，评估结果可以作为改善和提高幼儿园质量的依据。其中，部分领域还可单独为幼儿园管理者和教师所用：
  → 幼儿园管理者：领域一"办园方向"、领域二"保育与安全"、领域五"教师队伍"可用于评估幼儿园管理者的能力和管理水平，帮助其发现幼儿园管理方面存在的优势与问题，从而提高管理质量。
  → 幼儿园教师：领域三"教育过程"、领域四"环境创设"可用于评估幼儿园教师的教学能力和教育水平，帮助其发现教学中存在的优势和问题，从而提高教学质量。
- 教育行政部门：可以作为教育行政部门制定幼儿园质量评估标准的参考，也可用于对幼儿园的教育质量进行评估，以便制定相应的政策和措施来促进幼儿教育的发展。
- 学者或研究人员：可以为学者或研究人员提供有关幼儿教育质量的信息，进一步检验《幼儿园质量评估量表》的信度与效度。

3. 评估范围与标准

如前所述,《幼儿园质量评估量表》是一个可用于评估我国幼儿园质量的工具,既可以用于幼儿园对其质量进行自我评估、检测和监测,也可以用于专业评估人员对幼儿园质量进行评估、检测和监管(无论是幼儿园内部人员还是园外专业评估人员,以下统称为"评估员")。

《幼儿园质量评估量表》共包含 34 个评分项(即二级或三级指标评分项),以下是各个一级指标的评估范围与标准的简要介绍:

- 办园方向:评估幼儿园在多大程度上能够在办园理念与管理、保教质量自我评估、幼儿自主游戏支持、幼儿入学准备支持这些方面有清晰的方向和定位,使之符合幼儿的发展需要和社会需要;
- 保育与安全:评估幼儿园在多大程度上能够保障安全管理及制度落实、卫生保健(健康检查、消毒与传染病预防、膳食营养)这些方面的质量;
- 教育过程:评估幼儿园在多大程度上能够通过建立关系(师幼关系、幼幼关系)、各领域及学习品质发展(支持幼儿的自主游戏、身心健康与自我服务能力的发展、运动能力的发展、听说读写能力的发展、社会性的发展、科学探索、数学探索、在视觉艺术方面的发展、在音乐与律动方面的发展)、教育计划与评估(一日活动安排、过程性评估、教育反思与计划制定)、家园社协同合作来支持幼儿的学习与发展;
- 环境创设:评估幼儿园的室内外环境与设施(包括室内外空间规划、环境中的展示、器材和设施、材料与资源、环境氛围)在多大程度上适合并支持幼儿的学习与发展;
- 教师队伍:评估幼儿园在多大程度上能够保障教职工职业道德、人员配备与专业发展、教职工福利待遇与激励制度方面的质量。

每个项目(即二级或三级指标评分项)的分值为 1—8/10 分,分数越高表示该二级或三级指标评分项的质量越高;每个领域(即一级指标评分项)的总分各不相同。

- 领域一"办园方向"的总分为 40 分;
- 领域二"保育与安全"的总分为 40 分;
- 领域三"教育过程"的总分为 138 分;
- 领域四"环境创设"的总分为 90 分;
- 领域五"教师队伍"的总分为 28 分。

分数越高表示该一级指标评分项的质量越高；量表的整体总分为 336 分，分数越高表示幼儿园的整体质量越好。

4. 评估流程和方法

为了保证评估结果的准确性和可靠性，《幼儿园质量评估量表》有一套严谨的评估流程和方法，具体如下：

- 评估员首先要依据自身的评估目的，或完整使用《幼儿园质量评估量表》对幼儿园整体质量进行评估，或从《幼儿园质量评估量表》中选出需要使用的评估项目进行评估。
- 评估员提前准备好需要使用的纸质版或电子版的《幼儿园质量评估量表》评估项目，作为参考资料。
- 评估员在评估前仔细阅读《幼儿园质量评估量表》的指标概述和使用说明，并接受有关量表使用和评分方法的培训，以确保所收集的证据及评分过程的准确性和可靠性。

以下是培训过程的关键要点：

- → 背景知识：评估员不仅要对幼儿教育和发展有坚实的了解，还要熟悉《幼儿园质量评估量表》的创建背景、指标概述、使用说明和评分表。
- → 工具的使用：评估员应该有充足的机会练习使用《幼儿园质量评估量表》，并接受有关其表现的反馈。这个步骤可以通过角色扮演练习、实践评估和其他模拟方式来完成。
- → 熟悉环境：评价员应该要熟悉他们将要评价的幼儿园环境，包括教室的布局、班级教师的基本情况、幼儿的年龄范围和其他独特的幼儿园特点。
- → 一致的标准：评估员应该使用一致的标准进行观察和记录数据，包括记录观察的指导方针、如何给幼儿园质量的各个方面评分，以及解释评分结果的原则。
- → 持续的支持：接受《幼儿园质量评估量表》设计者对评估员的持续支持，以确保所收集数据的准确性和一致性。相关支持可以包括组织定期的会议来审查数据、根据评估员和评估的需要设计额外的培训，以及提供其他资源和支持。

- 评估员在评估前与幼儿园的管理者和教师取得联系,请求他们在评估过程中提供必要的支持,并确定最佳的入园和进班评估时间(如果幼儿园管理者和教师进行自我评估,则也需要提前告知并寻得所评估班级教师和幼儿的支持,并确定最佳的进班评估时间)。
- 评估员在评估期间,采取客观公正的态度,严格依据每条指标相应的评估标准进行评分,根据实际情况对每条指标进行评估。

在评估过程中,评估员应该注意以下事项:

→ 观察:观察班级或园所层面的教室环境、材料或资源、活动、教师与幼儿互动的情况等。

→ 访谈:依据《幼儿园质量评估量表》所建议的访谈问题,对教师和(或)管理者展开相关访谈。

→ 查阅文件:依据《幼儿园质量评估量表》所建议的文件类型,阅读相关内容以找出证据支持评估。

- 评估员要将评估结果记录在《幼儿园质量评估量表》评分表(简易版)①上。

以下是使用评分表(简易版)的流程与方法:

→ 评估员需要准备好纸质版或电子版评分表(简易版),并根据评估对象的数量和自身的评估需要确定数量。

→ 在评估过程中,评估员会观察、进行访谈和(或)查阅文件,依据量表所描述的评估标准对评估项目中的各项指标进行评估。

→ 评估员根据幼儿园和(或)班级在每项指标中的表现情况,选择最符合实际情况的评分。

→ 评估员可以在评分表(简易版)的备注中记录与各领域评估相关的信息或观察。

→ 评估员在评分表(简易版)每一个领域(即一级指标)和项目(即二级或三级指标)评分项的最下方统计并记录总分。

→ 在评估完成后,评估员查验并核对评分表(简易版)中相关信息和各项评分的完整度和准确性。

---

① 参见本书第二册。

5. 评估结果统计及分析

使用《幼儿园质量评估量表》完成现场评估之后，为了得到直观和全面的评估结果，评估员首先要总结评分结果，具体方法如下：

- 在使用《幼儿园质量评估量表》进行评估过程中，评估员对每项指标进行观察并记录。然后，使用"是"和"否"或"不适用"来评估每条指标（其中，"是"代表1分，"否"代表0分，"不适用"不计入总分，即如果出现一个"不适用"的评分结果，所属项目和领域的总分相应减1分）。
- 评估员计算各领域（即一级指标）的分数和总体分数。领域分数是每个领域中各项目得分的总和（例如，在"保育与安全"领域，有2个项目，每个项目的得分都被加起来，然后获得该领域的分数），总体分数则是所有领域分数的总和。
- 使用表格或图表来显示评分结果。

在总结完评分结果后，更重要的是要对得分进行深入的分析和思考，以实现对幼儿园质量的全面评估和有效改进，具体方法如下：

- → 对每个评估领域或项目的得分进行总结和比较。
- → 对得分较高和较低的评估领域或项目进行分析，寻找其差异和原因。
- → 对得分较低的评估领域或项目提出改进建议，并与幼儿园管理者和教师协商确定改进方案。
- → 对整个评估结果进行综合分析，确定幼儿园的强项和薄弱项，并分析原因。
- → 根据评估结果，制定改进计划并跟踪改进效果。

四、信度和效度

如前所述，研究团队运用混合型研究法，进行了多阶段的验证，以确立此量表的信度及效度。量表的信度是指量表测量结果的稳定性和一致性，也就是测量工具本身的可靠性。量表的效度则是指量表所测量的概念或现象与实际情况之间的关系程度，也就是测量工具本身的有效性。信度和效度都是评估一个测量工具是否能够准确地测量所需测量的现象或概念的重要指标。

研究团队对 112 所幼儿园采用《幼儿园质量评估量表》《幼儿学习环境评量表-修订版（ECERS-R)》《幼儿园管理评量表(PAS)》[①]进行相关质量评估。所评估的幼儿园分别来自广东省深圳市（占 32.1%）、江苏省淮安市（占 25.9%）、江苏省常州市（占 15.2%）、广东省汕尾市（占 26.8%）。研究团队中的研究人员，以两人随机组合的方式深入幼儿园进行观察和评分，评分者间信度达 85% 以上。

1. 内部一致性

内部一致性是指量表中各个测量项目之间相互协调、相互一致的程度，也就是测量工具内部各个测量项目之间的相关性。测量工具的内部一致性越高，表示各项目所测量的是相同的概念或现象，而且测量结果具有稳定性和一致性。研究团队使用了克隆巴赫（信度）系数[②]来评估各个一级指标的内部一致性，克隆巴赫信度系数值介于 0 到 1 之间，数值越高表示内部一致性越强。一般来说，克隆巴赫信度系数值在 0.7 以上可以被视为可接受的内部一致性，而 0.8 以上的系数值被认为具有较好的内部一致性。表 4 中克隆巴赫信度系数结果显示，全部一级指标均有良好的内部一致性。

表 4　量表各领域的内部一致性

一级指标	内部一致性 （克隆巴赫信度系数）
办园方向	0.86
保育与安全	0.88
教育过程	0.96
环境创设	0.92
教师队伍	0.80

2. 验证性因子分析

验证性因子分析(Confirmatory Factor Analysis)是一种统计分析方法，用于研究一组测量变量之间的关系，并将它们分类到几个相关的组别或因子中。验证性因子分析可以帮助研究团队理解和解释测量变量之间的关系，从而提高量表的有效性和准确性。研究团队运用 MPlus 统计计算工具做验证性因子分析，检验实际数据是否符合事先假定的量表结构。研究团队先推算出空模型(null model)。空模型作为基础比较模型，假

[①] Program Administration Scale，简称 PAS，广泛应用于美国、加拿大和新加坡等国家的幼儿园质量评估和改进工具。其中文版于 2020 年由中国轻工业出版社出版。

[②] Cronbach's alpha，是心理或教育测验中最常用的信度评估工具。

设不考虑任何自变量的影响，用作基准模型来进行模型选择和模型检定。然后，研究员分别运用验证性因子分析推算单一因子模型（one-factor model）及五个一阶因子模型（5-factor first order model）。

最后，研究员参考模型适配度指针（model fit indices）进行模型选择和检定量表拟定的因子结构。统计学中，模型适配度指针是用来评估一个统计模型和观测数据之间契合程度的统计指标。它通常是通过比较实际数据和模型预测数据之间的差异，来确定模型的适配程度或适合度。常用的模型适配度指针包括卡方检定（X^2）、RMSEA、CFI 等等。模型适配度指针的作用在于帮助研究员评估模型对数据的解释力和准确性，从而确定模型的可靠性和有效性。如果一个统计模型符合这些指针的要求，则可以认为该模型的拟合效果良好，并且模型可以被用来解释数据的变异。表 5 显示了模型的适配度指针，数据显示五个一阶因子模型符合模型适配度指针条件，即量表的五个领域为有效且准确的结构。

表 5　模型的适配度指针

模型	种类	X^2	df	CFI ($\geqslant$.9)	TLI ($>$.95)	RMSEA ($<$.06)	SRMR ($<$.08)	AIC	BIC	是否符合模型适配指针条件
模型 1	空模型	3 077.76	551	0.35	0.34	0.20	0.55	−1 004.58	−792.54	否
模型 2	单一因子模型	1 324.43	527	0.80	0.78	0.116	0.061	−2 709.91	−2 432.62	否
模型 3	五个一阶因子模型	913.32	501	0.90	0.89	0.086	0.054	−3 069.02	−2 721.05	是

3. 效标效度

效标效度（Criterion Validity）是指一个测量工具与其他已经被证明的相关测量工具之间的相关性。如果一个测量工具与其他相关测量工具高度相关，那么它可以被认为具有较好的效标效度，即测量工具正在测量该概念的相关方面。因此，效标效度是一个测量工具的重要特性，它能够验证该工具是否有效地测量了所需的概念。表 6 展示了《评估量表》与《幼儿学习环境评量表-修订版（ECERS-R）》及《幼儿园管理评量表（PAS）》相关系数。数据显示《评估量表》与此两个测量工具有显著相关，相关强度为中等至强。

表 6 《幼儿园质量评估量表》与其他已经被验证的相关测量工具之间的相关系数

一级指标	相关系数
办园方向	0.75—0.82
保育与安全	0.76—0.85
教育过程	0.69—0.93
环境创设	0.56—0.90
教师队伍	0.67—0.87

参考文献

中文文献

1. 蔡建东(2000).略论教育评价指标体系的构建.洛阳师范学院学报,(06),79-80. https://doi.org/10.16594/j.cnki.41-1302/g4.2000.06.023.

2. 陈玉霞(2022).基于德尔菲法修订拒绝上学行为评估问卷的研究.教育导刊,(04), 71-75.

3. 陈云英(2004).中国特殊教育学基础.北京:教育科学出版社.

4. 郭良菁(2009).超越"质量话语"应是我们的政策抉择吗——我们的质量评价可以从《超越早期教育保育质量》中吸取什么.学前教育研究,(02),3-9.

5. 黄瑾,田方(2022).论幼小衔接研究理论视域的转换——从生态系统理论到社会文化理论的研究展望.中国教育学刊,(04),7-12+84.

6. 凌晓俊,姚玉香,于秀霞(2022).小学在幼小衔接中的履责困境与对策——基于"新方案""新课标"的分析.天津师范大学学报(基础教育版),23(6),76.

7. 刘晶波(1999).师幼互动行为研究——我在幼儿园里看到了什么.南京:南京师范大学出版社.

8. 刘丽伟,李敏谊(2015).在家努力还是参与学校:家长参与幼小衔接情况调查.学前教育研究,(6),31-39.

9. 刘晓东(2019).中国小学教育亟待战略转型——兼论"幼小衔接"应向"小幼衔接"翻转.湖南师范大学教育科学学报,(5),1-7.

10. 刘源,程伟,董吉贺(2021).我国幼小衔接教育政策的演变与反思——基于对1949～2019年相关政策文本的分析.学前教育研究,(01),67-84.

11. 庞丽娟,刘占兰(2011).《幼儿园教师专业标准》说明.http://www.moe.gov.cn/jyb_xwfb/gzdt_gzdt/moe_1485/201112/t20111213_127945.html?eqid=fe70c29b000097

1f00000004642ba953.

12. 特丽.N·塔兰,葆拉·乔德·布卢姆(2020).幼儿园管理量表:提升幼儿园园长领导力和管理水平的工具.北京:中国轻工业出版社.

13. 王少娜,董瑞,谢晖,贾贤杰(2016).德尔菲法及其构建指标体系的应用进展.蚌埠医学院学报,41(05),695–698. https://doi.org/10.13898/j.cnki.issn.1000-2200.2016.05.048.

14. 西尔玛·哈姆斯,理查德.M.克利福德,戴比·克莱尔(2015).幼儿学习环境评估量表.上海:华东师范大学出版社.

15. 闫学利(2015).幼儿膳食营养供给现状的调查研究——以保定市幼儿园为例.保定:河北大学 https://doi.org/CNKI:CDMD:2.1015.955680

16. 于涛,邰宇,盖笑松(2010).儿童入学准备的评估与促进.心理科学进展,18(01),46–54.

17. 俞文,涂艳国,李露,等(2019).儿童健全成长取向下幼小衔接教育观差异分析:基于主要利益相关者的调查.学前教育研究,(04),16–31.

18. 袁勤俭,宗乾进,沈洪洲(2011).德尔菲法在我国的发展及应用研究.现代情报,31(5),3.

19. 曾照云,程晓康(2016).德尔菲法应用研究中存在的问题分析——基于38种CSSCI(2014—2015)来源期刊.图书情报工作,60(16),116–120. https://doi.org/10.13266/j.issn.0252-3116.2016.16.014.

20. 张冬梅,曾忠禄(2009).德尔菲法技术预见的缺陷及导因分析:行为经济学分析视角.情报理论与实践,32(8),24.

21. 中华人民共和国国家卫生健康委员会(2012–05–22).关于印发《托儿所幼儿园卫生保健工作规范》的通知. http://www.nhc.gov.cn/wjw/gfxwj/201304/89397580d35b4ccb81c6fd9b2714a92d.shtml.

22. 中华人民共和国中央人民政府(2020–11–03).中共中央关于制定国民经济和社会发展第十四个五年规划和二〇三五年远景目标的建议. https://www.gov.cn/zhengce/2020-11/03/content_5556991.htm.

23. 中华人民共和国中央人民政府(2018–11–15).中共中央 国务院关于学前教育深化改革规范发展的若干意见.中国政府网. https://www.gov.cn/zhengce/2018-11/15/content_5340776.htm.

24. 中华人民共和国中央人民政府(2020–10–13).中共中央 国务院印发《深化新时代教育评价改革总体方案》. https://www.gov.cn/zhengce/2020-10/13/content_5551032.htm.

25. 中华人民共和国教育部(2021–03–31).教育部关于大力推进幼儿园与小学科学衔

接的指导意见. http://www. moe. gov. cn/srcsite/A06/s3327/202104/t20210408_525137. html.

26. 中华人民共和国教育部(2012－10－09).教育部关于印发《3—6岁儿童学习与发展指南》的通知. http://www. moe. gov. cn/srcsite/A06/s3327/201210/t20121009_143254. html.

27. 中华人民共和国教育部(2022－02－11).教育部关于印发《幼儿园保育教育质量评估指南》的通知. http://www. moe. gov. cn/srcsite/A06/s3327/202202/t20220214_599198. html.

28. 中华人民共和国教育部(2001－07－02).教育部关于印发《幼儿园教育指导纲要(试行)》的通知. http://www. moe. gov. cn/srcsite/A06/s3327/200107/t20010702_81984. html.

29. 中华人民共和国教育部(2016－03－01).幼儿园工作规程. http://www. moe. gov. cn/srcsite/A02/s5911/moe_621/201602/t20160229_231184. html.

30. 中华人民共和国教育部(2006－06－30).中小学幼儿园安全管理办法. http://www. moe. gov. cn/srcsite/A02/s5911/moe_621/200606/t20060630_180470. html.

31. 朱雯珊(2016).社会文化理论在儿童入学准备中的应用.宁波教育学院学报,18(03),105-108. https://doi. org/10.13970/j. cnki. nbjyxyxb. 2016.03.029.

外文文献

1. Aboagye, M. E., Boateng, P., Asare, K., Sekyere, F. O., Antwi, C. O., & Qin, J. (2020). Managing conflictual teacher-child relationship in pre-schools: A preliminary test of the job resources buffering-effect hypothesis in an emerging economy. *2020, 118,* 105468. https://doi. org/10.1016/j. childyouth. 2020.105468

2. Adhabi, Essa & Anozie, Christina. (2017). Literature review for the type of interview in qualitative research. *International Journal of Education.* https://doi. org/9.86.10.5296/ije. v9i3.11483.

3. Ansari, A., Pianta, R. C., Whittaker, J. V., Vitiello, V. E., & Ruzek, E. A. (2022). Preschool teachers' emotional exhaustion in relation to classroom innstruction and teacher-child interactions. *Early Education and Development, 33* (1),107-120. https://doi. org/10.1080/10409289.2020.1848301

4. Barnett, M. A., Paschall, K. W., Mastergeorge, A. M., Cutshaw, C. A., & Warren, S. M. (2020). Influences of parent engagement in early childhood education centers and the home on kindergarten school readiness. *Early Childhood*

Research Journal, 53(4), 260 – 273. https://doi. org/10. 1016/j. ecresq. 2020. 05. 005

5. Bourgeois, J., Pugmire, L., Stevenson, K., Swanson, N., & Swanson, B. (2006). The Delphi method: A qualitative means to a better future. *http://www. freequality. org/documents/knowledge/Delphimethod. pdf*.

6. Bronfenbrenner, U. (1979). *The ecology of human development*. Harvard University Press.

7. Bronfenbrenner, U. (2005). *Making human beings human: Bioecological perspectives on human development*. Sage.

8. Bronfenbrenner, U, Morris, P A. (2006). The bioecological model of human development. Handbook of child psychology. 793 – 828. Wiley.

9. Burchinal, M. (2018). Measuring early care and education quality. *Child Development Perspectives, 12*(1), 3 – 9. https://doi. org/10. 1111/cdep. 12260

10. Cannon, J. S., Kirburn, M. R., Karoly, L. A., Mattox, T., Muchow, A. N., Buenaventura, M. (2017). *Investing early: Taking stock of outcomes and economic returns from early childhood programs*. RAND Corporation.

11. Cohrssen, C., de Rosnay, M., Garvis, S., & Neilsen-Hewett, C. (2023). Assessing the quality of early childhood education and care in Australia: Challenges and opportunities. *Frontiers in Education, 8*. https://doi. org/10. 3389/feduc. 2023. 1147669

12. Cook, K. D, Coley, R. L. (2019). Transitioning across systems: Coordination between Head Start and elementary schools to enhance children's success in kindergarten. *Early Education and Development*, 30. 1063 – 1083.

13. Cook, K. D, & Coley, R. L. (2021). Using Multiple Methods to Describe Supports for the Transition from Head Start to Kindergarten. *Early Childhood Education Journal, 49*. 425 – 438.

14. Corey, D., Pierce, Deborah, A., Bruns. (2013). Aligning components of recognition and response and response to intervention to improve transition to primary school. *Early Childhood Education, 41*. 347 – 354.

15. Cutshaw, C. A., Mastergeorge, A. M., Barnett, M. A., & Paschall, K. W. (2022). Parent engagement in early care and education settings: relationship with engagement practices and child, parent, and centre characteristics. *Early Child Development and Care, 192*(3), 442 – 457. https://doi. org/10. 1080/03004430. 2020. 1764947

16. Eadie, P., Page, J., Levickis, P., Elek, C., Murray, L., Wang, L., & Lloyd-Johnsen, L. (in press). Domains of quality in early childhood education and care: A scoping review of the extent and consistency of the literature. *Educational Review*. https://doi.org/10.1080/00131911.2022.2077704

17. Ebbeck, M., Saidon, S.B., Rajalachime, G.N., Teo, L.Y. (2013). Children's Voices: Providing Continuity in Transition Experiences in Singapore. *Early Childhood Education, 41*: 291–298.

18. Edwards, R., & Holland, J. (2013). *What Is Qualitative Interviewing*. Bloomsbury.

19. Green, R.A. (2014). *The Delphi Technique in Educational Research. SAGE Open, 4(2)*, 215824401452977. doi: 10.1177/2158244014529773

20. Hanish, L.D., Martin, C.L., Cook, R., DeLay, D., Lecheile, B., Fabes, R. A., Goble, P., & Bryce, C. (2021). Building integrated peer relationships in preschool classrooms: The potential of buddies. *Journal of Applied Developmental Psychology, 73*, 101257. https://doi.org/10.1016/j.appdev.2021.101257

21. Harms, T., Clifford, R., & Cryer, D. (2005). *Early Childhood Environmental Rating Scale-Revised*. Teachers College Press.

22. Hewett, B.S., & La Paro, K.M. (2019). Organizational climate: Collegiality and supervisor support in early childhood education programs. *Early Childhood Education Journal, 48(4)*, 415–427. https://doi.org/10.1007/s10643-019-01003-w

23. Jeon, H.J., Kwon, K.A., Walsh, B., Burnham, M.M., & Choi, Y.J. (2019). Relations of early childhood education teachers' depressive symptoms, job-related stress, and professional motivation to beliefs about children and teaching practices. *Early Education & Development, 30*(1), 131–144. https://doi.org/10.1080/10409289.2018.1539822

24. Ji, D., & Cui, L. (2021). Relationship between total rewards perceptions and work engagement among Chinese kindergarten teachers: Organizational identification as a mediator. *Frontiers in Psychology, 12*. https://doi.org/10.3389/fpsyg.2021.648729

25. Jiang, Y., Li, P., Wang, J., & Li, H. (2019). Relationships between kindergarten teachers' empowerment, job satisfaction, and organizational climate: A Chinese model. *Journal of Research in Childhood Education, 33*(2), 257–270. https://doi.org/10.1080/02568543.2019.1577773

26. Joo, Y. S., Magnuson, K., Duncan, G. J., Schindler, H. S., Yoshikawa, H., & Ziol-Guest, K. M. (2020). What works in early childhood education programs? A meta-analysis of preschool enhancement programs. *Early Education and Development*, *31*(1), 1 – 26. https://doi.org/10.1080/10409289.2019.1624146

27. Kook, J. F., & Greenfield, D. B. (2021). Examining variation in the quality of instructional interaction across teacherdirected activities in head start classrooms. *Journal of Early Childhood Research*, *19*(2), 128 – 144. https://doi.org/10.1177/1476718X20942956

28. Lokken, I. M., Bjornestad, E., Broekhuizen, M. L., & Moser, T. (2018). The relationship between structural factors and interaction quality in Norwegian ECEC for toddlers. *International Journal of Child Care and Education Policy*, *12*(1). https://doi.org/10.1186/s40723-018-0048-z

29. Lu, M. S., Whittaker, J. E., Ruzek, E., Pianta, R. C., & Vitiello, V. E. (2022). Fostering early motivation: The influence of teacher-child relationships and interactions on motivation in the kindergarten classroom. *Early Education and Development*, *34*(3), 648 – 665. https://doi.org/10.1080/10409289.2022.2055992

30. Macy, M., Pool, J., Chen, C. I., Rusiana1, T. A., Sawyer, M. (2022). A Preliminary Examination of a Kindergarten School Readiness Assessment. *Early Childhood Education Journal*, *50*.1035 – 1046.

31. Mathis, E. T., & Bierman, K. L. (2015). Effects of parent and child pre-intervention characteristics on child skill acquisition during a school readiness intervention. *Early Childhood Research Quarterly*, *33*.87 – 97.

32. Mercon-Vargas, E. V., Lima, R. F. F., Rosa, E. M., & Tudge, J. (2020). Processing proximal processes: What bronfenbrenner meant, what he didn't mean, and what he should have meant. *Journal of Family Theory & Review*, *12*(3), 321 – 334. https://doi.org/10.1111/jftr.12373

33. Neuman, S. B., & Danielson, K. (2021). Enacting content-rich curriculum in early childhood: The role of teacher knowledge and pedagogy. *Early Education and Development*, *32*(3), 443 – 458. https://doi.org/10.1080/10409289.2020.1753463

34. Pakarinen, E., Lerkkanen, M. K., & von Suchodoletz, A. (2020). Teacher emotional support in relation to social competence in preschool classrooms. *International Journal of Research & Method in Education*, *43*(4), 444 – 460.

https://doi.org/10.1080/1743727X.2020.1791815

35. Pan, J., & Lin, D. (2020). Visuospatial memory uniquely predicts Chinese reading comprehension in Hong Kong typically developing kindergarteners. *Reading & Writing*, 1–17. https://doi.org/10.1007/s11145-020-10033-5

36. Pelman, M., Fletcher, B., Falenchuk, O., Brunsek, A., McMullen, E., & Shah, P.S. (2017). Child-staff ratios in early childhood education and care settings and child outcomes: A systematic review and meta-analysis. *PLOS One, 12*(1), e0170256. https://doi.org/10.1371/journal.pone.0170256

37. Penttinen, V., Pakarinen, E., von Suchodoletz, A., & Lerkkanen, M.K. (2020). Relations between kindergarten teachers' occupational well-being and the quality of teacher-child interactions. *Early Education & Development, 31*(7), 994–1010. https://doi.org/10.1080/10409289.2020.1785265

38. Philips, D.A., Johnson, A.D., & Iruku, I.U. (2022). Early care and education settings as contexts for socialization: New directions for quality assessment. *Child Development Perspectives, 16*(3), 127–133. https://doi.org/10.1111/cdep.12460

39. Pianta, R.C., La Paro, K.M., & Hamre, B.K. (2008). *Classroom Assessment Scoring System™: Manual K–3*. Paul H. Brookes Publishing Co..

40. Puccioni, J. (2015). Parents' conceptions of school readiness, transition practices, and children's academic achievement trajectories. *The Journal of Educational Research, 108*(2). 130–147.

41. Sheridan, S. (2009). Discerning pedagogical quality in preschool. *Scandinavian Journal of Educational Research, 53*(3), 245–261. https://doi.org/10.1080/00313830902917295

42. Slot, P. (2018). Structural characteristics and process quality in early childhood education and care: A literature review. *OECD Education Working Papers, 176*.

43. Sluiter, R.M.V., Fekkes, M., & Fukkink, R.G. (2023). Comparing center-based with home-based child care: type of care moderates the association between process quality and child functioning. *Early Childhood Research Quarterly, 62*, 102–114. https://doi.org/10.1016/j.ecresq.2022.07.017

44. Sylva, K., Melhuish, E., Sammons, P., Siraj-Blatchford, I., & Taggart, B. (2004). *The effective provision of pre-school education (EPPE) project: Final Report: A longitudinal study funded by the DfES 1997–2004*. Institute of Education, University of London/Department for Education and Skills/Sure Start.

45. Tanaka, N.R., Boyce, L.K., Chinn, C.C., & Murphy, K.N. (2020).

Improving early care and education professionals' teaching self-efficacy and well-being: A mixed methods exploratory study. *Early Education & Development, 31* (7), 1089 – 1111. https://doi.org/10.1080/10409289.2020.1794246

46. Viotti, S., Sottimano, I., Converso, D., & Guidetti, G. (2020). The relationship between psychosocial characteristics of the work environment and job satisfaction in an Italian public ECE service: A cross-lagged study. *Early Childhood Research Quarterly, 53* (4), 464 – 475. https://doi.org/10.1016/j.ecresq.2020.06.002

47. Vitiello, V. E., Nguyen, T., Ruzek, E., Pianta, R. C., & Whittaker, J. V. (2022). Differences between Pre-K and Kindergarten classroom experiences: do they predict children's social-emotional skills and self-regulation across the transition to kindergarten? *Early Childhood Research Quarterly, 52* (2), 287 – 299. https://doi.org/10.1016/j.ecresq.2021.11.009

48. Wang, S., Hu, B. Y., & LoCasale-Crouch, J. (2020). Modeling the nonlinear relationship between structure and process quality features in Chinese preschool classrooms. *Children and Youth Services Review, 109*, 104677. https://doi.org/10.1016/j.childyouth.2019.104677

49. World Health Organization. (1948). *Summary report on proceedings minutes and final acts of the International Health Conference held in New York from 19 June to 22 July 1946*. WHO.

50. Zhao, X., & Jeon, L. (2023). Examining the associations between teacher job satisfaction, workplace climate, and well-being resources within head Start programs. *Early Education and Development*. https://doi.org/10.1080/10409289.2023.2221765

幼儿园质量评估量表

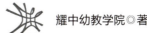

耀中幼教学院◎著

华东师范大学出版社
·上海·

目　录

1.1 办园理念与管理

1.1.1	评分		建议评估方式
幼儿园环境中展示有清晰简洁的办园理念和宗旨，且定期检视其适宜性。	□是	□否	观察 + 查阅文件

指标说明或相关例子：评估本指标可以从两个方面进行：1. 观察幼儿园是否张贴了与"办园理念和宗旨"相关的标语，或者设置了展示办园理念和宗旨的文化墙；2. 了解幼儿园是否定期召开会议（每学年至少 1 次），以检视"办园理念和宗旨"。

"适宜性"指幼儿园的"办园理念和宗旨"与国家、地方教育主管部门最新发布的学前教育政策文件所倡导的理念相一致。

1.1.2	评分		建议评估方式
幼儿园依据办园理念和宗旨，制定符合发展现状的工作计划与总结，并定期检视。	□是	□否	查阅文件

指标说明或相关例子："定期"指的是幼儿园每学年至少检视或重新修订工作计划 1 次。

* 可通过查阅"幼儿园学年工作计划或三年、五年发展规划"来评估本指标。①

* 如果幼儿园的工作计划与总结没有体现办园理念和宗旨，或不符合发展现状，则评"否"。

1.1.3	评分		建议评估方式
管理团队及教师理解并支持"幼儿为本"的教育理念。	□是	□否	访谈管理者和教师

---

① 在本评分表中，带"＊"号的内容为特别的注意事项和"访谈问题"。

指标说明或相关例子:"幼儿为本"可以体现在:1.尊重幼儿的尊严与权利;2.遵循幼儿身心发展规律和幼儿的个体差异,例如,教师根据不同能力的幼儿调整活动难度;3.认识幼儿期的独特价值,熟悉每位幼儿的兴趣、需要、学习方式,针对其特点灵活调整教育计划,开展个性化的保教工作。

* 访谈问题:请谈一谈您对"幼儿为本"教育理念的理解? 请问您如何看待幼儿不愿意午睡并且影响他人的行为?

* 在访谈中,符合"幼儿为本"的回答应当体现理解和尊重幼儿,且采用多样化和适宜的方法达到保教目标并促进幼儿的健康发展;管理者和教师的回答只要体现其中任意一点,即可视为理解并支持"幼儿为本"的教育理念。如果管理者和教师的回答只体现该不该或如何惩罚幼儿不愿意午睡并影响他人的行为,则评"否"。

1.1.4	评分		建议评估方式
管理团队及教师理解并支持"以游戏为基本活动"的课程实施理念。	□是	□否	访谈管理者和教师

指标说明或相关例子:例如,管理者和教师了解游戏的价值,知道如何通过以下几方面来落实以游戏为基本活动的课程理念:1.时间(保证幼儿每天有2—3小时累计的自主游戏时间以及1小时的连续自主游戏);2.物质环境(室内外设置有专门的游戏空间和多元化的材料,以支持幼儿开展各类自主游戏);3.教师在幼儿的自主游戏中扮演支持者、启发者的角色,鼓励幼儿开展游戏,而不是扮演主导者的角色。

* 访谈问题:请您谈一谈为什么要保障幼儿的游戏? 如何保障幼儿的游戏?

* 管理者和教师的回答至少要体现以上描述的3个方面(或其他相关要点)中的2点,即可视为理解并支持"以游戏为基本活动"的课程实施理念。

1.1.5	评分		建议评估方式
教学管理团队了解每位教师的课程实施情况,并依据教师在教学中的特点和需要,给予针对性的支持。	□是	□否	访谈管理者

指标说明或相关例子:"教师的课程实施情况"包括教师的教学方式、组织形式和创意程度;幼儿在教学过程中的反应、家长对课程的反馈等多个方面。需要注意的是,"课程实施情况"并不是指教师的个人风格或特长(例如,活泼等个性特点,或者擅长摄影等专业技能)。

* 访谈问题:请您就评估员所观察的2位教师,谈一谈他们的课程实施情况。围绕管理者是否"了解每位教师的课程实施情况"以及管理者能否"依据教师在教学中的特点和需要,给予针对性的支持"进行追问。

1.1.6	评分		建议评估方式
管理团队带领教师开展教研活动,并向幼儿园外部的不同群体展示教研成果。	□是	□否	查阅文件 + 访谈管理者

指标说明或相关例子:"**教研活动**"指组织教师围绕幼儿园实践中存在的问题或者教职工申请的课题开展各种学习和讨论活动。"**不同群体**"指学术研讨会的参与者、其他幼儿园、家长或社会团体等。

* 访谈问题:请问幼儿园是否曾向不同群体展示过教研成果?如果获得肯定回答,则围绕教研活动的频率和展示对象进行追问。

* 每学年至少有 3 次向至少 3 类群体展示教研成果,才可以评"是"。

1.1.7	评分		建议评估方式
管理团队设置有专门的渠道与教职工进行工作方面的沟通交流。	□是	□否	访谈管理者

指标说明或相关例子:"**专门的渠道**"指全体教职工会议、不同年龄段的年级会、特殊活动筹办会议、幼儿园内部简报或不同电子平台的群组等形式。

* 访谈问题:请谈一谈管理团队与教职工进行工作方面的沟通交流有哪些固定渠道?

* 至少有 3 种方式,才可以评"是"。

1.1.8	评分		建议评估方式
幼儿园有一些制度体现对教职工的关心。	□是	□否	访谈教职工

指标说明或相关例子:例如,设置了各种假期和有弹性的休假制度(如年休假、预支假、病假、丧假、无薪事假等);设置了奖励制度;设置了加班补贴或补偿制度;管理团队有同理心且灵活地应对教职工个人或家庭一些突发情况等。

"**一些**"指至少有以上提及的制度类型中的 3 种。

* 访谈问题:如果因为个人或家庭突发情况导致您无法到岗或未能按时完成任务,您一般会采取怎样的措施?是否会向管理者说明情况并寻求帮助?围绕管理者是否对教职工表示关心进行追问。

1.1.9	评分		建议评估方式
幼儿园有晋升机制,不同岗位的人都有机会发挥才能。	□是	□否	访谈教职工

* **访谈问题**:请您描述一下自己的才能和个人特长? 请问管理者是否会提供机会,支持您充分发挥才能? 若获得肯定回答,则围绕管理者具体提供哪些机会和支持进行追问。

1.1.10	评分		建议评估方式
管理团队设置有专门的渠道与教职工进行情感方面的沟通交流。	□是	□否	访谈管理者

指标说明或相关例子:"专门的渠道"指园长设置固定的"园长交谈日"与教职工定期交流他们工作中遇到的喜怒哀乐;举办各种文体活动;定期组织聚餐等。

* **访谈问题**:请谈一谈管理团队与教职工进行情感方面的沟通交流有哪些固定渠道?

* 至少有 3 种方式,才可以评"是"。

1.2　保教质量自我评估

1.2.1	评分		建议评估方式
幼儿园有明文规定的保教质量自我评估的制度与实施方法。	□是	□否	查阅文件

1.2.2	评分		建议评估方式
幼儿园的保教质量自我评估内容多为过程性质量要素。	□是	□否	查阅文件

指标说明或相关例子：通过查看幼儿园的保教质量自我评估的内容(如查看使用的质量评估工具内容)来完成本项指标的评估。

"过程性质量要素"要体现幼儿在幼儿教育机构的经历和体验，包括幼儿与教师的互动、幼儿与同伴的互动、幼儿与物质环境和材料的互动、保育过程的质量、提供给幼儿的认知和语言刺激、健康和安全实践以及适宜幼儿发展的活动。

1.2.3	评分		建议评估方式
幼儿园管理者和教师定期对保教质量进行自我评估，并有完整的质量管理记录。	□是	□否	查阅文件

指标说明或相关例子："定期"指每学期至少 1 次。

1.2.4	评分		建议评估方式
幼儿园利用保教质量评估结果，来支持其发展规划的制定。	□是	□否	查阅文件

指标说明或相关例子：例如，如果保教质量评估中提到教师观察幼儿的能力需要提升，则在幼儿园的发展规划中应该有相关的内容。

1.2.5	评分		建议评估方式
幼儿园保教质量评估持续邀请家长参与。	□是	□否	查阅文件

指标说明或相关例子：例如，幼儿园向家长派发有关保教质量的问卷；要求家长作为评估小组的成员参与幼儿园保教质量评估过程；幼儿园设置有"家长意见收集箱"；或者提供与家长沟通的通信平台或群组，以支持家长持续提供建议和意见。

1.2.6	评分		建议评估方式
幼儿园有明文规定的教职工专业发展评估的制度与实施方法。	□是	□否	查阅文件

1.2.7	评分		建议评估方式
幼儿园以系统的方式支持教职工定期对专业能力进行自评。	□是	□否	查阅文件

指标说明或相关例子:"系统的方式"指可以包括评估量表或手册、检核表、引导问题等。幼儿园有至少1种方式即可,不需要囊括这里列出的所有方式。"定期"指的是每学期至少1次。

1.2.8	评分		建议评估方式
管理团队每学期对教职工的表现至少作1次评估,且有相关记录。	□是	□否	查阅文件

指标说明或相关例子:"评估"包括书面评估或面谈等,管理团队需要在评估中指出教职工的优点及需要改进的地方。

1.2.9	评分		建议评估方式
除年度评估外,管理团队还经常对教师和保育员的日常工作进行评估,并及时给予反馈和支持。	□是	□否	查阅文件

指标说明或相关例子:"经常"指的是每个月至少1次。"及时"指的是管理团队在日常评估结束后的3日内给予教师反馈和支持。

1.2.10	评分		建议评估方式
管理团队依据教职工个人评估结果以及与教职工讨论的方案,定期为教职工提供各种机会或者资源,支持他们的专业发展。	□是	□否	查阅文件

指标说明或相关例子:"定期"指的是每学期至少1次。

1.3　幼儿自主游戏支持

1.3.1	评分		建议评估方式
在园期间,每位幼儿每天至少有3个小时参与自主游戏。	□是	□否	观察

指标说明或相关例子:"自主游戏"指的是幼儿发起的游戏和活动,其特点是教师不会限定幼儿游戏的材料、内容和形式,也不会在不了解幼儿正在进行的游戏的情况下随意提问或指导。同时,在游戏过程中,幼儿可以自由选择游戏材料并转换游戏区域。

1.3.2	评分		建议评估方式
教师及时捕捉幼儿在自主游戏中的亮点,鼓励和欣赏幼儿展现出的自主探索行为。	□是	□否	观察

*　**评"否"的情况包括但不限于:**教师总是依据成人的标准和原则去纠正幼儿;仅仅用简单的言语(如"真棒""做得好"等)评价幼儿的作品或游戏,缺乏具体的指导和鼓励;教师短暂驻足于各个区角中,没有花时间观察和倾听幼儿。

1.3.3	评分		建议评估方式
幼儿在游戏时,教师会依据情况展现出不同的角色,如观察记录者、游戏伙伴、支持者等。	□是	□否	观察

指标说明或相关例子:例如,教师有时是观察者,并不直接参与幼儿的游戏,只是记录幼儿的行为;有时在恰当的时机,以游戏伙伴的身份参与幼儿的游戏;还有时在幼儿需要时,直接为幼儿提供帮助等。

　*　至少观察到3种教师角色,并有相关证据支持,才可以评"是"。

1.3.4	评分		建议评估方式
教师为幼儿提供大量表达自己在自主游戏中的想法的机会。	□是	□否	观察

指标说明或相关例子：教师为幼儿提供的"**表达自己在自主游戏中的想法的机会**"指教师围绕游戏材料、幼儿作品等进行提问和讨论；教师邀请幼儿进行动作演示，使他们成为表达想法的主体。

"**大量**"指教师至少在3类不同组织形式的活动（例如，个体幼儿的自主游戏、同伴合作游戏、自选游戏时段结束后的集体讨论环节等）中为幼儿提供"**表达自己在自主游戏中的想法的机会**"。

1.3.5	评分		建议评估方式
教师根据幼儿的自主游戏内容，用开放式提问引导幼儿回想游戏中的认知过程。	□是	□否	观察

指标说明或相关例子："**开放式提问**"指的是教师根据幼儿在自主游戏中的活动内容提出存在多种答案的问题。这类问题让幼儿从自己的知识、感受和理解出发，自由回答，而不是提供选项如"是，不是"或"非常满意、较满意、不满意"来回答。比如，教师可以通过提问帮助幼儿回忆"我当时是怎么想的？我为什么要这么做？"此外，还可以考虑"我还能怎么做？"等问题，促进幼儿对自我的积极反思。

＊评"否"的情况包括但不限于：教师的提问以封闭式问题为主；教师没有围绕幼儿在自主游戏中的活动内容进行提问。

＊本指标也适用于评估自选游戏时段结束后的分享环节。

1.3.6	评分		建议评估方式
在自主游戏中，教师将幼儿的学习经验和知识、技能建立联系，并适时退出，以让幼儿独立探究学习。	□是	□否	观察

指标说明或相关例子：例如，当幼儿在自主游戏中对观察昆虫感兴趣时，教师能利用多媒体资源拓展幼儿与昆虫有关的知识和经验；当幼儿对教师介绍的知识、技能不感兴趣，或者教师介绍的知识、技能使幼儿的自主游戏无法继续时，教师会及时退出幼儿的游戏。

＊至少看到2个相关证据，才可以评"是"。

＊如果观察到1个教师主导或过度干预幼儿的自主游戏并使其充斥着成人想法的例子，则评"否"。

1.3.7	评分		建议评估方式
在自主游戏中，教师及时为幼儿提供游戏材料或调整游戏空间，丰富幼儿的游戏。	□是	□否	观察

指标说明或相关例子：例如，在买卖游戏中，当观察到幼儿由于缺少货币而无法继续游戏，教师会立即为幼儿提供材料充当货币，或者化身为银行，提供纸和笔引导幼儿自制货币；在幼儿进行美工作品的创作时，提供额外的、幼儿需要的材料；在幼儿进行户外向下跳的游戏时，教师为幼儿提供缓冲垫，移除一些阻碍游戏或可能导致安全隐患的设备或设施；在幼儿进行户外打闹游戏时，教师提供警察服装，支持幼儿进行角色扮演；当幼儿在户外敲鼓时，教师为幼儿提供有节奏感的音乐等。

＊ 只要看到 1 个相关例子，即可评"是"。

1.3.8	评分		建议评估方式
幼儿自主游戏不会被教师随意中断或限制。	□是	□否	观察
1.3.9	**评分**		**建议评估方式**
教师把握教学时刻，引导所有参与某个自主游戏片段的幼儿，对游戏中遇到的问题展开讨论。	□是	□否	观察

指标说明或相关例子：本指标考察教师能否引导幼儿对自主游戏进行集体反思，形成对自身和同伴学习的看法。

1.3.10	评分		建议评估方式
教师有计划地提供更丰富、开放性的材料来扩展幼儿在自主游戏中的兴趣和探索。	□是	□否	查阅文件+ 观察

指标说明或相关例子：教师的"计划"既可以是名词，也可以是动词。它既可以是预先构思好的，也可以是即时生成的。教师可以用文本的形式来展示自己的构思和安排，也可以通过行动（例如，人际互动、创设环境等）来体现和落实计划。因此，对本指标的评估可以通过多种方式来完成。既可以通过查看教师制定的文本计划（例如：在一日安排表中详细列出支持幼儿自主游戏的材料）进行评估，也可以通过直接观察现场进行评估（例如，在幼儿到园前，教师预先在科学区的桌面上准备好颜料、水、色卡等具有吸引力的材料来邀请和激发幼儿对颜色的自主探索；当观察到幼儿在厨房游戏中需要更多的食材来继续游戏时，教师会提供石头、树枝、沙子等开放性材料，当观察到上述案例时，都可以评"是"）。

＊ 评"否"的情况包括但不限于：既没有在教师制定的文本计划中看到有关材料的安排，也无法在现场观察到教师为幼儿预先或即时提供具有吸引力的材料和环境；教师提供的材料缺乏丰富性和开放性，难以扩展幼儿在自主游戏中的兴趣和探索（例如，在数学区设置加减法练习册、作业纸等供幼儿操练）。

1.4 幼儿入学准备支持

1.4.1	评分		建议评估方式
幼儿园通过游戏和多种活动形式,帮助幼儿了解小学环境和生活。	□是	□否	访谈管理者或教师 + 查阅文件

指标说明或相关例子:例如,与小学合作、组织大班幼儿参观小学并了解小学校园环境;邀请小学教师与幼儿开展有关小学生活的讨论;邀请小学生参与幼儿的一些活动,支持幼儿和小学生之间的交流等。"**多种**"指至少 3 种。

* 如果评估和观察的班级是中、小班,则可以通过访谈管理者和查阅文件来评估本指标。

* 如果评估和观察的班级恰好是大班,则优先访谈教师。

* **访谈问题**:请谈一谈您或幼儿园如何帮助幼儿了解小学环境和生活。

* 如果幼儿园的做法违反了"以游戏为基本活动"的理念,要求幼儿进行过多的学业方面的学习,则评"否"。

1.4.2	评分		建议评估方式
幼儿园通过游戏和多种活动形式,支持幼儿认识并调节分离的负面情绪、减轻幼儿即将升小学的压力或焦虑。	□是	□否	访谈管理者或教师 + 查阅文件

指标说明或相关例子:例如,幼儿园教师、家长或参与幼儿园幼小衔接活动的小学教师与小学生协商一致,为幼儿讲述小学生活的趣事、丰富的课外活动,共同给予幼儿有关小学的积极引导和宣传;教师鼓励幼儿制作"适应小学生活的法宝",以手工作品、绘画、书写等不同形式表达自己对于升小学的期盼与担忧;教师与幼儿一起阅读有关成长和升学的图书等。"**多种**"指至少 3 种。

* 如果评估和观察的班级是中、小班,则可以通过访谈管理者和查阅文件来评估本指标。

* 如果评估和观察的班级恰好是大班,则优先访谈教师。

* **访谈问题**:幼儿升小学也就意味着他们将不再经常与幼儿园的同伴和老师在一起,身份也会有所改变。请谈一谈您对这一切给幼儿带来的负面情绪、压力或焦虑的认识。围绕支持幼儿认识和处理"**分离的负面情绪、减轻幼儿即将升小学的压力或焦虑**"的策略进行追问。

11

1.4.3	评分		建议评估方式
教师合理创设和利用环境激发幼儿探究小学生活。	□是	□否	观察＋访谈管理者或教师

指标说明或相关例子："合理创设和利用环境"指教师充分考虑幼儿的兴趣和愿望,将幼儿园时空环境打造得更富有意义、更利于探究小学教育生活。例如,即便是大班,教师也能保证每位幼儿每天有2—3小时的自主游戏时间,至少1小时的连续自主游戏时间;教师可以在不同区角投放一些与小学相关的游戏活动材料(如阅读区提供一些与小学生活相关的绘本,角色扮演区提供红领巾、小黑板等)。

＊ 如果幼儿园硬性减少大班幼儿游戏活动时间,或提前将活动室(或者区角)改造成小学教室的样式,希望以此实现幼儿对小学环境的熟悉和适应,则评"否"。这些做法不利于将幼儿园环境创设为有利于幼儿探究小学教育生活的时空环境,只是彰显了成人的主导权,违背了幼儿的主观意愿和不具有"可玩性",不利于激发幼儿探索小学生活的内在动机。

＊ 如果评估和观察的班级是中、小班,则可以通过访谈管理者和查阅文件来评估本指标。

＊ 如果评估和观察的班级恰好是大班,则优先访谈教师。

＊ 访谈问题:请谈一谈幼儿园(如果访谈对象是"大班教师",则将此处的"幼儿园"改为"您")如何利用环境激发幼儿探究小学生活?

1.4.4	评分		建议评估方式
教师重视有个别需要的幼儿,并给予专门的教育支持。	□是	□否	访谈教师

指标说明或相关例子："有个别需要的幼儿"通常指那些在学习、生活或行为方面存在某些特殊需要的幼儿。这包括但不限于:有学习障碍或发展迟缓的幼儿、有身体残疾或慢性病的幼儿、有语言障碍或沟通障碍的幼儿、有行为问题或情绪问题的幼儿、资优或有特殊天分的幼儿、自理水平不足的幼儿等。

＊ 访谈问题:请举一个例子谈一谈您班级中在某些方面发展迟缓或在某一个领域展现特殊天赋从而需要特殊需要支持的幼儿? 请问您曾经为他(她)提供哪些教育支持?

＊ 如果教师无法举出班级中"有个别需要的幼儿"的例子,则评"否"。

1.4.5	评分		建议评估方式
教师重视有个别需要的幼儿的家长,并对他们给予教育策略上的指导和帮助。	□是	□否	访谈教师

* **访谈问题**:依据 1.4.4 中教师列举的例子,继续展开提问,例如:请问您如何与这位幼儿的家长沟通? 并为家长提供了哪些教育策略?

* 如果教师无法举出班级中"有个别需要的幼儿"的例子,则评"否"。

1.4.6	评分		建议评估方式
幼儿园能依据不同家庭的需要,主动为他们提供幼小衔接的相关资源。	□是	□否	访谈管理者或教师 + 查阅文件

指标说明或相关例子:"**不同家庭的需要**"指有些家庭想深入了解相关小学的情况,有些家庭对幼儿入学后的适应问题有一定担忧,有些家庭则担心幼儿在入学前的能力准备等。

"**相关资源**"指提供社区内对口小学的信息,或者提供有关幼小衔接心理建设方法的资料等。

* 如果评估和观察的班级恰好是大班,则优先访谈教师。

* **访谈问题**:请举例说明幼儿园如何支持家长了解幼小衔接的相关资源。围绕"**不同家庭的需要**"和"**主动性**"进行了解。

1.4.7	评分		建议评估方式
幼儿园有一系列从小班开始的家长培训,帮助家长持续了解早期幼儿的学习方式和特点,及其与小学生学习的不同。	□是	□否	查阅文件 + 访谈管理者

指标说明或相关例子:"**家长培训**"指讲座、研讨会、工作坊或培训课程等。

* 针对本项指标的评估,可以优先通过查阅幼儿园的家长培训(例如,讲座、研讨会、工作坊或培训课程等)记录来获得证据。如果幼儿园没有相关记录,则需要通过访谈管理者来获得相关证据。

* **访谈问题**:请问幼儿园曾经开展过哪些家长培训工作? 了解并判断相关家长培训是否形成"**系列**"且有"**持续性**",以及内容是否包括有"**早期幼儿的学习方式和特点,及其与小学生学习的不同**"。

1.4.8	评分		建议评估方式
幼儿园组织家长培训,帮助家长了解幼儿在升小学阶段的转变和情绪情感需要,并给予策略支持。	□是	□否	查阅文件 + 访谈管理者或教师

指标说明或相关例子:这里的"家长培训"特指为大班幼儿的家长组织的培训(例如,讲座、研讨会、工作坊或培训课程等)。

* 针对本项指标的评估,可以优先通过查阅幼儿园的家长培训(例如,讲座、研讨会、工作坊或培训课程等)记录来获得证据。如果幼儿园没有相关记录,则需要通过访谈管理者来获得相关证据。有关本指标的访谈,可以在1.4.7的问题基础上进行延展。

* 访谈问题:请问幼儿园在幼小衔接方面曾经开展过哪些家长培训工作?了解并判断培训内容是否包括有"帮助家长了解幼儿在升小学阶段的转变和情绪情感需要,并给予策略支持"。

* 如果评估和观察的班级恰好是大班,则优先访谈教师。

1.4.9	评分		建议评估方式
幼儿园主动与小学联系,在儿童发展、课程、教学方面的相关活动中邀请小学管理者或教师加入。	□是	□否	访谈管理者

指标说明或相关例子:本指标重点考察幼儿园是否主动邀请小学管理者和教师,支持他们了解幼儿园幼儿的能力、发展特点和学习方式。

* 访谈问题:请问幼儿园在幼小衔接方面与小学有哪些合作?围绕幼儿园主动性和合作目的进行追问。

* 如果幼儿园没有主动发出邀请,且与小学合作的主要目的在于调整幼儿园课程和教学,使之更接近于小学,则评"否"。

1.4.10	评分			建议评估方式
幼儿园支持小学研制和实施小学一年级过渡性活动课程。(允许不适用)	□是	□否	□不适用	访谈管理者

指标说明或相关例子:2019年发布的《中共中央 国务院关于深化教育教学改革全面提高义务教育质量的意见》中指出,应在"小学一年级设置过渡性活动课程",从而为幼儿在心理上过渡到小学新生期预留出充足的时间。因此,如果小学发出邀请,幼儿园应积极与小学合作,支持其对过渡性活动课程的目标、内容、实施、评价以及课时安排等方面进行研究和政策制定。

* 访谈问题:请问幼儿园是否有支持小学研制和实施小学一年级过渡性活动课程?如果获得肯定回答,则请管理者举例说明。

* 如果小学没有对幼儿园发出相关邀请,则评"不适用"。

2.1　卫生保健

2.1.1　健康检查

2.1.1.1	评分		建议评估方式
幼儿园配合妇幼保健机构定期开展幼儿眼、耳、口腔保健,并向家长反馈健康检查结果。	□是	□否	查阅文件 + 访谈①
2.1.1.2	评分		建议评估方式
新员工入职体检合格率达 100%,在职教职工每年至少进行 1 次健康检查,且合格率达 100%。	□是	□否	查阅文件 + 访谈

指标说明或相关例子:体检过程中如发现异常者,提供体检的医疗卫生机构会通知幼儿园,并要求患病的教职工到相关专科进行复查和确诊,并追访其诊治结果。

2.1.1.3	评分		建议评估方式
每位幼儿都有齐全、准确的健康档案,以便于查阅和使用。	□是	□否	查阅文件 + 访谈

指标说明或相关例子:"便于查阅和使用"指的是根据不同的分类方式,使幼儿的健康档案更有条理性和可读性,也更方便幼儿园工作人员对幼儿的身体情况进行监测和评估。例如,将幼儿健康档案按照班级分别归档,方便对班级幼儿的身体情况进行比较和分析;将班级幼儿健康档案按照性别分别归档,方便对男女幼儿的身体情况进行统计和分析。

---

① 领域二中的"访谈"指的是,在查阅文件时,评估者会邀请幼儿园的保健医生或管理者进行非正式谈话,以了解相关指标的要求和实施情况。因此,除了一些特别标注的指标之外,本领域并没有列出具体的问题。

2.1.1.4	评分		建议评估方式
保健医生、教师和家长共同合作,提高体弱儿、肥胖儿或有其他特殊健康需要幼儿的健康水平。	□是	□否	查阅文件 + 访谈

指标说明或相关例子:"有特殊健康需要幼儿"是指由于身体、智力、情感或行为方面的原因,需要特别的健康照顾和服务的幼儿。这些幼儿可能需要采取特殊的医疗照顾、饮食管理、特殊的安全和安保措施等。幼儿园中常见的有特殊健康需要,且需要保健医生支持的幼儿,包括有用药、牙齿保健等需要的幼儿、体弱儿或肥胖儿等。

2.1.1.5	评分		建议评估方式
幼儿园对体弱儿、肥胖儿或有其他特殊健康需要幼儿有专门的跟进计划。	□是	□否	查阅文件 + 访谈

2.1.1.6	评分		建议评估方式
幼儿园对口腔、视力、听力等五官保健的发生率、矫治率等有清晰的数据记录。	□是	□否	查阅文件 + 访谈

2.1.1.7	评分		建议评估方式
教职工在对幼儿进行健康检查时,提前告知幼儿或家长。	□是	□否	查阅文件 + 访谈

2.1.1.8	评分		建议评估方式
幼儿园每年组织幼儿参加心理发育状况评估,并有清晰的文本记录。	□是	□否	查阅文件 + 访谈

2.1.1.9	评分		建议评估方式
每天都有针对幼儿的晨间或午间检查。	□是	□否	观察

指标说明或相关例子："晨间或午间检查"是指在幼儿进入幼儿园时,保健医生、教师或其他专职人员对其进行的身体和心理状态的检查。检查内容可以包括以下几个方面:1.询问幼儿在家是否有异常情况,如是否发生感冒、腹泻等病症,有无家庭紧急事件等。2.观察幼儿的精神状况,包括表情、姿态、语言等,了解幼儿的情绪状态,并及时与家长沟通。3.检查幼儿有无发热和皮肤异常,若有,应及时通知家长并进行相应的处理。4.检查幼儿是否携带不安全物品,如刀具、易燃易爆物品等。

* **如果幼儿园只是简单帮幼儿测体温,则评"否"。**

2.1.1.10	评分		建议评估方式
保健医生每天进入每个班级巡视2次,且有文本记录。	□是	□否	查阅文件

指标说明或相关例子:如果发现有幼儿患病或者疑似患有传染病,幼儿园会立即采取隔离措施,并及时联系其家长。幼儿园会引导或协助家长及时将患儿送往医院进行诊治,并追访诊治结果。此外,在保健医生的巡查记录中,应该有对有特殊健康需要幼儿的记录,或者有对到保健室寻求帮助的幼儿的情况的详细记录。

2.1.2 消毒与传染病预防

2.1.2.1	评分		建议评估方式
幼儿园及各班级的消毒药液由专人配置,放置安全。	□是	□否	查阅文件 + 访谈

指标说明或相关例子:"专人"指受过专业培训的教职工。

2.1.2.2	评分		建议评估方式
幼儿园有以文本形式记录的呼吸道等常见疾病预防方法和措施,供教职工阅读。	□是	□否	查阅文件

2.1.2.3	评分		建议评估方式
幼儿园有幼儿缺勤登记制度,教师会完整详细记录幼儿缺勤原因。	□是	□否	查阅文件 + 访谈

指标说明或相关例子："完整"指使用清晰翔实的语言具体描述幼儿缺勤的原因、需要跟进的事项等。

2.1.2.4	评分		建议评估方式
教师或保育员保持幼儿厕所和马桶的干净卫生。	□是	□否	观察 + 访谈

指标说明或相关例子：一日活动中,教师或保育员会在幼儿使用幼儿厕所和马桶前检查并确保其干净卫生。每天放学后,会有专人负责清洁和消毒幼儿厕所和马桶。

＊如果观察到幼儿厕所和马桶在幼儿使用前不干净且没有冲洗,则评"否"。

2.1.2.5	评分		建议评估方式
幼儿园从"控制传染源""切断传播途径""保护易感人群"三个环节降低传染病传播风险。	□是	□否	查阅文件 + 访谈
2.1.2.6	评分		建议评估方式
幼儿园定期邀请专家为幼儿介绍有关传染病、常见病防治的健康知识。	□是	□否	查阅文件 + 访谈

指标说明或相关例子："定期"指每学期至少 1 次。

2.1.2.7	评分		建议评估方式
幼儿园把消毒隔离、安全防病等卫生保健知识列入教职工培训内容。	□是	□否	查阅文件 + 访谈
2.1.2.8	评分		建议评估方式
教室内有为幼儿准备的消毒与传染病预防图示、图书等相关材料。	□是	□否	观察

2.1.2.9	评分		建议评估方式
幼儿园有安排定期的五害消杀工作。	□是	□否	查阅文件 + 访谈

指标说明或相关例子："五害"指的是鼠、蚊、蝇、蟑螂和白蚁。"定期"指每个月至少 1 次。

2.1.2.10	评分		建议评估方式
班级发生传染病期间,班级教师及保育员会加强消毒工作,且严格按照传染病期间消毒流程和比例进行。	□是	□否	查阅文件 + 访谈

* 如果幼儿园没有明文规定的"传染病期间消毒流程和比例",则评"否"。

2.1.3 膳食营养

2.1.3.1	评分		建议评估方式
幼儿园有明文规定的膳食管理和食品验收制度。	□是	□否	查阅文件
2.1.3.2	评分		建议评估方式
用餐环节干净、卫生。	□是	□否	观察

指标说明或相关例子:教师和幼儿在处理食物或用餐前应洗手;教师或保育员应在幼儿用餐前清洁桌子;食物准备区与厕所之间应有一定的距离。

2.1.3.3	评分		建议评估方式
室内张贴有给幼儿看的餐单,且内容与实际情况一致。	□是	□否	观察

2.1.3.4	评分		建议评估方式
幼儿园提供的食物定量进班，并结合每月营养分析的结果进行检视或调整。	□是	□否	查阅文件

2.1.3.5	评分		建议评估方式
进餐时，大部分幼儿看上去享受食物。	□是	□否	观察

2.1.3.6	评分		建议评估方式
幼儿园为有特殊健康和膳食需要的幼儿制定专门的食谱和提供相应的膳食，并将相关幼儿的情况张贴在班级中，供服务幼儿的教职工了解。	□是	□否	观察 + 查阅文件

指标说明或相关例子："有特殊健康和膳食需要的幼儿"指过敏儿、体弱儿或肥胖儿等。

2.1.3.7	评分		建议评估方式
幼儿园用各种方式向家长宣传幼儿营养和保健知识。	□是	□否	查阅文件 + 访谈管理者

指标说明或相关例子："各种方式"指网络平台、手册或讲座等。

＊**访谈问题**：请问幼儿园是否曾向家长宣传过幼儿的营养和保健知识？如果获得肯定回答，则围绕宣传方式进行追问。

＊**至少使用 3 种方式，才可评"是"。**

2.1.3.8	评分		建议评估方式
教师用各种方式向幼儿宣传营养知识和节约粮食的价值观。	□是	□否	观察 + 访谈教师

指标说明或相关例子："各种方式"指讲故事、播放有关营养知识和节约粮食的视频，或在用餐时和幼儿展开与营养知识和节约粮食相关的谈话等。

* **访谈问题**：请问您是否曾向幼儿宣传过营养知识和节约粮食的价值观？如果获得肯定回答，则围绕宣传方式进行追问。

* 至少使用3种方式，才可评"是"。

2.1.3.9	评分		建议评估方式
教师关注个体幼儿的进餐情况，并及时与家长沟通。	□是	□否	访谈教师

* **访谈问题**：请问您认为今天幼儿在进餐方面的情况如何？有哪些需要与家长沟通的地方吗？

2.1.3.10	评分		建议评估方式
进餐氛围轻松、愉悦，幼儿可以按自己的节奏进食。	□是	□否	观察

* 评"否"的情况包括但不限于：教师在幼儿进餐时恐吓、训斥、打骂幼儿；教师为了节省时间而喂食幼儿；教师禁止幼儿在进餐时交谈。

2.2　安全管理及制度落实

2.2.1	评分		建议评估方式
所有教师接受过急救培训，有部分教师持有有效的急救证书。	□是	□否	查阅文件 + 访谈
2.2.2	评分		建议评估方式
有经过训练的保健医生为有特殊健康需要的幼儿提供帮助。	□是	□否	查阅文件 + 访谈

2.2.3	评分		建议评估方式
幼儿园有明文规定的健康和安全制度和各类突发事件的应急预案,并有计划地组织幼儿和教职工开展各种安全演练活动。	□是	□否	查阅文件

指标说明或相关例子:"安全演练活动"指地震演习、火灾演习或防暴演习等。

2.2.4	评分		建议评估方式
幼儿园定期检视与幼儿及教职工安全相关的规章制度。	□是	□否	查阅文件 + 访谈

指标说明或相关例子:"定期"指每学年至少 1 次。

2.2.5	评分		建议评估方式
幼儿园定期对幼儿园内的所有设施进行安全检测与维修。	□是	□否	查阅文件 + 访谈

指标说明或相关例子:"安全检测"指楼宇结构测试或电力测试等。"定期"指每学年至少 1 次。

2.2.6	评分		建议评估方式
幼儿园对家长进行安全宣传和教育。	□是	□否	查阅文件 + 访谈

* 每学期至少对家长进行 2 次安全宣传和教育,才可以评"是"。

2.2.7	评分		建议评估方式
幼儿园有清晰的相关安全制度和突发事件处置流程,并张贴在园区内便于所有人知晓。	□是	□否	查阅文件 + 访谈

指标说明或相关例子:例如,幼儿园在校门口张贴应对恐怖袭击事件或火灾的工作流程等。

2.2.8	评分		建议评估方式
幼儿园有专门的安全部门或小组,负责安全管理及制度落实。	□是	□否	查阅文件 + 访谈
2.2.9	评分		建议评估方式
家长有机会参与幼儿园的安全工作。	□是	□否	查阅文件 + 访谈

指标说明或相关例子:例如,幼儿园邀请家长志愿者加入"安全护卫队",共同维护幼儿入离园的安全和秩序;每学期不定期邀请家委会代表与幼儿园的安全小组一起开展安全巡查工作,并鼓励家长提出建设性的意见;邀请家长参与体验幼儿园安全演练活动等。

2.2.10	评分		建议评估方式
每个班级都设置有幼儿意外记录本,且有教师的完整记录和签名。	□是	□否	查阅文件

3.1 建立关系

3.1.1 师幼关系

3.1.1.1	评分		建议评估方式
入园或离园时,教师主动与每位幼儿亲切地打招呼或道别。	□是	□否	观察

指标说明或相关例子:"主动"主要指由教师向幼儿发起的招呼或道别。

3.1.1.2	评分		建议评估方式
教师经常主动与幼儿有个别的、积极的日常交流。	□是	□否	观察

指标说明或相关例子:"主动"主要指由教师发起的和幼儿的日常交流。"经常"指的是至少观察到 3 次由教师发起的与个别幼儿积极交流的场景。"个别的日常交流"不限于语言方面,在此还包括身体动作、表情、眼神等多种形式的交流等。"积极的交流"指教师在与幼儿交流时,能够适当将"真棒""不错"等短语转化为更具有丰富意义的深层次语言。

＊ 如果教师与幼儿的大部分日常交流只停留在"真棒""不错"等简单的鼓励用语,则不算本指标中的"积极的交流"。

3.1.1.3	评分		建议评估方式
教师通过微笑、点头等表情或肢体语言,及时对幼儿做出回应。	□是	□否	观察
3.1.1.4	评分		建议评估方式
幼儿喜欢接近教师,并经常和教师分享他们知道的信息和想法。	□是	□否	观察

指标说明或相关例子:例如,教师看上去非常乐于与幼儿在一起,参与他们的对话和讨论;当幼儿在教师身边时,他们的身体是放松的;幼儿热衷于与教师分享他们所知道的信息和想法。

3.1.1.5	评分		建议评估方式
教师乐于跟幼儿在一起,并恰当使用幽默感拉近师幼间的情感距离。	□是	□否	观察

指标说明或相关例子:"幽默感"主要包括视觉幽默(如夸张的表情和有趣的动作)以及听觉幽默(如风趣的言语和声音)。"恰当"指的是教师展现幽默感的目的在于引发幼儿的学习兴趣、帮助幼儿调整不恰当的言行、帮助幼儿克服困难、帮助幼儿形成对周围人和事物的积极态度。

* 至少观察到 3 个例子,才可以评"是"。

* 教师用"逗弄"或戏谑的方式与幼儿交流,不是"幽默"的表现,而是对幼儿不尊重的表现(例如,教师以玩笑的语气对幼儿说:"你今天不好好吃饭,你妈妈说不来接你了,今晚就跟老师回家吧!")。这种行为会对幼儿的安全感和归属感造成不利影响,并会使幼儿产生羞愧、害怕等消极情绪。如果观察到教师有 1 次这样的行为,则评"否"。

3.1.1.6	评分		建议评估方式
教师关注幼儿在自主游戏中的状态、兴趣、需要。	□是	□否	观察

指标说明或相关例子:本指标重点考察教师的"教学有意性"。教师留意或关注幼儿在自主游戏中的状态、兴趣、需要等,都是教学有意性的重要体现,是为幼儿的自主游戏提供适当支持的序曲。

教师"关注"的例子包括但不限于:教师对幼儿在游戏中的对话感兴趣,并俯身倾听;教师会在某些区域停留一段时间,观察幼儿的游戏过程。

* 教师在自选时间的小组活动中对幼儿的关注,不在本指标的考察范围内。

* 观察到至少 3 个展现教师"关注"的例子,才可评"是"。

3.1.1.7	评分		建议评估方式
教师在日常活动中通过积极正向的言语对幼儿表达积极的期望。	□是	□否	观察

指标说明或相关例子："积极正向的言语"包括采用语言对幼儿进行应答、表扬、安慰或鼓励等的行为。

教师所表达的**"积极期望"**包括美好的祝愿和对幼儿的信任。例如，当幼儿遇到困难时，教师说"不要紧""没关系""再试一试"等；面对最后一个完成用餐的幼儿，教师能够通过表扬的方式，例如，说"你今天吃得比昨天快一点了"，来欣赏幼儿的进步，并不会因为幼儿吃得慢而用言语和行动使他们产生内疚等消极情绪。

3.1.1.8	评分		建议评估方式
师幼互动时的语言、行为、状态体现平等和尊重。	□是	□否	观察

指标说明或相关例子：例如，教师无差别地对待每一位幼儿；教师说话语气温和且声音平静；教师采用平时称呼幼儿的名字或昵称；教师经常对幼儿使用表示尊重的语言，如"请""谢谢"等；教师与幼儿交谈时与幼儿的目光平视；教师专注地倾听幼儿说话，并经常与他们有目光接触；幼儿通常不会逃避教师的目光。

＊ **评"否"的情况包括但不限于**：教师随意打断幼儿的说话和游戏；教师回应幼儿时没有耐心；教师将幼儿分为三六九等；教师经常使用指令性语言；教师在未提前征求幼儿同意的情况下，直接拉扯幼儿，要求其排好队或坐好；教师体罚或限制幼儿的行动。

3.1.1.9	评分		建议评估方式
教师鼓励、引导、支持幼儿和班级中的成人互相尊重。	□是	□否	观察 + 访谈教师

指标说明或相关例子：例如，教师通过言行举止和个人示范等方式，使幼儿和班级中的成人能够相互尊重、理解和包容；当幼儿对教师或班级中其他成人有粗鲁的言行（如打人、骂人等）时，教师能够适当、具体地向幼儿表达其真实的感受，而非一味训斥、惩罚、容忍或忽视。

＊ **如果没有机会观察到**，需通过访谈获取相关证据。

＊ **访谈问题**：如果幼儿对您或班级中其他成人有粗鲁的言行时，请问您会怎么做？

3.1.1.10	评分		建议评估方式
教师有效地维持班级管理的常态与稳定。	□是	□否	观察

指标说明或相关例子：例如，教师能够预知和冷静应对突发情况。**"有效"**指的是教师能够有条不紊地执行一日计划，以及在教师管理下，班级能够保持井然有序的状态，没有出现混乱的情况。

3.1.2　幼幼关系

3.1.2.1	评分		建议评估方式
教师允许和鼓励自然形成的同伴关系和互动。	□是	□否	观察

指标说明或相关例子：例如，教师支持幼儿在游戏和自选活动中自主选择同伴一起游戏和活动。

3.1.2.2	评分		建议评估方式
教师有策略地支持和引导幼儿与同伴在游戏中建立积极的关系。	□是	□否	观察

指标说明或相关例子：例如，当幼儿之间出现负面和伤害性行为时，教师会鼓励幼儿互相倾听对方的想法；教师会关注到那些没有朋友或被孤立的幼儿，并及时向他们提供支持。

＊ 至少看到 3 个相关例子，才可以评"是"。

3.1.2.3	评分		建议评估方式
教师提供一些需要同伴合作完成的活动。	□是	□否	观察

指标说明或相关例子：例如，教师在教室中准备飞行棋等需要多人参与才能进行的游戏；鼓励两位或多位幼儿合作抬游戏材料收纳箱；在户外游戏中为幼儿准备双人或多人抛接球游戏的材料等。

3.1.2.4	评分		建议评估方式
当幼儿与同伴发生冲突时，如果冲突双方没有出现激烈的情绪或伤害性行为，教师允许幼儿有机会独立处理冲突。	□是	□否	观察 + 访谈教师

指标说明或相关例子:幼儿与同伴的"冲突"类型主要有:1.身体冲突:威胁或实际对他人身体做出伤害或破坏物品(如推、踢、打人和扔东西等);2.言语冲突:利用言语去伤害或侮辱他人(如谩骂、嘲笑和贬低他人等);3.关系冲突:故意操纵或破坏他人的同伴关系(如威胁终止友谊、孤立和排挤他人等)。

* 如果没有机会观察到,需通过访谈获取相关证据。

* 访谈问题:如果您看到幼儿与同伴发生冲突,请问您一般会做什么?围绕"幼儿独立处理冲突"进行追问。

3.1.2.5	评分		建议评估方式
当幼儿与同伴发生冲突且主动寻求教师的帮助时,教师提供及时的支持。	□是	□否	观察 + 访谈教师

指标说明或相关例子:幼儿之间可能出现的"冲突"类型主要包括三种,参考 3.1.2.4。

* 如果观察到 3 次教师直接代替幼儿解决与同伴的冲突的情况,则评"否"。

* 如果没有机会观察到,需通过访谈获取相关证据。

* 访谈问题:如果幼儿与同伴发生冲突时主动来寻求您的帮助,请问您一般会做什么?围绕"教师提供及时的支持"进行追问。

3.1.2.6	评分		建议评估方式
大部分情况下,同伴互动气氛融洽、愉快。	□是	□否	观察

指标说明或相关例子:例如,大部分幼儿看上去乐于跟同伴在一起互动和游戏;同伴之间友好相处,享受彼此在一起的时光;在日常互动中,幼儿经常与同伴一起交流自己的经历和经验等。

3.1.2.7	评分		建议评估方式
大部分情况下,同伴互动时的语言、行为、状态都是正面的。	□是	□否	观察

指标说明或相关例子:例如,大年龄班的幼儿常常有分享和合作行为;幼儿之间的言语通常充满着积极性和友好性;幼儿在日常互动中不会有许多争吵;幼儿在日常互动中几乎没有出现排挤同伴的行为等。

3.1.2.8	评分		建议评估方式
幼儿与同伴之间互相传递经验，提供支持。	□是	□否	观察

指标说明或相关例子：例如，当幼儿提出疑问和请求时，其他幼儿愿意积极回应。

* 观察到至少 3 个相关的例子，才可评"是"。

3.1.2.9	评分		建议评估方式
大部分幼儿乐于邀请同伴加入自己的游戏，或对同伴的游戏展现好奇心。	□是	□否	观察
3.1.2.10	评分		建议评估方式
在自主游戏中，教师引导幼儿与同伴讨论他们的探索、发现和问题。	□是	□否	观察

* 如果教师主导幼儿和同伴的讨论，或者只和其中一位幼儿讨论，则评"否"。

3.2 各领域及学习品质发展

3.2.1 支持幼儿身心健康与自我服务能力的发展

3.2.1.1	评分		建议评估方式
教师关注并照顾幼儿的情绪情感状态和日常需要。	□是	□否	观察

31

指标说明或相关例子：幼儿的"情绪情感状态"包括疲倦、快乐、伤心、饥饿、热或冷等。教师"关注并照顾幼儿的情绪情感状态"指教师对幼儿积极或消极的情绪情感能够有同理心地做出适当的回应；当幼儿伤心难过时，教师会认可并表现出对幼儿情绪的理解；当幼儿需要和允许时，教师会与幼儿有积极、恰当的身体接触，这些身体接触能够体现积极的评价、关爱及欣赏等。

教师"关注并照顾幼儿的日常需要"还表现在户外活动时，教师知道或者能够分辨幼儿是否有如厕需要，如果需要，教师会提供帮助；如果幼儿出大汗、流鼻涕，教师能够关照到；教师会引导幼儿正确的洗手方法；教师经常提醒幼儿在出汗后及时补充水分；在幼儿用餐时，教师积极营造轻松、愉快的进餐氛围等。

* 如果观察到 1 个教师长时间忽视幼儿的情绪情感状态和日常需要的例子，则评"否"。

3.2.1.2	评分		建议评估方式
教师以平和的、尊重的态度对待和回应幼儿的需要、感受和情绪。	□是	□否	观察

指标说明或相关例子：例如，当一位幼儿在午睡时间醒来，开始哭泣并表现出明显的伤心情绪。教师能够注意到他的情绪变化，并走近他，安抚他的情绪，等他稍微平稳下来后，以平和、尊重的语气询问："发生了什么事情，你为什么哭呢？"，而非试图强行让幼儿停止哭泣。

3.2.1.3	评分		建议评估方式
教师对幼儿发展自我服务能力方面有耐心和信心，不因幼儿做不好或做得慢而责怪、包办、代替。	□是	□否	观察

指标说明或相关例子："自我服务能力"指的是幼儿在日常生活中照料和服务自己，管理和完成衣、食、住、行活动的能力，也称为生活自理能力。

3.2.1.4	评分		建议评估方式
教师运用适宜的策略支持幼儿培养自我服务能力。	□是	□否	观察

指标说明或相关例子：对"适宜"的判断，可以通过观察教师使用策略的内容是否关注幼儿的生活习惯和自理能力，以及策略的实施方式是否适合幼儿的年龄特点来决定。

"策略"包括但不限于：教师在日常生活中展现良好的生活习惯，成为幼儿学习的榜样；教师用语言引导幼儿学习自我服务；教师在环境中设置各种图示和标识，引导幼儿学习自我服务（如在生活环境中设置饮水量的标识、进餐端饭来回路线图、洗手程序图、大小便异常图标、穿脱衣程

序标识等;在桌椅周围设置正确坐姿、保护眼睛标识等;在书包柜和鞋柜周围设置各种整理方法程序图、鞋标等;在室内外游戏区和楼道中设置各种文明行为规范图,排队、下楼梯、禁止爬栏杆及各种游戏材料对应摆放的图标及安全使用方法程序图等);教师在区角中投放有关自我服务的材料(如在理发屋放置一些长发娃娃、梳子、发卡)等。

* 至少观察到 3 种适宜的策略,才可评"是"。

3.2.1.5	评分		建议评估方式
教室里的材料和设施便于幼儿学习自我服务。	□是	□否	观察

指标说明或相关例子:"便于幼儿学习自我服务"的材料和设施包括但不限于:适合幼儿身高的玩具柜、书包柜、洗手池、马桶等设备设施;方便幼儿自主进食的餐具;方便幼儿自己整理寝具的床;方便幼儿自主取水的饮水设备等。

* 如果观察到 1 个不符合上述情况的例子,则评"否"。

3.2.1.6	评分		建议评估方式
教室里配置的材料和设施便于幼儿学习自我清洁。	□是	□否	观察

指标说明或相关例子:"自我清洁"能力是自我服务能力中很重要的一个部分。教师要能够鼓励幼儿通过培养良好的卫生习惯来提升自我清洁能力,避免染上由细菌和病毒引起的疾病。

"便于幼儿学习自我清洁"的材料和设施指的是那些能够支持幼儿清洁手部、口腔,以及其他身体部位的材料和设施。

* 评"否"的情况包括但不限于:洗手池的水龙头距离池边太远或不适合幼儿的身高,使得幼儿难以自主操作;没有方便幼儿取用的洗手液或肥皂;厕纸放在离马桶较远的位置;很多幼儿共同使用一条毛巾擦手和擦嘴;幼儿使用陈旧发霉的毛巾;幼儿的毛巾悬挂在靠近马桶或潮湿的位置等。

3.2.1.7	评分		建议评估方式
大部分幼儿看上去能够有序完成各项自我服务的事情。	□是	□否	观察

指标说明或相关例子："**自我服务的事情**"指洗手、用餐、便后清洁、收拾个人物品、收拾玩具、收拾餐具、穿脱衣服、铺床、自己入睡、整理床铺、倒水等。以上是一些常见的例子，不同幼儿可能会在不同的自我服务事项上有所不同。因此，在评估时，需要根据幼儿的年龄、能力和经验来判断。

3.2.1.8	评分		建议评估方式
教师和大部分幼儿用正确的方式洗手。	□是	□否	观察

指标说明或相关例子：有关本项指标的评估，可以通过观察饭前便后时段来进行。指标中"**正确的洗手方式**"不苛求严格遵循七步洗手法（即打湿双手、取适量洗手液、搓手心、揉指缝、揉手背、手指旋转、冲洗干净），观察到教师和幼儿完成打肥皂或者洗手液、搓洗、冲水、擦手等步骤即可。

＊评"否"的情况包括但不限于：教师和保育员在饭前便后不洗手或以敷衍的方式洗手（如在洗手时只是简单地流水冲洗一下，或者只是用水简单地擦拭手部表面，没有用肥皂或洗手液等清洁用品进行深度清洁）；大部分幼儿在饭前便后不洗手或以敷衍的方式洗手等。

3.2.1.9	评分		建议评估方式
教师及时给予幼儿恰当的提醒与帮助，以支持幼儿发展自我服务能力。	□是	□否	观察

指标说明或相关例子：例如，教师在幼儿学习穿脱衣服的初始阶段，引导幼儿学习正确穿脱衣服的方法；当幼儿把勺子拿反或者嘴里塞满食物时，教师提醒他把勺子正过来或者把嘴巴里的食物吞下后再吃；在幼儿学习洗手的初始阶段，教师用言语、亲身示范、图示等方式引导幼儿。

3.2.1.10	评分		建议评估方式
每位幼儿都有机会依据自己的需要自主取用食物。	□是	□否	观察

指标说明或相关例子：本指标重点考察教师是否能够积极主动为幼儿提供自主取用食物的机会，以支持每位幼儿探索自己的食量和进食需要，培养其自主性。另外，在进餐环节中，有些幼儿园可能依据当地卫生或教育部门的规定，不能让幼儿接触到第一道分餐环节中的食材，但是教师仍然可以通过其他方式（如让幼儿自己拿取盘子、筷子、勺子等餐具，选择自己喜欢的食物，决定想要进食的分量，或者自己倒水等），为幼儿提供培养自主性的机会。

3.2.2 支持幼儿运动能力的发展

3.2.2.1	评分		建议评估方式
每位幼儿每天都有时间自主使用室内和(或)室外空间进行运动,尤其是进行大肌肉活动。	□是	□否	观察

指标说明或相关例子:"自主使用室内和(或)室外空间进行运动"的时间不包括早午操时间、教师组织的要求全体幼儿集体参与运动活动的时间(如热身运动)。

"大肌肉活动"是运用身体大肌肉群(如胳膊、腿和臀部)使用走、跑、跳、投掷、钻、爬、攀登、倒挂、翻滚、持重物、推拉、平衡、骑行、旋转等动作进行的游戏和活动。

＊所观察班级的幼儿实际进行自主运动的时间至少要达到40分钟才可评"是"。

3.2.2.2	评分		建议评估方式
教师鼓励幼儿参与大肌肉活动,并提醒那些看起来不动的或不积极参与的幼儿动起来。	□是	□否	观察

3.2.2.3	评分		建议评估方式
教师与幼儿一起开展和运动相关的沟通与互动。	□是	□否	观察

指标说明或相关例子:例如,当幼儿进行运动时,教师对幼儿的表情、手势、声音、肢体语言和运动词汇做出适宜的回应(如教师说"我看到你连续跳过了5个呼啦圈!""你将双手打开平举在身体两侧,走得真稳!")。

＊至少观察到2个相关例子,才可评"是"。

3.2.2.4	评分		建议评估方式
教师适当地准备室内和(或)室外环境中的运动资源和体育器械。	□是	□否	观察

指标说明或相关例子:"适当地准备"指的是教师能够根据幼儿的兴趣和需要,调整器械和材料的组合或者在幼儿还没有进入运动场地前准备相应的器械和材料(如幼儿最近对搬运垫子感兴趣,教师可以多投放一些垫子观察幼儿可以怎样玩;如果天气炎热,可以把跳跃类的材料调整为平衡类的材料等)。

* 如果教师准备和安排的室内和(或)室外环境中的运动资源和体育器械太少或太单一(只有1—2种),则评"否"。

3.2.2.5	评分		建议评估方式
教师对班级室内和(或)室外的运动空间有适当的规划,不同形式的活动不会互相干扰。	□是	□否	观察

指标说明或相关例子:例如,将球类活动与骑车活动隔开;滑滑梯的出口或者秋千的前后,留出相应的安全距离,而不是安排其他的活动等。

3.2.2.6	评分		建议评估方式
在幼儿的自主运动中,教师能把握教学时机,且用于回应或支持幼儿的策略与其他学习领域相互渗透。	□是	□否	观察

指标说明或相关例子:例如,当幼儿在跳跃活动中对距离概念感兴趣时,教师为其提供测量工具,并在幼儿需要时提供书写材料,以支持幼儿记录测量结果;在骑三轮车的自主运动中,当教师观察到幼儿与同伴围绕车标和车牌展开热烈的讨论时,能够及时提供纸笔等材料,以支持幼儿在需要时为三轮车设计车牌等。

* 至少观察到1个例子,才可评"是"。

* 如果观察到教师的参与和介入,对幼儿的游戏造成消极影响(例如,教师过度干预幼儿的游戏,破坏幼儿的游戏规则和习惯,使幼儿的游戏过程变得紧张和不自然;教师过度控制幼儿的游戏,强行将幼儿的游戏转变为完全由教师主导的主题和情境,且幼儿对此不感兴趣等),则评"否"。

3.2.2.7	评分		建议评估方式
可以观察和感受到班级中大部分幼儿乐于且积极参与运动。	□是	□否	观察

指标说明或相关例子:"大部分"指75%—100%。

3.2.2.8	评分		建议评估方式
教师邀请幼儿用画画、照片、视频等方式记录他们的运动经历。	□是	□否	观察

3.2.2.9	评分		建议评估方式
教师通过开放式提问,鼓励幼儿谈论他们的运动经验。	□是	□否	观察

指标说明或相关例子:"开放式提问"指的是教师根据幼儿在自主运动中的活动内容,提出存在多种答案的问题(如"为什么他跑得最快?""你是怎么跳过去的?"),这些问题是让幼儿以自己的知识、感受和理解自由回答,而不是提供选项来回答的问题,如"是或不是"或"非常满意、较满意、不满意"。

3.2.2.10	评分		建议评估方式
教师支持大多数幼儿在运动中进行挑战和冒险,在幼儿尝试的同时给予指导,并知道什么时候退出、什么时候介入。	□是	□否	观察

3.2.3　支持幼儿听说读写能力的发展

3.2.3.1	评分		建议评估方式
班级有布置舒适的、光线充足的阅读区。	□是	□否	观察

指标说明或相关例子:教师可以通过铺设地毯、增加靠垫或提供舒适的座位等方法布置舒适的阅读区。

3.2.3.2	评分		建议评估方式
教师根据幼儿的兴趣和需要,调整或重新安排阅读区内的图书、材料。	□是	□否	访谈教师

指标说明或相关例子：例如，教师会有意观察幼儿的阅读兴趣、定期在图书馆、资源室或其他区域之间轮换阅读材料、安排多种座位选择（如小沙发、小桌子、垫子等）、在不同的区域提供幼儿阅读特定类型的书籍（如故事类、科学类、艺术类等）、与幼儿一起讨论和收集阅读方面的建议和意见（如"你们希望看到哪些类型的书籍"或"你们喜欢什么样的阅读环境"）等。

* **访谈问题**：请问您平时如何根据幼儿的兴趣和需要来调整图书或重新安排阅读区的布置？能否具体描述一下您的做法和经验？

3.2.3.3	评分		建议评估方式
教室内有不同种类的图书。	□是	□否	观察

指标说明或相关例子：幼儿"图书"可以分为故事类、儿歌诗歌类、科普百科类、历史文化类、工具类等。

* 至少包含 3 个种类，才可以评"是"。

3.2.3.4	评分		建议评估方式
幼儿很容易在室内或室外环境中看到符合自身视线高度、附有图像或文字的标签。	□是	□否	观察

* **评"否"的情况包括但不限于**：附有图像或文字的标签的位置过高或过低，或者张贴在幼儿不容易看到的位置；标签上图像或文字过大或过小，导致标签所传达的信息不明显或幼儿无法清楚地看到图像和文字的细节；标签上图像或文字与幼儿的游戏、探索和日常生活经验脱离，使幼儿难以建立联系等。

3.2.3.5	评分		建议评估方式
每位幼儿每天有时间进行自主阅读活动。	□是	□否	观察

指标说明或相关例子：在自主阅读活动中，幼儿自主选择自己感兴趣的图书，并按照自己的节奏和兴趣进行阅读。本指标重点考察教师是否允许幼儿在选择其他自主游戏和活动的同时，也能选择进行自主阅读活动。

* **评"否"的情况包括但不限于**：在半日评估中，自主阅读活动不足连续 60 分钟（有关"不同种类的图书"的定义参考指标 3.2.3.3）；虽然幼儿有超过 60 分钟的连续自主游戏时间，但是环境中没有图书区或可供幼儿阅读的不同种类的图书（有关"不同种类的图书"的定义参考指标 3.2.3.3）；教师在自主游戏时间强制要求幼儿进行阅读活动；教师在幼儿进行自主阅读活动时限制其阅读时间、所阅读的图书类型和（或）数量、阅读方式、阅读地点、阅读伙伴等。

3.2.3.6	评分		建议评估方式
大部分幼儿乐于和他人交谈，并在游戏中体现前读写能力。	□是	□否	观察

指标说明或相关例子：幼儿"在游戏中体现前读写能力"的行为指阅读图书、朗读图书、制作图书、看着流程图折纸、把自己的作品讲给别人听、涂涂画画，或者写自己的名字等。

3.2.3.7	评分		建议评估方式
教师为幼儿朗读图书或有文字的图片，并示范阅读技巧。	□是	□否	观察

指标说明或相关例子：这里的"幼儿"既可以是个体幼儿，又可以是小组或集体幼儿。"阅读技巧"包括观察插画细节、逐行阅读、从左往右阅读、讨论并理解关键字、预测故事情节等。

3.2.3.8	评分		建议评估方式
教师每日与幼儿开展与幼儿游戏和日常生活相关的对话和交流，注意倾听幼儿，回应时示范正确的口语发音，以及加入新的信息以丰富幼儿的词汇量。	□是	□否	观察

3.2.3.9	评分		建议评估方式
教师经常在幼儿面前书写，且作为书写的榜样。	□是	□否	观察

指标说明或相关例子：例如，教师有时会用文字记录幼儿的口语表达，并带领幼儿重温；在幼儿需要时，教师帮助或支持幼儿书写姓名或与其游戏和探索相关的内容；讨论时，教师做简要的书写记录等。"书写的榜样"指教师通过在幼儿面前写字来示范书写行为、向幼儿示范书写规范的文字等。

＊评"否"的情况包括但不限于：教师书写的中英文文字以花体字、草书、连笔等艺术化的形式呈现或书写潦草，使得幼儿难以辨认中英文文字的正确结构、书写形式和笔画顺序；教师按照书写材料或教材（如活动本、练习册等）规定的内容，定期安排教师主导的活动（如写字课）向幼儿教授书写技巧等。

3.2.3.10	评分		建议评估方式
在幼儿需要时,教师为其提供材料支持幼儿写写、涂涂、画画。	□是	□否	观察

指标说明或相关例子:例如,教师在室内和(或)室外设置一个角落,放置纸、笔等书写和涂鸦材料;在自主游戏中,当幼儿表示想制作一个"禁止进入"的警示牌时,教师与其一起讨论书写内容并提供相关材料;当多位幼儿都对写写、涂涂、画画活动感兴趣时,教师能够为他们及时补充相关材料;在娃娃家,幼儿需要制作电话册时,教师能够与他们一起讨论并提供相关材料。

"在幼儿需要时"既指幼儿主动向教师寻求与前读写活动相关的帮助,又指教师能够通过观察,来察觉和辨识幼儿在游戏中与前读写相关的需要。

3.2.4 支持幼儿社会性的发展

3.2.4.1	评分		建议评估方式
教师敏锐地察觉到幼儿的情绪情感需要,并以恰当的方式及时回应。	□是	□否	观察

指标说明或相关例子:"幼儿的情绪情感需要"往往通过非语言的方式来体现,例如,面部表情、肢体语言、说话声音、互动关系等。这些需要包含积极和消极的情绪情感,例如,幼儿因为完成作品感到兴奋而需要分享;幼儿因为找不到玩伴而闷闷不乐;幼儿因为与同伴冲突而感到愤怒等。"恰当"指教师对幼儿的回应充满关心和同理心。

＊如果观察到1个教师长时间忽视幼儿的情绪情感状态和日常需要的例子,或者观察到教师以不耐烦或敷衍的态度回应幼儿,则评"否"。

3.2.4.2	评分		建议评估方式
教室中有支持幼儿了解身边社区环境中的人、事、物的材料和资源。	□是	□否	观察

指标说明或相关例子:对本指标的评估,可以从班级开展的活动、使用的材料、展示等方面获得相关证据。例如,与某些节日和社区活动相关的材料和资源,如节日装饰物、社区活动的照片等;幼儿参观社区不同地方的活动照片或访问不同工作岗位工作人员的纪录;展现不同地方的地理位置、街道、建筑物等信息的资料;有关祖国各地的风景名胜、著名建筑、独特物产的图片等。

3.2.4.3	评分		建议评估方式
教室中有专门用于角色游戏的空间和材料。	□是	□否	观察

指标说明或相关例子："角色游戏"是指在幼儿已有的经验基础上,设置各类角色游戏区,例如,家庭类(如娃娃家、厨房等)、工作类(如商店、农场、医院、消防)、幻想类(如恐龙、超人、故事书人物)、休闲类(如露营、体育运动)等。在这类游戏中,如果教师指导幼儿按照教师规定的程序进行,则不能称之为角色游戏。幼儿必须能够自由随意地使用空间和材料来展开他们自己的戏剧、扮演和想象的过程。

* 至少观察到2类角色游戏,才可以评"是"。

3.2.4.4	评分		建议评估方式
教师总是以身作则,做幼儿社会交往和遵守规则的榜样。	□是	□否	观察

* 评"否"的情况包括但不限于:教师要求幼儿遵守的规则,自己却不遵守(如教师饭前便后不洗手,或者没有按照教给幼儿的步骤洗手);教师较少与幼儿互动,缺乏与幼儿交往的积极性与主动性;教师以不适当的方式与幼儿互动和交往(如过于亲密的身体接触、语言或动作上的暴力行为、不够尊重幼儿的隐私、过度控制幼儿、总是忽视幼儿的问候和言语请求)等。

3.2.4.5	评分		建议评估方式
班级行为规则是合理且幼儿能理解的,教师经常提醒幼儿按这些规则行事。	□是	□否	观察

指标说明或相关例子："班级行为规则"指的是在幼儿园班级中,教师和幼儿共同制定和遵守的一些规则和准则,通常包括安全、礼貌、卫生、合作等方面。"合理且幼儿能理解"指的是班级行为规则的内容和执行,遵循幼儿的发展特点和认知能力,对幼儿而言具有易操作性和可实践性。同时,班级行为规则的合理性还体现在应该和国家、省市(或地区)、园所的幼儿教育目标相一致,旨在培养幼儿的良好习惯和行为素养,保障幼儿在游戏和活动中的安全,利于班级一日常规活动的顺利进行。

3.2.4.6	评分		建议评估方式
教师根据幼儿所处的情境,及时引导幼儿学习和发展社交技能,理解和遵守规则。	□是	□否	观察

指标说明或相关例子：本指标重点考察教师能否在日常生活中适时把握"引导幼儿学习和发展社交技能，理解和遵守规则"的教学时机，支持幼儿在与其相关的、有意义的情境中"学习和发展社交技能，理解和遵守规则"。例如，在玩"石头、剪刀、布"的游戏中，如果一位幼儿因为输了而情绪激动并开始攻击同伴，教师会立即介入，安抚其情绪，并引导他学习如何控制和表达情绪，以及如何尊重其他人。教师会问幼儿"游戏有输有赢，如果你赢了，对方输了就打你，你感受如何？会怎么想？""生气时，我们可以做些什么让自己平静下来？"等问题，帮助幼儿理解自己的情绪，掌握表达情感的技巧，并学会尊重其他人。

"幼儿所处的情境"指幼儿与同伴发生冲突时、不善交际的幼儿找不到玩伴时、幼儿在游戏中因为不遵守规则而出现安全隐患时，或者幼儿伤害他人时等。

* 观察到至少3个相关例子，才可以评"是"。

3.2.4.7	评分		建议评估方式
教师有策略地支持幼儿发展亲社会行为。	□是	□否	观察

指标说明或相关例子：幼儿"亲社会行为"指的是幼儿在社会交往中，表现出来的一种积极良好的社会道德行为，例如，帮助、友爱、合作、分享、谦让、同情或关心等行为表现，是一种高度社会化的行为。教师常用的"策略"包括：讲故事；创设环境（如角色扮演区）；营造有利于亲社会行为发展的环境氛围（如教师经常使用礼貌用语、鼓励幼儿与同伴之间的情感交流）；策划发展幼儿亲社会行为的特别活动（如参观社区内敬老院、组织各种募捐活动等）；家园合作（如在教室中展示幼儿的家庭照或家里带来的物品）等。

* 观察到教师至少使用了3类策略，才可以评"是"。

3.2.4.8	评分		建议评估方式
教师关注幼儿与同伴的冲突，并有策略地引导幼儿处理同伴冲突，将同伴冲突作为社会性教育的契机。	□是	□否	观察 + 访谈教师

指标说明或相关例子：例如，教师平静快速地制止幼儿间的伤害性行为，接纳幼儿的情绪情感，倾听幼儿的意见，帮助幼儿如实描述冲突的情形，与幼儿一起分辨和描述引发冲突的原因，引导幼儿聆听同伴的想法，引导幼儿共同寻找解决冲突的办法等。

"幼儿与同伴的冲突"的类型主要有：1. 身体冲突：威胁或实际对他人身体做出伤害或破坏物品（如推、踢、打人和扔东西等）；2. 言语冲突：利用言语去伤害或侮辱他人（如谩骂、嘲笑和贬低他人等）；3. 关系冲突：故意操纵或破坏他人的同伴关系（如威胁终止友谊、孤立和排挤他人等）。

* 如果没有机会观察到，需通过访谈教师获取相关证据。

* 访谈问题：请举一个班级中幼儿与同伴冲突的例子，并说明您会如何引导幼儿解决这种冲突？

* 如果观察到3次教师忽视或因为要进行某些活动，草率处理幼儿冲突的例子，则评"否"。

3.2.4.9	评分		建议评估方式
大部分幼儿情绪稳定、平和,积极参与游戏和活动。	□是	□否	观察

3.2.4.10	评分		建议评估方式
在幼儿园的日常活动中,教师经常打破班级界限,让幼儿有机会与不同年龄或班级的同伴交往和互动。	□是	□否	观察

3.2.5 支持幼儿的科学探索

3.2.5.1	评分		建议评估方式
教师在室内或室外环境中提供各种有关早期科学概念的游戏材料和资源。	□是	□否	观察

指标说明或相关例子:"有关早期科学概念的游戏材料和资源"是幼儿科学学习的资源,要包含四类:1. 物理科学(指研究物质最一般的运动规律和物质基本结构的学科;相关材料和资源例如,磁铁、沉浮材料、放大镜等);2. 地球科学(指一切研究地球的科学,主要包括地质学、地理学,以及其他衍生学科。相关材料和资源例如,石头、动植物标本、水果或蔬菜等自然收藏物,盆栽植物、鱼、乌龟等照料和观察用的生物体,有关再生资源回收利用与环保的视频图片等);3. 空间科学(指研究发生在日地空间、行星际空间乃至整个宇宙空间的物理、天文、化学以及生命等自然现象及规律的科学。相关材料和资源例如,有关宇宙太空的图书、行星图片或模型等);4. 化学(指在原子、分子水平上研究物质的组成、结构、性质、转化及其应用的基础自然科学。相关材料和资源例如,混色实验、火山爆发小实验等)。

＊至少要观察到以上 4 种类型,才可以评"是"。

3.2.5.2	评分		建议评估方式
室内有关早期科学概念的游戏材料、资源和环境布置与幼儿的日常生活经验及所属地域文化相联系,且对幼儿具有吸引力。	□是	□否	观察

43

指标说明或相关例子:"日常生活经验及所属地域文化"一方面体现幼儿熟悉的日常生活,例如,教师基于幼儿对于影子的好奇心,在积木区放置一个灯桌,让幼儿有机会观察积木的影子;另一方面体现幼儿所属的地域文化,例如,居住在沿海地区的幼儿,熟悉海洋生物、贝壳和沙滩等,教师则在教室中布置相关的环境,提供相关的游戏材料和资源。

* "有关早期科学概念的游戏材料、资源和环境布置"需要体现以上2个方面,才可以评"是"。

* 如果观察到大部分幼儿不主动选择室内"有关早期科学概念的游戏材料、资源和环境布置",或明显对这些游戏材料、资源和环境布置无法保持兴趣和投入,则评"否"。

3.2.5.3	评分		建议评估方式
教师根据幼儿的科学兴趣、不同水平、科学经验等,持续更新有关早期科学概念的游戏材料和资源。	□是	□否	访谈教师 + 观察

指标说明或相关例子:这里的"科学兴趣"指的是幼儿在游戏和日常生活中,自然而然萌发的对科学概念和探索的兴趣和热情。因此,如果教师只关注材料和资源本身的新颖性、趣味性,即便这些材料和资源吸引了幼儿的注意力,也不算是以幼儿的"科学兴趣"为依据。另外,除访谈以外,对"科学兴趣"的评估还要结合观察,如果观察到大部分幼儿不会主动选择"有关早期科学概念的游戏材料和资源",或明显对教师设置的"有关早期科学概念的游戏材料和资源"不能保持兴趣和投入,则不算是以幼儿的"科学兴趣"为依据。

* 访谈问题:请问您设置有关早期科学概念的游戏材料和资源的依据有哪些?请举例说明。

* 教师的依据至少要符合指标中提及的2个方面,才可以评"是"。

3.2.5.4	评分		建议评估方式
每位幼儿每天都有时间进行自主科学探索活动。	□是	□否	观察

指标说明或相关例子:"自主科学探索活动"指的是幼儿在自我主导的、充满探索精神和好奇心的氛围中,根据自己的兴趣、经验以及认知和思考方式,通过观察、实验、探索等方式进行以发现规律、积累经验为目的的活动,过程中可能伴随有教师的适度引导。

* 评"否"的情况包括但不限于:在半日评估中,所观察的班级开放科学探索区或为幼儿提供各种有关"早期科学概念的游戏材料和资源"的时间,不足连续的60分钟(有关"各种有关早期科学概念的游戏材料和资源"的定义参考指标3.2.5.1);幼儿有超过60分钟的连续自主游戏时间,但环境中没有科学探索区或没有为幼儿提供各种有关早期科学概念的游戏材料和资源;在自主游戏时间,教师强制要求幼儿进行科学探索活动;在幼儿进行自主科学探索活动时,教师限制其探索时间、所探索的科学材料和资源的类型和(或)数量、探索方式、探索地点、探索伙伴等。

3.2.5.5	评分		建议评估方式
教师提供额外的信息来拓展幼儿对早期科学概念的自主探索,不是简单说出"正确"或"错误"的答案。	□是	□否	观察

指标说明或相关例子:"教师提供额外的信息来拓展幼儿对早期科学概念的自主探索"指当教师发现幼儿在游戏中对"火山喷发"感兴趣时,会与幼儿一起在网上搜寻有关火山喷发的视频或相关信息;当教师观察到,幼儿在为自己作品涂色的过程中发现,如果将不同的颜色混在一起,可以创造出新的颜色时,会继而设计混色试验,以丰富幼儿有关颜色混合变化的经验和理解。另外,"不是简单说出'正确'或'错误'的答案"包含两层意思:1.教师不会依据自己的经验和认知,简单地判断幼儿的回答是"正确"或"错误"的;2.教师回应幼儿时,不急于也不会对幼儿的经验以及认知和思考方式,进行直接修正和否定,而是致力于邀请幼儿主动积极地参与科学探索,通过鼓励幼儿不断地尝试、实验和体验,来认识和理解周围的世界(如当幼儿认为冬天草地上结的霜是糖时,教师不会急于解释,而是理解幼儿做出判断的原因和依据,并通过邀请幼儿不断地尝试、实验和体验,来拓展其有关"霜"的认识和理解)。

3.2.5.6	评分		建议评估方式
教师用于回应或支持幼儿自主探索早期科学概念的策略体现与其他学习领域的相互渗透。	□是	□否	观察

指标说明或相关例子:例如,在艺术创作活动中,基于幼儿对丙烯颜料加水后的浓度感兴趣,教师与幼儿共同开展相关实验;幼儿发现了一些科学现象后,教师提供纸和笔,鼓励幼儿记录他们的发现等。

* 如果观察到教师的参与和介入,对幼儿与自主科学探索相关的游戏造成消极影响(例如,教师过度干预幼儿的游戏,破坏幼儿的游戏规则和习惯,使幼儿的游戏过程变得紧张和不自然;教师过度控制幼儿的游戏,强行将幼儿的游戏转变为完全由教师主导的主题和情境,且幼儿对此不感兴趣等),则评"否"。

3.2.5.7	评分		建议评估方式
在科学探索中,教师通过追问、提示等方式,激发和满足幼儿对科学探索的兴趣和需要。	□是	□否	观察

指标说明或相关例子:对本指标的评估可以通过两种方式来进行:1.观察教师发起的科学探索活动;2.观察教师参与幼儿发起的科学探索活动。

45

3.2.5.8	评分		建议评估方式
教师鼓励和支持幼儿与同伴展开与科学相关的日常探索和对话。	□是	□否	观察

指标说明或相关例子:对本指标的评估可以通过两种方式来进行:1.观察教师发起的科学探索活动;2.观察教师参与幼儿发起的科学探索活动。

3.2.5.9	评分		建议评估方式
在幼儿解决与早期科学概念有关的问题时,教师用"为什么""如何"等开放性问题,帮助幼儿反思和促进他们的思考。	□是	□否	观察

指标说明或相关例子:对本指标的评估可以通过两种方式来进行:1.观察教师发起的科学探索活动;2.观察教师参与幼儿发起的科学探索活动。

3.2.5.10	评分		建议评估方式
教师为幼儿的科学探索活动提供有弹性的空间和时间。	□是	□否	观察

指标说明或相关例子:"弹性的空间和时间"指的是教师不拘泥于传统的、固定的科学探索时间和空间,能够灵活地安排和调整时间和空间的组织形式,在需要时搁置或改变其他事情,以支持幼儿专注于某一项或几项科学研究(如早上的圆圈活动可能因幼儿探索需要变成科学讨论活动;戏剧表演的角落可能被改造成一个皮影戏剧场等)。

3.2.6 支持幼儿的数学探索

3.2.6.1	评分		建议评估方式
有支持且便于幼儿探索早期数学概念的各种材料和资源。	□是	□否	观察

指标说明或相关例子：有关"**早期数学概念的各种材料和资源**"可以包括以下几类：1.帮助幼儿探索数、量、测量、空间与图形、分类、排序、规律等早期数学概念的材料和资源(如专门用于数数的小东西、天秤、量尺、拼图、磁性数字、玩数学游戏的骰子、几何形状的镶嵌板、七巧板、积木等)；2.日常生活中带有数学属性的物品(如不同大小的石头或珠子、不同长短的绳子、不同形状的杯盖等)；3.数学类图书和多媒体资源。

* 至少要观察到以上 3 种类型，才可评"是"。

3.2.6.2	评分		建议评估方式
室内有与幼儿日常生活中的数学经验相关的区角或环境布置，且对幼儿具有吸引力。	□是	□否	观察

指标说明或相关例子："**与幼儿日常生活中的数学经验相关的区角或环境布置**"指的是教师在教室中，特别设计出一些区角或环境，通过有意联系幼儿日常生活中相关的数学经验和概念，以支持幼儿在游戏和互动过程中，探索和应用早期数学概念(如数、量、测量、空间与图形、分类、排序、规律等)。例如，基于幼儿与家人一起购物的经验，教师在角色区设立商店，提供货币，可供幼儿将商品交易、货币和价格等概念融入游戏；教师为幼儿提供日历，以丰富幼儿对生日概念的探索和理解；教师设置专门的环境布置，供幼儿对班级人数进行统计；教师在教室内张贴身高表等。

* 如果观察到大部分幼儿不主动选择"数学经验相关的区角或环境布置"，或明显对这些区角或环境布置无法保持兴趣和投入，则评"否"。

3.2.6.3	评分		建议评估方式
教师根据幼儿的数学兴趣、不同数学水平、数学关键经验等，持续更新有关早期数学概念的游戏材料和资源。	□是	□否	访谈教师 + 观察

指标说明或相关例子："**数学兴趣**"指的是幼儿在游戏和日常生活中，自然而然萌发的对数学概念和探索的兴趣和热情。因此，如果教师只关注材料和资源本身的新颖性、趣味性，即便这些材料和资源吸引了幼儿的注意力，也不算是以幼儿的"**数学兴趣**"为依据。另外，除访谈以外，对"**数学兴趣**"的评估还要结合观察，如果观察到大部分幼儿不会主动选择"**有关早期数学概念的游戏材料和资源**"，或明显对"**有关早期数学概念的游戏材料和资源**"不能保持兴趣和投入，则不算是以幼儿的"**数学兴趣**"为依据。

幼儿的"**数学关键经验**"指的是幼儿在游戏和日常生活中所探索的、用于与身边的人事物进行互动的至关重要的数学概念或技能，主要包括数概念与运算、比较与测量、图形与空间、集合与模式四个方面。

* **访谈问题**：请问您设置有关早期数学概念的游戏材料、资源和环境布置的依据有哪些？请举例说明。

* 教师的依据至少要符合指标中提及的 2 个方面，才可评"是"。

3.2.6.4	评分		建议评估方式
每位幼儿每天都有时间进行自主数学探索活动。	☐是	☐否	观察

指标说明或相关例子："自主数学探索活动"指的是幼儿在自我主导的、充满探索精神和好奇心的氛围中，根据自己的兴趣、经验以及认知和思考方式，应用和探索数学知识和技能，以满足他们的好奇心和学习需要的活动，过程中可能伴随有教师的适度引导。

评"否"的情况包括但不限于：在半日评估中，所观察的班级开放数学探索区或为幼儿提供有关"**早期数学概念的各种游戏材料和资源**"的时间不足连续的 60 分钟(有关"**早期数学概念的各种游戏材料和资源**"的定义参考指标 3.2.6.1)；幼儿有超过 60 分钟连续自主游戏的时间，但环境中没有数学探索区或为幼儿提供有关早期数学概念的各种游戏材料和资源；教师在自主游戏时间，强制要求幼儿进行数学探索活动；教师在幼儿进行自主数学探索活动时，限制其探索时间、所探索的数学材料和资源的类型和(或)数量、探索方式、探索地点、探索伙伴等。

3.2.6.5	评分		建议评估方式
在幼儿解决与早期数学概念有关的问题时，教师用"如果""如何"等开放性问题来帮助幼儿反思和促进他们的思考。	☐是	☐否	观察

3.2.6.6	评分		建议评估方式
教师用于回应或支持幼儿自主探索早期数学概念的策略体现与其他学习领域的相互渗透。	☐是	☐否	观察

指标说明或相关例子：例如，当教师发现幼儿在排队过程中，对唱数感兴趣时，在随后的午餐准备时间，为幼儿播放带有数字和计数元素的歌曲和故事(如儿歌《十个印第安人》、故事《十四只老鼠吃早餐》等)；当幼儿在户外扔纸飞机，争论谁扔得远时，教师为其提供测量工具；教师在艺术区角内投放具有对称美或规律美的艺术品，供幼儿观察和欣赏，并创作属于自己的艺术品；教师和幼儿一起阅读一本有关解决数学问题的绘本等。

* 如果观察到教师的参与和介入对幼儿与自主数学探索相关的游戏造成消极影响(例如，教师过度干预幼儿的游戏，破坏幼儿的游戏规则和习惯，使幼儿的游戏过程变得紧张和不自然；教师过度控制幼儿的游戏，强行将幼儿的游戏转变为完全由教师主导的主题和情境，且幼儿对此不感兴趣等)，则评"否"。

3.2.6.7	评分		建议评估方式
教师通过问题和谈话,引发幼儿关注游戏和活动中的数学名称或概念。	□是	□否	观察

指标说明或相关例子:例如,教师会说"你在生活中的哪些地方你发现了有规律的图案?""我看到你把纸折成了很多小三角形""这条带子的长度越来越短了"等。这种交谈方式,能使数学概念更加具体化和明确,也能帮助幼儿掌握、谈论数学概念并使用数学词汇(如三角形、长短等)。

3.2.6.8	评分		建议评估方式
教师在日常活动中,支持幼儿与同伴一起讨论所看到、听到的数学概念,以加深幼儿对具体数学概念的理解。	□是	□否	观察

指标说明或相关例子:例如,当幼儿与同伴对不同美术材料的形状或图案感兴趣时,教师能够引导他们与同伴一起讨论所看到的形状或图案,并鼓励他们在绘画中使用这些元素,以加深对形状或图案的理解。

3.2.6.9	评分		建议评估方式
在数学区角活动中,教师会在观察幼儿操作的基础上,及时为有需要的幼儿提供个别指导。	□是	□否	观察

指标说明或相关例子:"有需要的幼儿"指的是数学能力发展相对落后或在数学方面有天分的幼儿。教师多鼓励和支持他们,以逐步培养他们对数学活动的兴趣和信心。"个别指导"既包括人际互动式的直接指导,也包括体现教师指导意图的间接指导(如为幼儿设置一些具有自检功能的操作材料,通过操作结果的反馈实现幼儿的自我指导)。

* 如果教师的"个别指导"多倾向于支持数学检测性活动,较少支持数学建构性活动。例如,教师和幼儿一起操作一份"小袋鼠找妈妈"的操作材料,过程中教师只支持幼儿把带有加减算式的"小袋鼠"放进写有运算结果的"袋鼠妈妈"的口袋里,以检测幼儿加减运算结果的正确与否,却并没有让幼儿在操作过程中获得加减运算的经验,则也评"否"。

3.2.6.10	评分		建议评估方式
在日常生活中,教师用多种方式和工具与幼儿进行数学互动。	□是	□否	观察

指标说明或相关例子:"多种方式"可以包括:言语、手势、操作材料、绘本、图画、图表或视觉图等。

＊ 如果幼儿园有集体或小组数学教学活动,则不属本指标的评估范围内。

＊ 至少观察到 3 种方式,才可评"是"。

3.2.7　支持幼儿在视觉艺术方面的发展

3.2.7.1	评分		建议评估方式
有支持且便于幼儿开展自主视觉艺术活动的各种材料、设备和资源。	□是	□否	观察

指标说明或相关例子:例如,1.绘画材料(如纸、蜡笔、彩笔、毛笔和颜料等);2.立体材料(如橡皮泥、黏土等);3.工具(如剪刀、订书机、打孔机、胶水等);4.自然物品(如树叶、树枝、石头等);5.再生资源(如纸巾筒、纸盒、瓶盖等);6.其他用于创意表达的各种物品(如毛绒、吸管等)。

＊ 至少要观察到以上 6 种类型,才可以评"是"。

3.2.7.2	评分		建议评估方式
教师根据幼儿的兴趣、不同水平、年龄特点、生活经验等,及时补充和持续更新有关视觉艺术的材料和资源。	□是	□否	观察 + 访谈教师

＊ 如果没有机会观察到,需通过访谈获取相关证据。

＊ 访谈问题:请问您设置有关视觉艺术与创意的游戏材料和资源时的依据有哪些?请举例说明。

＊ 教师的依据至少要符合指标中提及的 2 个方面,才可以评"是"。

＊ 如果现场观察到因颜料干了、缺纸等资源不足的情况,限制了幼儿的自主视觉艺术创作活动,则评"否"。

3.2.7.3	评分		建议评估方式
教师以欣赏的态度对待幼儿的创作意图、创作过程和作品,鼓励幼儿用自己的方式创作。	□是	□否	观察

评"否"的情况包括但不限于：幼儿按照教师的要求和方式创作；贬低幼儿的创作成果，批评幼儿的创作能力；只关注最终的成果，不关注或忽视幼儿的创作过程；以比赛的方式评判幼儿的创作成果；对幼儿的创作成果进行过度修改或润色等。

3.2.7.4	评分		建议评估方式
室内有保留幼儿尚未完成作品的设施或空间，便于每位幼儿有条理地存放自己的视觉艺术作品。	□是	□否	观察

指标说明或相关例子：本指标旨在考察教师是否尊重幼儿的创作。

3.2.7.5	评分		建议评估方式
教师对幼儿的创作过程进行观察和记录，并向幼儿展示相关纪录。	□是	□否	观察

指标说明或相关例子："记录"指教师对幼儿的创作过程进行拍照或录像，教师手写记录幼儿的创作过程、作品的名称或表达的内容。"相关纪录"指教师对上述记录进行挑选并精心整理的相关内容。教师向幼儿展示纪录，支持幼儿回顾自己经历过的游戏和活动，并促使他们继续进行与物质环境、同伴、成人有关的互动。

3.2.7.6	评分		建议评估方式
有关视觉艺术的材料、资源和环境布置体现多样性。	□是	□否	观察

指标说明或相关例子："多样性"指不同空间艺术表现形式（如雕塑、绘画、摄影等）、不同地域或文化背景（如中国画、西方绘画、天津泥人张彩塑、俄罗斯套娃等），或者不同流派艺术家（如张大千、梵高、蒙德里安等）等。

* 至少体现上述 1 种类型的多样性，才可以评"是"。

3.2.7.7	评分		建议评估方式
教师允许幼儿在艺术创作过程中使用个性化的表达方式。	□是	□否	观察

指标说明或相关例子:例如,教师允许幼儿用自己的方式装饰作品;教师允许幼儿有与自己不同的艺术想法;教师允许幼儿用各种艺术形式表达自己的独特看法等。

3.2.7.8	评分		建议评估方式
每位幼儿每天都有时间进行自主视觉艺术创作活动。	□是	□否	观察

指标说明或相关例子:"自主视觉艺术创作活动"指的是幼儿通过自由的视觉表现方式和创作方法,发挥他们的想象力和创造力,创作出个性化、独特的视觉艺术作品。

* **评"否"的情况包括但不限于:**在半日观察中,所观察的班级开放艺术创作区角或幼儿可以使用各种视觉艺术材料、设备和资源的时间不足连续的 60 分钟(有关"各种视觉艺术材料、设备和资源"的定义参考指标 3.2.7.1);幼儿有超过 60 分钟的连续自主游戏时间,但环境中没有艺术创作区角或各种视觉艺术材料、设备和资源;教师在自主游戏时,强制要求幼儿进行视觉艺术创作活动;教师在幼儿进行自主视觉艺术创作活动时,限制其创作时间、相关材料和资源的类型和(或)数量、创作方式、创作地点、创作伙伴等。

3.2.7.9	评分		建议评估方式
教师用于支持幼儿发展视觉艺术的策略体现与其他学习领域的相互渗透。	□是	□否	观察

指标说明或相关例子:例如,在某个语言活动中,教师鼓励幼儿用语言来描述他们所看到的艺术作品或图形;基于幼儿在艺术创作中运用数字或形状的兴趣,教师与幼儿开展有关数字或形状、如何运用数字或形状进行艺术创作的谈话;当幼儿完成自己创作的立体艺术作品后,教师使用该艺术作品的色彩或材质元素作为支持幼儿探索早期科学概念的起点;在自然探索活动中,教师可以鼓励幼儿观察和描述他们所观察到的自然景象,并将这些景象用绘画、涂鸦或模型等形式呈现出来。

* 至少观察到 2 个例子,才可评"是"。

* 如果观察到教师的参与和介入对幼儿与视觉艺术相关的游戏造成消极影响(例如,教师过度干预幼儿的游戏,破坏幼儿的游戏规则和习惯,使幼儿的游戏过程变得紧张和不自然;教师过度控制幼儿的游戏,强行将幼儿的游戏转变为完全由教师主导的主题和情境,且幼儿对此不感兴趣等),则评"否"。

3.2.7.10	评分		建议评估方式
幼儿园有专供幼儿创作中、大型艺术作品的地方,且幼儿每天都能使用。	□是	□否	观察

指标说明或相关例子:"创作中、大型艺术作品的地方"指的是那些能够支持幼儿创作出较大尺寸的艺术作品的空间或场地,例如,大画板、画架或某块空地。在这些地方,幼儿可以通过使用粗大动作、站立、蹲着或趴着来完成创作。此外,为了满足多个幼儿在同一空间中进行创作的需要,这些场所往往要足够宽敞,最好能够容纳3位以上幼儿进行创作。

＊ 如果相关材料、设备和资源设置在教师难以观察和照看到的视觉盲区,且幼儿无法自主使用,则评"否"。

3.2.8　支持幼儿在音乐与律动方面的发展

3.2.8.1	评分		建议评估方式
有支持且便于幼儿开展自主音乐与律动游戏的各种材料、设备和资源。	□是	□否	观察

指标说明或相关例子:例如,1.简单乐器(如金属乐器:三角铁、碰铃、大铜等;木制乐器:双响筒、木鱼、响板等;散响乐器:沙球、串铃棒等);2.有音乐播放功能的多媒体设备;3.适合幼儿的歌曲或纯音乐;4.支持幼儿在角色游戏中加入音乐和律动元素的材料(如彩带、丝巾、舞蹈和戏剧服装、乐器道具等);5.与音乐或律动相关的图书或桌游等。

＊ 至少观察到3类相关材料、设备和资源(其中简单乐器需要囊括以上列出的3类),才可以评"是"。

＊ 如果相关材料、设备和资源设置在教师难以观察和照看到的视觉盲区,且幼儿无法自主使用,则评"否"。

3.2.8.2	评分		建议评估方式
教师适时播放不同类型的、适合幼儿的音乐,供幼儿欣赏和聆听。	□是	□否	观察

指标说明或相关例子:"不同类型的、适合幼儿的音乐"例如,1.古典音乐或纯音乐(如《小狗圆舞曲》《动物狂欢节》);2.民族音乐(如古筝曲、琵琶曲);3.传统儿歌童谣(如《声律启蒙》《三个和尚》《虫儿飞》);4.以方言或其他国家语言演唱的儿歌(如粤语、英语、德语等)。

＊ 流行音乐不在本指标的评估范围内。

＊ 在半日评估中,至少捕捉到3种类型的音乐,才可以评"是"。

3.2.8.3	评分		建议评估方式
每位幼儿每天都有时间,能自主使用教师设置的各种音乐与律动材料、设备和资源。	□是	□否	观察

指标说明或相关例子:例如,幼儿每天都可以自主使用音乐与律动材料、设备和资源进行自主游戏;幼儿可以随时离开音乐区角而不受限制等。

＊评"否"的情况包括但不限于:在半日评估中,所观察的班级开放音乐区角或幼儿可以使用各种音乐与律动材料、设备和资源的时间不足连续的 60 分钟(有关"各种音乐与律动材料、设备和资源"的定义参考指标 3.2.8.1);幼儿有超过 60 分钟的连续自主游戏时间,但环境中没有音乐区角或各种音乐与律动材料、设备和资源;教师在自主游戏时,强制要求幼儿进行音乐舞蹈活动;教师在幼儿进行自主音乐和律动游戏时,限制其游戏时间、相关材料和资源的类型和(或)数量、游戏方式、游戏地点、游戏伙伴等。

3.2.8.4	评分		建议评估方式
在音乐与律动活动中,教师关注幼儿对音乐的感受,鼓励幼儿创造性地展现对音乐的理解。	□是	□否	观察

指标说明或相关例子:例如,教师请幼儿给歌曲填上新词;鼓励幼儿用肢体自由表现音乐等。"音乐与律动活动"可以包括:教师计划的音乐与律动活动、幼儿发起的自主音乐与律动游戏,或者其他日常生活中与音乐和律动相关的活动和经历(如早午操活动等)。

3.2.8.5	评分		建议评估方式
教师每天至少有 1 次与幼儿一起的音乐与律动活动。	□是	□否	观察

指标说明或相关例子:例如,教师和幼儿一起唱歌、律动或舞蹈、演奏乐器等,早午操活动除外。

3.2.8.6	评分		建议评估方式
班级或园所每学年有扩展幼儿音乐兴趣和经验的特别活动。	□是	□否	访谈教师

指标说明或相关例子：例如，在幼儿感兴趣时，教师邀请音乐家为幼儿现场演奏；教师和幼儿一起制作乐器；为庆祝节日，全班或整个园所一起举行音乐活动等。另外，不建议幼儿园为了准备某些特别音乐活动，长时间训练幼儿的某项音乐技能。

* **访谈问题**：请问班级或园所每学年有为幼儿组织一些与音乐相关的特别活动吗？如获得肯定回答，请教师举例说明。

3.2.8.7	评分		建议评估方式
教师用于支持幼儿开展与音乐、律动有关的活动或自主游戏的策略体现与其他学习领域的相互渗透。	□是	□否	观察

指标说明或相关例子：例如，在教师发起的音乐与律动活动中（早午操不在本指标的考察范围内），教师带领幼儿随着音乐的节奏变换身体动作等；当幼儿在游戏中即兴给歌曲填词时，教师帮助幼儿将歌词书写下来等。

* 如果观察到教师的参与和介入对幼儿与音乐和律动相关的游戏造成消极影响（例如，教师过度干预幼儿的游戏，破坏幼儿的游戏规则和习惯，使幼儿的游戏过程变得紧张和不自然；教师过度控制幼儿的游戏，强行将幼儿的游戏转变为完全由教师主导的主题和情境，且幼儿对此不感兴趣等），则评"否"。

3.2.8.8	评分		建议评估方式
教师及时创设音乐环境，鼓励和支持幼儿的自主音乐行为。	□是	□否	观察

指标说明或相关例子："幼儿的自主音乐行为"指的是幼儿本能地按照自己内心的渴望和情绪情感需要进行的自我表达和表现。这种行为通常表现为自主哼唱、舞动、表演、节奏探索等形式。教师"鼓励和支持幼儿的自主音乐行为"例如，当教师发现幼儿在游戏中经常用积木有节奏地敲击地面或桌面时，会通过为幼儿选择有节奏感的音乐，或者投放打击乐器或发声材料，来丰富幼儿对节奏的感知与体验等。

3.2.8.9	评分		建议评估方式
教师营造宽松的班级音乐氛围，支持幼儿与同伴一起用自己喜欢的方式哼唱、模仿有趣的表情、表演和创作。	□是	□否	观察

指标说明或相关例子:例如,教师经常带领幼儿哼唱适合幼儿的歌曲;教师选择并适时播放舒缓或节奏感强的音乐,鼓励幼儿跟着音乐节奏跳舞或者做有趣的表情;在过渡转换环节,允许幼儿适度地自由活泼、喧闹和幽默等。

3.2.8.10	评分		建议评估方式
教师适时引导幼儿的自主音乐行为,结合自身音乐素养提高幼儿音乐水平。	□是	□否	观察

指标说明或相关例子:例如,当幼儿因感受到教师播放的音乐的节奏,做出一些微小的手部动作时,教师能够使用简单明了的语言引导幼儿将腿和手配合音乐进行律动,鼓励幼儿进一步探索节奏。

3.3 教育计划与评估

3.3.1 一日活动安排

3.3.1.1	评分		建议评估方式
室内张贴有给幼儿看的一日活动安排,且内容与实践基本一致。	□是	□否	观察

指标说明或相关例子:"给幼儿看的一日活动安排"指的是以幼儿能明白的方式呈现给幼儿(如图文并茂)、清晰简洁,避免向幼儿展示不必要且繁琐的转换环节。

3.3.1.2	评分		建议评估方式
每位幼儿每天有至少1个小时的连续自主游戏时间,每天有2—3小时累计的自主游戏时间。	□是	□否	观察 + 查阅文件

3.3.1.3	评分		建议评估方式
幼儿园活动安排中体现对幼儿个体差异与需要的考虑。	□是	□否	观察 + 查阅文件

指标说明或相关例子：例如，在活动安排中，设置灵活的早餐时间，满足不同入园时间以及不同需要的幼儿在用餐方面的需要；针对午睡期间难以入睡的幼儿，采取特别措施予以关注等。

3.3.1.4	评分		建议评估方式
教师依据幼儿的兴趣和需要，合理且灵活调整既定的计划。	□是	□否	观察 + 访谈教师

指标说明或相关例子："合理"指的是教师调整既定的计划的理由，主要是基于幼儿的兴趣和需要。"灵活"指的是在合理的情况下，教师能够在幼儿园活动中灵活地调整时间、参与者、内容或其他事先计划好的方面。例如，因幼儿自主探索的需要而调整集体活动的时间；不会因为要按照时间进行下一个环节而催促幼儿；为对某个故事不感兴趣或无法长时间保持专注力的幼儿安排较短的故事时间；安排对集体活动无法保持兴趣和投入的幼儿进行其他活动等。

* 如果没有机会观察到，则需要通过访谈获取相关证据。

* 访谈问题：假设您今天需要调整已经订好的一日计划，您觉得这个调整会出于哪些理由呢？

3.3.1.5	评分		建议评估方式
幼儿每天既有机会参与教师发起的以集体或小组形式开展的活动，又有机会参与自主游戏。	□是	□否	观察 + 查阅文件

* 如果教师组织的集体活动不合适（如占用了幼儿自主游戏的时间；幼儿明显无法保持兴趣和投入等），则评"否"。

3.3.1.6	评分		建议评估方式
教师在转换环节中，用合理的方式提醒幼儿即将结束当下的环节。	□是	□否	观察

指标说明或相关例子：教师"提醒"的方式举例：播放音乐、轻声提醒、摇铃等。判断是否"合理"主要取决于幼儿在开始收拾玩具和材料之前是否有一些过渡的时间，而不是在获得提醒后立即开始收拾。

* 如果教师一发出提醒，幼儿立即就开始收拾玩具和材料，则评"否"。

3.3.1.7	评分		建议评估方式
一日活动中，班级教师之间合作默契。	□是	□否	观察

指标说明或相关例子：例如，在集体教学时，教师相互配合；在幼儿游戏时，教师会有分工，对不同区域内的幼儿进行观察、引导和照顾；没有小组教学任务的教师会承担更多区域的观察、引导和照顾责任；如果班级有空缺岗位，幼儿园或班级内其他教师能够及时补位等。

3.3.1.8	评分		建议评估方式
一日活动安排是可预测的，教师会提前告知幼儿下一环节的安排。	□是	□否	观察

指标说明或相关例子：本项指标的意思是班级每天的活动安排都有预先计划，且在大多数日子里，一日活动都依照大致相同的次序进行。此外，在进行活动的转换时，教师会提前告知幼儿下一个活动是什么，以让幼儿们了解即将会发生什么，提前做好准备。

* 如果教师没有每一次都提前告知幼儿，但观察到大部分幼儿很明白下一环节的安排，也可以评"是"。

* 如果教师临时决定调整一日活动安排，但没有提前告知幼儿，则评"否"。

3.3.1.9	评分		建议评估方式
幼儿园的一日活动体现幼儿的选择和决定。	□是	□否	观察

指标说明或相关例子：例如，早上的自主游戏时间，幼儿可以根据自己的兴趣进入不同区角进行游戏；幼儿可以选择何时去上厕所、喝水、吃点心；午餐时间，幼儿可以依据自己的喜好和进食分量拿取食物；在下午的户外游戏时间，幼儿可以根据个人兴趣和体能情况选择不同的运动项目等。

3.3.1.10	评分		建议评估方式
教师准备充分，使活动间的转换有序，不会让幼儿等太久。	□是	□否	观察

指标说明或相关例子："**准备充分**"指教师在当前活动结束之前,已经准备好下一个活动的材料,以及应用分批转换等策略,保障活动转换的高效和有序。"**不会让幼儿等太久**"指幼儿等待的时间不超过 3 分钟。

3.3.2　过程性评估

3.3.2.1	评分		建议评估方式
幼儿园有对幼儿进行过程性评估的体系。	☐是	☐否	查阅文件 + 访谈管理者

指标说明或相关例子:"**过程性评估**"指的是一种对幼儿在学习过程中的动态行为进行评估的方式,而不是直接测试幼儿的能力和发展水平。这种评估方式注重教师对幼儿持续的观察,重视每位幼儿在个体经验基础上的游戏和探索活动行为,关注幼儿的学习过程以及非预期的学习结果。"**体系**"主要指幼儿园有既定的与过程性评估相关的文件规定、管理和实施机制,而且文件中体现了过程性评估的目的、方法和如何使用评估结果等。

﹡**访谈问题**:请您谈一谈园所针对幼儿学习与发展所开展的评估工作。

﹡若采用访谈的方式评估本指标,则重点考察管理者介绍的评估工作,是否符合过程性评估的定义,以及管理者能否清晰介绍评估的目的、方法和结果用途等。

3.3.2.2	评分		建议评估方式
教师对每位幼儿进行过程性评估。	☐是	☐否	查阅文件

指标说明或相关例子:教师撰写的观察记录或学习故事,体现他们能够持续观察每位幼儿的游戏和活动。对幼儿直接测验或评等级的方式不在本项指标的评估范围之内。

2.3.2.3	评分		建议评估方式
个体幼儿的评估报告上显示出教师经常从欣赏的视角观察幼儿,描述幼儿积极的学习与发展行为。	☐是	☐否	查阅文件

指标说明或相关例子:"评估报告"指的是教师对个体幼儿进行评估时所记录的内容,可以是观察记录,也可以是学习故事,或者学期末的综合报告。"从欣赏的视角观察幼儿,描述幼儿积极的学习与发展行为"指教师在报告中所使用的文字表述和相应的照片旨在体现幼儿的优势、兴趣与需要;如果教师确认要向家长或其他相关人员反馈,幼儿的某些发展方面需要进一步关注,所提出的教育建议都是积极且可行的,不会让家长丧气或对幼儿的持续发展造成不利。

评"否"的情况包括但不限于:没有针对个体幼儿的评估报告;教师只用直接测试或评等级的方式,评估幼儿的学习与发展;教师在报告中关注幼儿的错误和缺陷,并以批评或其他消极的文字表述方式来描述幼儿的行为。

3.3.2.4	评分		建议评估方式
教师对幼儿的评估显示对幼儿学习过程的关注。	□是	□否	查阅文件

指标说明或相关例子:本项指标重点考察教师在对幼儿进行评估时,是否会注意幼儿的学习过程和学习方法,而不仅仅是幼儿的学习成果。例如,在一次幼儿的室外玩球游戏中,教师观察到一位幼儿很难接住球,但他却一直积极地尝试,并不断探索接球的方法。游戏结束后,教师记录下对这位幼儿的观察,并进行评估。在评估报告中,教师不仅看到幼儿的学习成果,如是否成功地接住了球,而且会注意到幼儿的学习过程和学习方法,如是否积极尝试、是否探索新的方法等。

2.3.2.5	评分		建议评估方式
教师在真实自然的场景中进行过程性评估。	□是	□否	查阅文件

指标说明或相关例子:"真实自然的场景"指的是评估的过程是在真实的、具有自然性和实践性的情境中进行的,教师可以记录幼儿在日常生活和游戏中的语言信息、非语言信息、互动等。

＊如果教师为了评估幼儿,专门设计一个活动,则评"否"。

3.3.2.6	评分		建议评估方式
教师邀请家长或照顾者参与对幼儿的过程性评估。	□是	□否	查阅文件

指标说明或相关例子:本指标重点考察教师在实施过程性评估的过程中,是否有与幼儿家庭合作、采纳家长或照顾者意见的意识。例如,教师在幼儿的个体评估报告中预留位置,方便家长或照顾者书写他们在家中对幼儿的观察、对幼儿学习与发展的理解和意见等。

3.3.2.7	评分		建议评估方式
教师用不同的方式经常与家庭分享过程性评估内容。	□是	□否	访谈教师

指标说明或相关例子："不同的方式"指在接送时段的面对面沟通、电话沟通、家校联系簿或网络平台等。"经常"指的是教师与每个家庭的沟通频率为每周至少 1 次。

＊访谈问题：请问您平时如何让家长知道您对幼儿的观察和评估？

＊教师至少使用过 3 种不同方式与家庭分享过程性评估内容，才可评"是"。

3.3.2.8	评分		建议评估方式
学期末个体幼儿的评估报告体现出幼儿的学习风格和学习倾向，且体现出教师对幼儿在某一个或几个领域发展方面的持续关注。	□是	□否	查阅文件

＊　如果没有个体幼儿的评估报告，则评"否"。

3.3.2.9	评分		建议评估方式
学期末个体幼儿的评估报告体现出幼儿在五大领域的整体学习与发展。	□是	□否	查阅文件

指标说明或相关例子：这里的"五大领域"源自 2012 年教育部发布的《3—6 岁儿童学习与发展指南》，包括健康、语言、社会、科学、艺术五个方面。

＊　如果没有个体幼儿的评估报告，则评"否"。

3.3.2.10	评分		建议评估方式
在过程性评估中，教师使用文字、照片、录音和（或）录像等方式，记录对幼儿的观察、分析及回应。	□是	□否	查阅文件

指标说明或相关例子:"观察"指的是教师观察幼儿在探索和游戏过程中的行为和情景,了解发生了什么;"分析"指的是教师对幼儿的探索和游戏行为和情景进行分解和剖析,揭示幼儿所表现出的学习兴趣和学习倾向;"回应"指的是教师根据观察和分析,初步计划下一步如何持续支持幼儿。

* 教师要使用至少2种记录方式,且体现出适当的观察、分析、回应,才可以评"是"。

* 如果教师只用照片和简单的文字,描述幼儿的学习与发展行为,且内容无法显示出教师对观察内容的分析和解读,以及持续支持幼儿的初步计划,则评"否"。

3.3.3 教育反思与计划制定

3.3.3.1	评分		建议评估方式
以对幼儿的观察和分析为基础,制定月或周教育计划。	□是	□否	查阅文件

指标说明或相关例子:"观察和分析"请参考 3.3.2.10 中的描述。

* 可以通过查看教师撰写的1个月内的教育反思和计划或其他相关文件来评估本指标。例如,查看这些文件中,是否包括有幼儿近期活动和游戏的照片、儿童语或文字描述,以及与教师反思相关的问题和文字描述等。

* 月或周教育计划同时体现"观察和分析",才可评为"是"。

3.3.3.2	评分		建议评估方式
以对上一个月或上一周幼儿学习兴趣和学习倾向的反思为基础,制定月或周教育计划。	□是	□否	查阅文件

指标说明或相关例子:例如,如果在前一个月的反思中提及,有幼儿对绘画表现出浓厚的兴趣,那么当月的教育计划中,会增加更多的与绘画相关的内容。如果上一周的反思中,提及有幼儿表现出对毛毛虫的生长周期感到好奇,那么当周的计划中会体现设置相关的环境布置或材料等。

* 可以通过查看教师撰写的连续2个月的教育反思和计划来评估本指标。

3.3.3.3	评分		建议评估方式
同班级教师经常一起反思和制定教育计划。	□是	□否	访谈教师

指标说明或相关例子："经常"指的是每天至少 1 次。

﹡访谈问题：请问您平时是如何制定班级教育计划的？如果教师回答是与同班教师一起反思和制定教育计划，则围绕教师一起反思和制定教育计划的频率进行追问。

3.3.3.4	评分		建议评估方式
教育计划中体现教师使用环境和材料对幼儿进行支持。	□是	□否	查阅文件

指标说明或相关例子：例如，在与"春天"这个主题相关的教育计划中，教师列明要准备的与春天有关的图书、音视频等教育资源，以及种子、花盆、土壤、显微镜等相关工具和材料，供幼儿使用。

﹡可以通过查看教师撰写的 1 个月内的计划来评估本指标。

3.3.3.5	评分		建议评估方式
教师每天有专门的时间进行教育反思以及制定或调整次日计划。	□是	□否	访谈教师

指标说明或相关例子："专门的时间"指教师有出班或不用照顾和带领幼儿的时间。

﹡访谈问题：请问您每天有专门的时间进行教育反思和制定计划吗？如果获得肯定回答，则围绕具体时长进行追问。

﹡教师每天至少有 30 分钟专门用于反思和制定计划的时间，才可以评"是"。

3.3.3.6	评分		建议评估方式
教师在近期计划的活动中体现对个体幼儿的支持。	□是	□否	查阅文件

指标说明或相关例子：例如，教师会专门为某位比较内向，不善于与其他幼儿交往的幼儿，制订个体支持计划，表明要给予这位幼儿更多的关注和帮助（如安排小组活动、合作游戏或其他社交活动，鼓励他（她）和其他幼儿互动，或者与幼儿家长联系，了解他（她）在家中的情况等）；教师会在整体教育计划中提到，为某位对绘画非常感兴趣的幼儿，提供更多的绘画材料和机会。"近期"指 1 个月内。

3.3.3.7	评分		建议评估方式
教师根据幼儿当下的游戏和活动情况，及时生成活动计划。	□是	□否	观察

指标说明或相关例子：例如，如果几位幼儿在游戏中表现出对跳舞的热情，教师会立即用音乐播放器为他们播放节奏强的音乐；如果大部分幼儿在户外游戏时间即将结束前，表现出对观察蚂蚁的强烈兴趣，教师会调整随后的教学或常规安排，保障幼儿有足够的时间持续观察蚂蚁等。

3.3.3.8	评分		建议评估方式
教师制定计划的依据源于对不同类型的游戏和活动的观察。	□是	□否	查阅文件

指标说明或相关例子："不同类型的游戏和活动"可以包括以下几类：1. 幼儿主导的游戏和活动（如角色扮演游戏、绘画、手工、音乐、舞蹈、户外探险、科学实验、自然观察等）；2. 教师主导的游戏和活动（如教师主导的阅读活动、圆圈讨论或谈话、集体热身或早操、全班参与的"丢手绢"游戏等）；3. 常规活动（如早午餐、点心环节、如厕、转换环节等）；4. 有目的性的园内外教育参观等。

＊教师所制定的 1 个月内的计划，需要至少观察并涵盖上述游戏和活动中的 3 种类型，才可评"是"。

3.4　家园社协同合作

3.4.1	评分		建议评估方式
幼儿园有明文规定的家园沟通机制。	□是	□否	查阅文件 + 访谈管理者

指标说明或相关例子：本项指标重点考察幼儿园是否有制定详细的规章制度，明确幼儿园与家庭之间沟通的方式和内容。其中，相关沟通方式可以是家长会、信息分享会、幼儿学习展示板、家访、开放日，或家园联系册等。

* **访谈问题**：请谈一谈幼儿园是如何与家长保持沟通的？

* **家园沟通机制中至少要明确 3 种不同的沟通方式，才可以评"是"。**

3.4.2	评分		建议评估方式
幼儿园有完整详细的机制，用于回应家长的问题和诉求，能够以尊重的态度、有建设性地解决家长投诉和关注的问题，并寻求家长的认可。	□是	□否	查阅文件 + 访谈管理者

指标说明或相关例子：评估本项指标的重点在于 4 个方面：1. 幼儿园建立了一套完整的机制，处理家长的问题和诉求，并且这个机制的内容详细且容易理解(如建立反馈渠道、设立专人负责、列明参与回应家长的人员构成、建立问题解决流程和记录程序等)；2. 幼儿园以尊重的态度，对待每一个家长的反馈和意见(如对每个正面或负面的反馈和意见内容，都有详细的分析和记录；维护家长的隐私权和信息安全，确保家长的反馈和意见不会被泄露或滥用；及时回应家长的问题和诉求，每次回应都在一周内处理或完成)；3. 幼儿园以建设性的方式解决问题(如针对家长提出的问题和诉求，进行积极的沟通、协商和解决，而不是推卸责任或者回避问题)；4. 幼儿园寻求家长的认可(如通过调查问卷、对家长进行回访等方式，了解家长对幼儿园处理相关问题或诉求的认可程度)。

* **如果文件中没有体现，则需要通过访谈的方式获得证据。**

* **访谈问题**：请谈一谈幼儿园如何回应和处理家长的问题和诉求？ 访谈中可围绕"能否以尊重的态度、有建设性地解决家长投诉和关注的问题，并寻求家长的认可"进行追问。

* **满足以上 4 个方面，才可评"是"。**

3.4.3	评分		建议评估方式
幼儿园定期制定和调整家园工作计划。	□是	□否	查阅文件

指标说明或相关例子："定期"指的是每学期至少 1 次。

3.4.4	评分		建议评估方式
幼儿园经常邀请家长参与幼儿园的园内活动。	□是	□否	查阅文件

65

指标说明或相关例子:"园内活动"指以下几类:1. 教学活动(如亲子阅读、观课等);2. 幼儿学习和发展展示活动(如故事剧、作品展等);3. 节日庆祝或其他特别活动(如儿童节、春节、开放日、运动会等)。"经常"指每学期至少 3 次。

3.4.5	评分		建议评估方式
幼儿园通过各种渠道向家长宣传育儿理念、为家长提供育儿资源。	□是	□否	访谈管理者

指标说明或相关例子:例如,家园联系栏、家长手册、现场讲座、网络平台或手机应用程序等。

＊**访谈问题**:幼儿园平时会通过哪些方式向家长传递育儿理念? 你们会为家长提供哪些育儿资源呢?

＊至少有 3 种渠道,才可以评"是"。

3.4.6	评分		建议评估方式
家长代表定期与学校讨论有关管理的决策。	□是	□否	访谈管理者

指标说明或相关例子:"家长代表"指的是幼儿园家委会或班级家长代表。"定期"指每学期至少 1 次。

＊**访谈问题**:请分享一下,在幼儿园或班级管理方面,家长代表是否参与过决策? 围绕家长代表参与的频率进行追问。

3.4.7	评分		建议评估方式
幼儿园定期邀请家长对幼儿园课程进行评价。	□是	□否	访谈管理者

指标说明或相关例子:"评价"的方式可以是通过电子邮件或其他通信方式,向家长发放专门的课程评价表格;召开家长会议,收集家长对课程的建议和意见;以问卷或访谈家长代表的方式了解家长对课程的满意度等。"定期"指每学期至少 1 次。

＊**访谈问题**:请问园所的家长可以对园所课程进行评价吗? 如果获得肯定回答,则围绕方式和频率进行追问。

3.4.8	评分		建议评估方式
当幼儿有需要时,幼儿园利用社区资源支持幼儿的学习与发展。	□是	□否	访谈管理者

指标说明或相关例子:例如,组织幼儿到社区内的公园进行户外活动;组织幼儿参观社区场所或建筑(如艺术馆、博物馆等);邀请社区专业人士,参与幼儿正在探索的活动或提供相关信息;联系社区图书馆或书店,为幼儿提供更多的图书和阅读资源;与社区医院或体检机构合作,开展一些幼儿健康检查和健康教育活动;促成幼儿与社区居民进行谈话,以支持他们拓展游戏或探索的主题和内容;向社区寻求教学资源或设备的捐赠或赞助等。

＊访谈问题:请问幼儿园曾经有利用过与课程相关的社区资源吗,请举例说明?

3.4.9	评分		建议评估方式
教职工参与各类社区事务。	□是	□否	查阅文件

指标说明或相关例子:例如,参与社区教育活动的组织和推广(如举办面向社区内幼儿家长的育儿讲座、为社区内幼儿提供艺术、体育等方面的活动等);与社区的爱心人士一起开展关爱行动(如为贫困家庭捐款、为孤寡老人提供慰问等);参与社区公共事务的讨论和决策(如社区内幼儿游戏空间的开发与改造、道路修建、环境保护等);参与社区组织的公益活动(如志愿服务或义工活动)等。

＊有一些教职工每学年至少参与过 2 类社区事务,才可评"是"。

3.4.10	评分		建议评估方式
幼儿园与社区相互分享教育资源,合作开展面向家长的活动。	□是	□否	查阅文件

指标说明或相关例子:例如,幼儿园和社区合作开展一些亲子活动(如亲子游戏、家长沙龙等);幼儿园邀请社区专业人士为家长开展与社区内特殊的教育资源(如音乐、美术、体育等)相关的公益讲座或课程;幼儿园与社区合作出版育儿书籍刊物等。

环境创设

4.1 室内环境规划

4.1.1 室内空间和设施

4.1.1.1	评分		建议评估方式
室内空间宽敞，足够使所有幼儿和成人自如活动。	□是	□否	观察

指标说明或相关例子："室内空间宽敞"指的是，在教室空间中，有足够的空间可以满足空气流通、人员活动和物品存放等要求，同时也能够满足幼儿和成人对于舒适的需要。这个空间要能够容纳所有在里面活动的幼儿和成人，使他们能够自由地活动，并且在教室中任何一个地方都可以轻松地到达需要的区域。同时，这个空间也要能够适应幼儿和成人不同的活动需要，例如学习、游戏、休息等。

＊评"否"的情况包括但不限于：在游戏或转换环节中，幼儿因空间不足或利用不当而出现碰撞拥挤的情况；班级幼儿总数不符合国家标准（教育部 2016 年颁布的《幼儿园工作规程》规定：小班人数为 20—25 名，中班人数为 20—30 名，大班人数为 30—35 名）；狭小逼仄的教室中容纳人数过多的幼儿。

4.1.1.2	评分		建议评估方式
室内有充足的空间，可以在有需要时，供全班幼儿聚在一起开展与各领域相关的集体活动。	□是	□否	观察

指标说明或相关例子：晨谈不在本项指标的考察范围内。

4.1.1.3	评分		建议评估方式
室内有专门的空间，供个别没有午睡需要的幼儿开展游戏和活动。	□是	□否	观察 + 访谈

指标说明或相关例子：这里的"空间"要方便教师照看，以保障幼儿的安全。

＊如果观察不到，则需要通过询问教师或管理者获得相关证据。

4.1.1.4	评分		建议评估方式
室内有自然光、通风和温度调节设备。	□是	□否	观察

指标说明或相关例子：本指标重点考察教室内窗户的数量能否保障充足的自然光照射和新鲜空气流通，同时考察教室内是否配备有适当的温度调节设备（如空调、暖气等）以保证室内温度适宜。

4.1.1.5	评分		建议评估方式
教师依照幼儿活动和游戏的需要调节室内的光线、通风和温度。	□是	□否	观察

指标说明或相关例子：本指标重点考察教师和保育员是否具有根据幼儿活动和游戏的需要，调节室内的光线、通风和温度的意识和能力。例如，教师和保育员应当能够定期开窗，保障室内充足的自然光线和通风，以提供健康、安全的学习环境。同时在天气条件不利的情况下，灵活、合理地运用空调、电扇或暖气等设备，确保教室内空气流通和温度舒适，以创造一个适宜幼儿生活和学习的环境。此外，教师和保育员还应当关注室内空气质量，及时清洁和更换房间内的过滤器、除湿机等设备，确保室内空气清新、无异味。

4.1.1.6	评分		建议评估方式
室内有满足日常照料、游戏和活动的设施以及个人物品的收纳区。	□是	□否	观察

指标说明或相关例子：本指标重点考察在一个室内空间中，是否有专门为幼儿、教师或其他使用者提供足够的设施，以满足他们的日常活动需要和存储个人物品的需要。这些"设施"包括但不限于洗手池、厕所（成人厕所可设置在教室以外的不远处）、游戏区、桌椅和收纳柜等。这些设施需要满足相关标准和规定，并且能够为幼儿、教师或其他使用者提供足够的安全和便利。"收纳区"则是为幼儿、教师或其他使用者提供储存他们的个人物品的空间，例如书包、衣帽、水杯、防晒霜或防蚊水等，以保证教室保持整洁和干净。

＊评"否"的情况包括但不限于：室内只有供幼儿使用的设施和收纳区，而没有供教师或其他使用者使用的设施和收纳区；室内没有供幼儿放置个人物品的收纳区。

4.1.1.7	评分		建议评估方式
大部分室内家具的尺寸适合幼儿。	□是	□否	观察

指标说明或相关例子："**大部分**"指班级中尺寸适合幼儿的家具和设施占班级所有家具和设施的比例为 75％以上。"**尺寸适合幼儿**"指家具的尺寸和高度能够适应幼儿的身高和体型,使他们能够舒适地使用这些家具,而不会感到过高或过低。例如,玩具柜的高度便于幼儿拿取材料和玩具;桌椅的高度使得幼儿坐着时不会过于弯曲腿部,或者只能脚尖点地甚至不能着地。

4.1.1.8	评分		建议评估方式
室内有一些自然材质的家具和设施。	□是	□否	观察

指标说明或相关例子："**一些**"指班级中自然材质的家具和设施占班级所有家具和设施的比例为 25％—50％。"**自然材质**"指的是以天然材质制成的家具和设施,例如木材(加工过的木材料如木纹贴纸、密度板不在本项指标的考察范围内)、石材、皮革或竹藤材料等。这些材质具有环保、健康、安全和美观等特点,能够营造出舒适、自然的生活环境。同时,自然材质的家具和设施也更加适合室内空气质量,能够减少对人体健康的影响。幼儿园常见的家具和设施有:桌子、椅子、架子、柜子、洗手池等。

4.1.1.9	评分		建议评估方式
室内家具和设施安全、卫生、维护良好。	□是	□否	观察

指标说明或相关例子："**安全**"指的是家具和设施不存在威胁到人身安全的危险,例如边角锐利、易倾斜、易碎裂等问题;"**卫生**"是指家具和设施均定期进行清洗和消毒,以确保室内空气质量和生活环境的卫生;"**维护良好**"是指家具和设施的功能正常,没有需要维修和更换的问题,它们应该得到及时和必要的维护和修理。如果观察到 1 个有关家具和设施危害幼儿或成人安全,或出现不卫生、维护不良的证据,则评"否"。

4.1.1.10	评分		建议评估方式
室内设置有男女分开或供残障儿童使用的如厕设施。	□是	□否	观察

指标说明或相关例子:残障儿童专用的残障厕所往往具有比普通卫生间更多的功能和更加人性化的设计,例如,就座高度、扶手、进出方便等,以满足残障儿童的需要。在本项指标中,"**男女分开的如厕设施**"与"**供残障儿童使用的如厕设施**"不必同时具备,幼儿园有其中一项,则可以评"是"。

4.1.2　室内游戏及活动空间规划

4.1.2.1	评分		建议评估方式
室内有不同类型的游戏区角,可以为幼儿提供多种学习经验。	□是	□否	观察

指标说明或相关例子:对"游戏区角"类型的判断以其主要提供的幼儿学习经验为依据,例如美工区、积木区、图书区、认知操作区、角色区,或音乐区等。如果室内一些区角主要为幼儿提供同一种学习经验(例如艺术创意),则可将这些区角视为一个。"不同类型"指至少6个类型。

4.1.2.2	评分		建议评估方式
室内空间规划动静相对分开,减少干扰。	□是	□否	观察

指标说明或相关例子:"动静相对分开"指将活动性较强的区域与静止性较强的区域按照一定的方式和比例进行区分和划分。一般情况下,动态区域包括角色扮演区、建构区、运动区等,静态区域包括美工区、阅读区、私密空间等。教师在规划时需要考虑幼儿游戏和活动的特点、空间利用率以及安全等因素,以达到最合理、最舒适的规划效果。

4.1.2.3	评分		建议评估方式
室内区角的空间设置和家具摆放便于幼儿游戏与探索。	□是	□否	观察

指标说明或相关例子:判断"室内区角的空间设置和家具摆放"是否方便幼儿时,可以观察材料柜(架)的摆放能否起到既相对间隔、又方便幼儿进出的作用;所有区角是否至少留出2个通道,或者单一通道足够宽敞,便于2个以上幼儿同时进出。

＊**评"否"的情况包括但不限于**:某个区角只有1个通道,且过于狭窄,不便于2个及以上幼儿自由进出。

4.1.2.4	评分		建议评估方式
教师注重室内空间规划的灵活性,能够依据幼儿的兴趣和需要灵活调整家具和设施的摆放。	□是	□否	观察 + 访谈教师

指标说明或相关例子:"教师注重室内空间规划的灵活性"指教师在室内空间规划中考虑到活动的多样性和变化性,使得教室的布置可以灵活地变化和调整,以适应不同的活动和教学需要。例如,教师可以在不同的时间和场合,根据幼儿探索或游戏的内容和需要,合理地调整桌椅摆放的位置和方向,增加或减少活动区域和游戏设施的布置等,以创造一个更加适合幼儿探索或游戏的环境。

评"否"的情况包括但不限于:在幼儿游戏和活动过程中,教师没有依据幼儿的兴趣和需要及时调整家具和设施的摆放;教师只在学期或学年初才调整室内空间的规划。

* 如果没有机会观察到,需通过访谈获取相关证据。

* 访谈问题:请问您调整过教室内的家具和设施吗?请教师说明频率和依据。

4.1.2.5	评分		建议评估方式
室内游戏空间规划允许幼儿自由选择区角。	□是	□否	观察

评"否"的情况包括但不限于:教师提前安排区角人员和人数。

4.1.2.6	评分		建议评估方式
室内既有适合个体幼儿自主游戏和活动的空间,也有适合小组和大组幼儿游戏和活动的相对固定的空间。	□是	□否	观察

4.1.2.7	评分		建议评估方式
室内有安全的、简单遮挡的私密空间,供个别幼儿进行游戏、活动或休息。	□是	□否	观察

指标说明或相关例子:"私密空间"指的是供需要一定独立和安静环境的幼儿进行个别活动、游戏或休息,又方便教师监管的地方。这些私密空间应该安全可靠,可以防止幼儿走失或受到伤害,同时幼儿可以轻松地进行使用。成年人和幼儿都可以是建立私密空间的发起人,其目的是让幼儿舒缓集体生活的压力、满足幼儿独处的需要。

建立"私密空间"的方法有:教室内规划有一个小阁楼;教师专门设置只供一个或两个幼儿使用的活动区或情绪角;教师为幼儿提供开有门窗、放有靠垫的大纸箱;教师临时在人流少的角落里放置桌子供幼儿自由使用,并限定使用桌子的人数;幼儿利用书架之类的家具建立屏障,教师帮

助他们订立"不要干扰"的规则,以便他们单独活动或说悄悄话;幼儿园户外规划有一座玩具屋等。

＊评"否"的情况包括但不限于:教师为幼儿设置了一个私密空间,但并没有体现任何"免受他人打扰"的原则。

4.1.2.8	评分		建议评估方式
室内美工区接近水源。	□是	□否	观察

指标说明或相关例子:幼儿进行美术创作的区域,应设在靠近水源的位置,例如水龙头或水池,以便在美术创作中使用水和清洗工具等。

4.1.2.9	评分		建议评估方式
教室内有允许幼儿每天自主进行大肌肉活动的空间。	□是	□否	观察

指标说明或相关例子:教室内的大肌肉活动空间是指在教室里为幼儿创造出来的,用于进行一些动作幅度较小的大肌肉活动(例如打闹游戏、蹦跳、倒立、平衡、跳绳等)的空间。教室内的大肌肉活动空间能够容纳2—3名幼儿同时进行活动即可。

4.1.2.10	评分			建议评估方式
室内游戏空间适合残障儿童使用。(允许不适用)	□是	□否	□不适用	观察

指标说明或相关例子:该指标指的是游戏设施和活动环境需要考虑到残障儿童的特殊需要和能力,例如,可以为视力障碍的幼儿提供有趣的触觉体验,为行动不便的幼儿提供易于移动的设备等。此外,室内游戏空间还需要考虑到残障儿童的安全和舒适感,例如,提供防滑材料的地面,配备坚固的扶手和通道,使残障儿童在游戏中能够得到全面的支持和帮助。

4.1.3 室内环境中的展示

4.1.3.1	评分		建议评估方式
室内环境中的大部分展示符合班里幼儿的年龄特点。	□是	□否	观察

指标说明或相关例子:"大部分"指符合班里幼儿的年龄特点的展示占班级所有展示的比例为75%—100%。"展示"是幼儿园教室的重要组成部分,它是图像、符号、实物或其他物品的集合,在安排、设置之后供幼儿和成人观看,并与之互动。如果没有展示,幼儿的学习空间可能会显得非常空旷、缺乏生气和活力。

符合幼儿"年龄特点"的"展示"的例子有:小班的展示以图片为主,例如幼儿活动照片、幼儿作品配以其创作过程的记录,或者幼儿亲身经历过的或熟悉的事物等;中班的展示例如幼儿活动照片、附上儿童语的幼儿作品,或者日常生活中的实物图片,还可以是班级中最近一段时间唱的、文字简单且配有插图的儿歌等;大班的展示中可加入一些流程图(如折纸步骤),教师特地在照片或图片周围加上对幼儿来说有意义的文字说明(如儿童语、师幼对话等),幼儿的个性化作品等。

4.1.3.2	评分		建议评估方式
室内环境中的展示有许多幼儿的作品。	□是	□否	观察

指标说明或相关例子:"许多"指幼儿作品的展示占班级所有展示的比例为75%—100%。"幼儿的作品"是幼儿游戏和探索过程中的表征,例如平面的作品、立体的作品(如:橡皮泥、黏土、纸盒或木工作品等)、艺术类作品、"前书写"作品(如:幼儿的自创符号、幼儿通过绘画或书写的形式记录的所见所闻、所感所想,幼儿所制作的"科学计划"等),或者记录有幼儿作品的图画或照片等。

＊幼儿游戏和活动过程照片、主题探索历程等类似的记录不属于"幼儿作品"。

4.1.3.3	评分		建议评估方式
室内环境中的大部分展示布置在符合幼儿视线的高度。	□是	□否	观察

指标说明或相关例子:"大部分"指布置在与幼儿视线水平高度的展示占班级所有展示的比例为75%—100%。

4.1.3.4	评分		建议评估方式
室内环境中展示的幼儿作品都是由幼儿自主创作的,并非在教师统一要求下完成的。	□是	□否	观察

指标说明或相关例子:"都是"指幼儿的个性化作品占展示出的幼儿作品的比例为100%。"由幼儿自主创作"是指作品的主题或所用的材料是由幼儿自己选择,并且以他(她)自己独特的方式来完成的。完全依照教师的式样来制作、缺乏独创性的作品不能算是个性化作品。

4.1.3.5	评分		建议评估方式
室内环境中展示的内容与最近的活动和班里幼儿的兴趣、需要或经历紧密相关。	□是	□否	观察 + 访谈教师

指标说明或相关例子：例如班级里的幼儿正在探索与"水"相关的活动，那么展示中能相应看到幼儿有关"水"的表征、关于"水"的讨论和记录、玩水的照片等。

＊如果没有机会观察到，需通过访谈获取相关证据。

＊**访谈问题**：请问您最近更新班级中展示的依据是什么？

4.1.3.6	评分		建议评估方式
室内环境中展示的内容具有明显可见的多样性。	□是	□否	观察

指标说明或相关例子："多样性"指的是应用三维艺术创作技巧进行创作的作品，创作过程中体现高度、宽度和深度的艺术技巧（如：橡皮泥、黏土、纸盒或木工作品等）。黏土或橡皮泥既可以用于创作二维作品，也可以用于创作三维作品，如果只是将这样的材料擀平，用磨具切出一些形状，结果就是一个平面作品。但是，如果用这些材料来制作雕塑材料，用手建立起一个具有高度、宽度和深度的作品，那么就是属三维作品的范畴了。如果只是使用一些立体材料来进行简单的粘贴活动，例如，类似将小木块粘贴在纸张上属平面作品的范畴。

＊至少观察到 3 个类别的内容才可以评"是"。

4.1.3.7	评分		建议评估方式
室内环境的展示中既有平面的也有立体的幼儿作品。	□是	□否	观察

指标说明或相关例子："平面作品"指存在于二维空间中的任何形式的视觉艺术作品（如：简笔画、水彩画、版画、照片等）。

"立体作品"指的是应用三维艺术创作技巧进行创作的作品，创作过程中体现高度、宽度和深度的艺术技巧（如：橡皮泥、黏土、纸盒或木工作品等）。黏土或橡皮泥既可以用于创作二维作品，也可以用于创作三维作品，如果只是将这样的材料擀平，用磨具切出一些形状，结果就是一个平

面作品。但是,如果用这些材料来制作雕塑材料,用手建立起一个具有高度、宽度和深度的作品,那么就是属三维作品的范畴了。如果只是使用一些立体材料来进行简单的粘贴活动,例如,类似将小木块粘贴在纸张上属平面作品的范畴。

* 除了平面作品,至少观察到 3 种以上的立体作品才可以评为"是"。

4.1.3.8	评分		建议评估方式
室内环境中展示的既有幼儿创作的艺术类作品,也有幼儿创作的"书写"作品。	□是	□否	观察

指标说明或相关例子:幼儿的"'书写'作品"是幼儿的自创符号,或幼儿通过绘画或书写的形式记录自己的所见所闻、所感所想等。小年龄段幼儿的书写作品通常是涂鸦,比如一些圆圈、线条等,有些表现为圆形、正方形等基本的符号;大年龄段幼儿的书写作品通常会出现文字或数字符号,这些文字有时候会像正式的文字,但是未必正确。

4.1.3.9	评分		建议评估方式
环境中的展示能够鼓励和邀请幼儿与物质环境、同伴、成人进行互动。	□是	□否	观察

* 至少观察到 3 个相关例子,才可评"是"。

4.1.3.10	评分		建议评估方式
幼儿参与对环境中展示内容的规划。	□是	□否	观察

指标说明或相关例子:例如幼儿主动在环境中张贴或展示自己的作品。

4.2　室外环境规划

4.2.1　室外空间与规划

4.2.1.1	评分		建议评估方式
有供幼儿玩沙和玩水的地方及设施。	□是	□否	观察

指标说明或相关例子：如果幼儿园在户外专门设置有沙池，则户外沙池应满足以下条件：1.建在幼儿园正常活动区域内，通风良好，并设置遮阳伞或其他遮阳设施；2.边缘高于沙子，高度宜为10—20厘米（如果没有测量工具，可用手掌进行粗略测量，成年人手掌大约为15—20厘米）；3.使用清洁、无尘土和无菌侵染的沙子，并应定期更换；4.底层采用粗沙，上层采用中沙，总厚度大于40厘米；5.底部设有排水管道；6.定期清理、消毒，保持干燥和洁净。以上规定可能随着不同地区和幼儿园的要求而有所不同，具体以当地的相关规定为准。

＊人造太空沙不计入此项指标的评估。

＊容易倾倒的材料，如大米、扁豆、面粉、玉米粉、没有木刺的木屑等，可以用来代替沙。

＊如果幼儿园室外没有玩沙和玩水的地方及设施，但是室内有，则也可评"是"。

＊如果幼儿园有供幼儿玩沙的地方及设施，但是沙或沙的替代物不充足，不能满足幼儿使用它们进行挖掘、填装容器并倒掉等活动时，则评"否"。

4.2.1.2	评分		建议评估方式
室外活动空间充足，方便所有幼儿和成人自如地开展大肌肉活动。	□是	□否	观察

指标说明或相关例子："室外活动空间充足"指的是室外活动空间有足够的面积，以供幼儿和成人进行各种户外活动，如奔跑、跳跃、追逐、球类运动等，而不会出现拥挤碰撞的情况。

"大肌肉活动"是运用身体某些大肌肉群（如胳膊、腿和臀部），通过走、跑、跳、投掷、钻、爬、攀登、倒挂、翻滚、持重物、推拉、平衡、骑行、旋转等动作进行的游戏和活动。

4.2.1.3	评分		建议评估方式
室外有一些用来进行各类游戏和活动的空间。	□是	□否	观察

指标说明或相关例子:"各类游戏和活动"指的是在室外进行的非运动类的游戏和活动,包括但不限于角色扮演游戏、搭建游戏、艺术创作游戏和活动等。提供给幼儿在室外使用的游戏材料并不需要和室内使用的完全一样,因为幼儿在室外使用相关游戏材料的过程中需要同时满足他们大肌肉活动的需要(例如,用于室外搭建或角色扮演的材料比较大、有一定的重量,这样幼儿在取放或使用这些材料的同时,能够锻炼他们的大肌肉等)。

* 至少观察到 3 类非运动类的游戏,才可以评"是"。

4.2.1.4	评分		建议评估方式
所有幼儿每天至少有 2 个小时在室外进行游戏和大肌肉活动。	□是	□否	观察

4.2.1.5	评分		建议评估方式
在室外游戏和大肌肉活动空间中有充足的抵御炎热、暴晒、降雨或降雪等恶劣天气的设施。	□是	□否	观察

指标说明或相关例子:这里的"设施"包括夏天的遮阳设备、雨天的遮雨设备或雨具、良好的排水系统等。"充足"指的是这些设施的数量足够,可以满足幼儿在炎热、暴晒、降雨或降雪天气下进行室外游戏和活动的需要。例如,在夏天幼儿进行室外游戏和活动时,遮阳设备充足,避免他们经历高温暴晒。以上规定可能随着不同地区的气候情况而有所不同,幼儿园不需要具备所有防御炎热、暴晒、降雨和降雪天气的设施,具体以当地的气候条件为准。

* 评"否"的情况包括但不限于:室外仅有一两个用于防御炎热、暴晒、降雨或降雪天气的设施。

4.2.1.6	评分		建议评估方式
当遭遇恶劣天气时,教师用适当的材料、器材或家具把室内空间合理改造成可供幼儿进行大肌肉活动的场地。	□是	□否	观察 + 访谈教师

指标说明或相关例子："恶劣天气"是指大雪、冰冻、低温、大风(扬沙)、高温炎热、强降雨和连续降雨、污染等天气。如果遭遇恶劣天气时,幼儿和教师有室内空间,如室内体能活动室、多功能厅等,可以用作幼儿的大肌肉活动场地,该指标也可得分。

评"否"的情况包括但不限于：教师将所有幼儿集中在教室内的一个区域进行教师主导的大肌肉活动,且在活动过程中出现拥挤碰撞的情况;教师没有使用 3 种及以上类型的材料来支持幼儿在室内开展大肌肉活动。

＊如果没有机会观察到,需通过访谈获取相关证据。

＊访谈问题：如果出现恶劣天气,幼儿无法在户外进行大肌肉活动,请问您在这种情况下会怎么做? 围绕"如何利用室内空间"和"材料的选择"进行追问。

4.2.1.7	评分		建议评估方式
室外游戏和大肌肉活动空间中铺设有不同材质的地面,以及设置有不同类型的地形,以满足幼儿开展各种游戏和活动的需要。	□是	□否	观察

指标说明或相关例子："不同材质的地面"指水泥、草地、泥土或木屑等,但室外沙区除外。

"不同类型的地形"包括平坦的地面以及供幼儿向下滚动、上下搬运东西的山丘等不平坦的地面。这两者都满足方可得分。如果幼儿园内不同类型的地形仅为观赏,幼儿不能在其中进行探索和游戏,则评"否"。

＊至少要观察到 3 种"不同材质的地面"和所有以上描述的地形,才可评"是"。

4.2.1.8	评分		建议评估方式
幼儿园合理安排进行大肌肉活动的室外空间,保障每位幼儿、每个班级每天都有运动空间,且每周都有机会使用幼儿园内所有不同的运动空间。	□是	□否	观察 + 访谈管理者

指标说明或相关例子："合理"需要满足两个条件：1. 保障每位幼儿、每个班级都有运动空间;2. 每个班级每周都有机会使用幼儿园内所有不同的运动空间。

＊评"否"的情况包括但不限于：每个班级都有运动空间,但并没有每周都能使用幼儿园内所有不同的运动空间。

＊如果没有机会观察到,需通过访谈获取相关证据。

*访谈问题:幼儿园如何为每个班级安排室外运动空间?围绕各班级幼儿是否"每周都有机会使用幼儿园内所有不同的运动空间"对管理者进行追问。

4.2.1.9	评分		建议评估方式
室外场地的规划需考虑到不同类型活动的需要,且不同类型的活动互相不干扰。	□是	□否	观察

指标说明或相关例子:"不同类型活动的需要"指玩球区需要的空间、骑脚踏车需要的路径、沙池需要的场地等。

4.2.1.10	评分		建议评估方式
室外场地的整体规划布局有利于成人看护幼儿的活动和游戏。	□是	□否	观察

4.2.2　室外器材和设施

4.2.2.1	评分		建议评估方式
室外有幼儿可以使用的多种类型的固定运动器材和设施。	□是	□否	观察

指标说明或相关例子:"固定运动器材和设施"包括人为建造的攀爬墙、滑梯、单杠、沙池等,也包括自然环境中可供攀爬的树、山坡、斜坡以及台阶等。"多种类型"指 3 种及以上。

4.2.2.2	评分		建议评估方式
室外有幼儿可以使用的不同类型的可移动运动器材和设施。	□是	□否	观察

指标说明或相关例子:"可移动运动器材和设施"包括带轮子的玩具、手推车、翻滚垫、旋转锥体器械、隧道、轮胎、可供跳下或跃过的材料、平衡木、可移动的攀爬架和梯子、球拍、球、气球、铁环和沙包等材料。"不同类型"指可以让幼儿进行走、跑、跳、投掷、钻、爬、攀登、倒挂、翻滚、持重物、推拉、平衡、骑行、旋转等动作的器材或设施。

＊需要观察到以上所有类型,才可以评"是"。

4.2.2.3	评分		建议评估方式
在幼儿的运动过程中,有充足的运动器材和设施。	□是	□否	观察

指标说明或相关例子:"充足"指的是幼儿在使用运动器材和设施时,无需等待过长的时间,也不会因器材的数量和种类不足而出现争抢的情况。

＊本指标需要通过现场观察班级幼儿的运动过程来进行评估。

4.2.2.4	评分		建议评估方式
室外运动器材和设施符合学前幼儿的身体发展特点。	□是	□否	观察

指标说明或相关例子:不符合学前幼儿身体发展特点的"运动器材和设施"指过高的攀登架或秋千,或成人使用的健身器械等。

4.2.2.5	评分		建议评估方式
在运动过程中,室外运动器材和设施可以满足班级中不同发展水平幼儿的需要。	□是	□否	观察

指标说明或相关例子:这里的"运动器材和设施"指有不同高度或宽窄的平衡类器材,以满足具备不同平衡能力的幼儿的需要;有不同难度的攀爬设施,以满足具备不同攀爬能力的幼儿的需要等。

＊本指标需要通过现场观察班级幼儿的运动过程来进行评估。

4.2.2.6	评分		建议评估方式
室外设置有鼓励幼儿进行科学探索、角色扮演、搭建、艺术创作等游戏和活动的器材或设施。	□是	□否	观察

4.2.2.7	评分		建议评估方式
室外器材、设施与地面安全且维护良好。	□是	□否	观察

指标说明或相关例子:"安全且维护良好"指室外器材与设施没有明显可见的生锈的零部件、裸露的钉子、破损等损坏情况,以及地面没有可能会造成危险的裂缝、坑洞等问题。

4.2.2.8	评分		建议评估方式
在运动过程中,教师为幼儿的自由跳落和攀爬活动提供缓冲保护。	□是	□否	观察

指标说明或相关例子:"缓冲保护"指可移动的地垫、缓冲设备等。

* 若场地内本身已有沙地、木屑、符合标准的缓冲地面等作为缓冲保护,也可评"是"。

4.2.2.9	评分		建议评估方式
室外器材和设施与幼儿的日常生活经验以及所属地域文化相联系。	□是	□否	观察

指标说明或相关例子:例如,在某个地域的文化中,可能存在许多户外运动和游戏项目,如攀岩、溯溪、滑雪等,因此幼儿园可以选择相应的室外器材和设施,帮助幼儿探索并发展相关的兴趣爱好;如果是一个位于沿海城市的幼儿园,那么可以提供沙滩玩具、浮潜设备等器材和设施,支持幼儿体验海洋文化;如果幼儿园位于盛产竹子的地区,则可以提供一些竹制的器材和设施等。

4.2.2.10	评分		建议评估方式
室外设置有方便幼儿如厕、饮水和休息的设施。	□是	□否	观察

4.3 材料与资源

4.3.1 游戏材料

4.3.1.1	评分		建议评估方式
游戏区角中的游戏材料符合幼儿的能力和发展需要。	□是	□否	观察

* 如果在室内游戏区角中观察到3种及以上不符合幼儿的能力和发展需要的游戏材料(例如,小学化倾向、暴力倾向、危及安全和身心健康等),则评"否"。

4.3.1.2	评分		建议评估方式
游戏区角中有开放性游戏材料,幼儿可以自己决定如何操作。	□是	□否	观察

指标说明或相关例子:"开放性材料"指的是那些可以用不同方式使用和操作的、低结构化的材料,也指幼儿在游戏时可以移动、操作、控制和改变的,吸引人的、容易找到的物件和材料。

常见的"开放性材料"可以是小木棍、树叶、泥沙、石头和种子等自然材料;还可以是绳子、瓶子、织物或纱巾、纸盒等,能自由组合、一物多用、激发幼儿创造性的日常生活中的常见物品或再生材料等。

* 至少在3类区角中(即发展幼儿科学与数学能力的区角、角色扮演区、音乐区)观察到"开放性材料",才可评"是"。

4.3.1.3	评分		建议评估方式
游戏区角中有足够的游戏材料供全班幼儿使用。	□是	□否	观察

指标说明或相关例子:"足够"指的是游戏材料的数量和类型能够满足全班幼儿的使用需要,使得幼儿之间不会因为游戏材料不足而无所事事或出现争抢行为。

4.3.1.4	评分		建议评估方式
游戏区角中有适合发展幼儿精细动作的游戏材料。	□是	□否	观察

指标说明或相关例子:"适合发展幼儿精细动作的游戏材料"指乐高等小型搭建玩具、蜡笔和剪刀等美劳材料、不同大小的串珠和插孔板等操作材料、拼图等益智材料。

* 至少观察到 4 类游戏材料,才可评"是"。

4.3.1.5	评分		建议评估方式
有多种符合标准的积木和辅助材料,以让幼儿开展建构游戏。	□是	□否	观察

指标说明或相关例子:"积木"指用来搭建大型结构的材料,包括单元积木(木制或塑料制)、大型空心积木(木制、塑料制或硬纸板制)、大型软积木,或自制积木(回收纸巾盒、奶粉罐、纸杯等)等类型。小型连接式积木,如插塑、乐高积木等不在本指标的评估范围内。"辅助材料"指的是各种小型的人偶、动植物、交通标识等。"多种"指至少包括以上 3 种类型的积木和以上 3 种类型的辅助材料。

值得注意的是,在幼儿园中,并非所有的积木(尤其是单元积木)都"符合标准",有些单元积木的尺寸、比例和重量不能很好地支持幼儿进行搭建,并在搭建过程中了解不同积木之间的比例关系。可以通过以下四个方面来判断单元积木是否"标准":1. 单元积木主要为原木色,不添加任何颜色或图案,且各种形状间有一定的数学比例关系,这种关系是由基本块发展出来的(基本块的尺寸为 14 厘米×7 厘米,然后依此尺寸,呈比例关系增长、裁切或转换为其他形状);2. 单元积木的基本形状包括长方体、正方体、圆柱体、三角体、拱形、半圆、弧形、大叉形、十字形、斜坡或直角三角体等;3. 为了让幼儿能够有效搭建,建议小中班形状不少于 6 种,数量不少于 170 块,大班形状不少于 11 种,数量不少于 220 块;4. 单位积木应有一定的重量,以保障幼儿垂直搭建作品的稳固性,如果观察到幼儿因为积木过轻而无法垂直搭建作品,则视为不符合标准。

* 对本指标的评估需要到积木区仔细查看,特别是单元积木需要满足以上 4 个条件。

4.3.1.6	评分		建议评估方式
游戏材料中有一些幼儿平时搜集到的自然物品和日常生活中的常见物品。	□是	□否	观察

指标说明或相关例子:"一些"指班级中自然物品和日常生活中的常见物品占班级所有游戏材料的比例为 25%—50%。"自然物品"指树叶、石头、种子等。"日常生活中的常见物品"指锅、瓶子、闹钟、纸盒等。

4.3.1.7	评分		建议评估方式
有明显可见的体现多样性的游戏材料。	□是	□否	观察

指标说明或相关例子:"多样性"包括但不限于:1.地域多样性(如不同国家、省份、城市、乡村等);2.民族多样性(如不同肤色、不同民族);3.年代多样性(如石器时代、中国古代、现代等);4.性别和职业多样性(如女科学家、女消防员、男性幼儿教师、男护士等非定性的职业角色);5.能力多样性(如残障人士等群体);6.家庭多样性(如单亲家庭、祖父母家庭、四世同堂的大家庭等)。

* 至少观察3个类别,才可评"是"。

4.3.1.8	评分		建议评估方式
幼儿可以方便地取放室内所有的游戏材料,且相关标签便于引导幼儿取用和收纳。	□是	□否	观察

指标说明或相关例子:"方便"指的是所有游戏材料存放在幼儿触手可及的地方,幼儿自己无需成人的帮助即可获得材料。

评"否"的情况包括但不限于:教师将标签张贴在幼儿难以看见的地方(例如,当积木收纳整齐后,标签被积木覆盖)。

4.3.1.9	评分		建议评估方式
教师依据幼儿的兴趣和需要调整游戏材料。	□是	□否	访谈教师

评"否"的情况包括但不限于:教师只在学期或学年初才调整游戏材料。

* 访谈问题:请问您平时会调整游戏材料吗? 如果教师提供肯定回答,请他(她)举例说明,并围绕教师如何调整具体某个区角的游戏材料进行追问,以评估教师调整游戏材料的"依据"和"频率"。

4.3.1.10	评分		建议评估方式
室内所有游戏材料存放在开放或透明的托盘或储物盒中,使幼儿能够清晰地看到。	□是	□否	观察

指标说明或相关例子:对于某些特殊的游戏材料,也可以采用其他的储存方式(例如,使用网袋收纳气球、乒乓球等轻盈球类材料)。对于补充游戏材料,可以存放在幼儿看不见、适合成人拿取的地方。

4.3.2 图书和语言材料

4.3.2.1	评分		建议评估方式
室内有充足的图书供幼儿自主取用。	□是	□否	观察

指标说明或相关例子: 参考教育部于 2022 年印发的《幼儿园保育教育质量评估指南》,"充足"指的是幼儿园配备的图画书人均数量不少于 10 册,每班复本量不超过 5 册,并根据需要及时调整更新。有些教师会在教室走廊上放置一些图书,也可以算在内。

4.3.2.2	评分		建议评估方式
室内有不同类型和内容的图书供幼儿自主取用。	□是	□否	观察

指标说明或相关例子: "不同类型"指故事类、儿歌诗歌类、科普百科类、历史文化类或工具书类(例如,折纸大全、艺术创意图书)等。

* 至少包含 3 个类型,才可以评"是"。

4.3.2.3	评分		建议评估方式
室内有与班级中正在开展的活动或幼儿当前的兴趣相关的图书。	□是	□否	观察

4.3.2.4	评分		建议评估方式
教师会视班级中正在开展的活动或幼儿当前的兴趣定期更换图书。	□是	□否	访谈教师

* 评"否"的情况包括但不限于:教师只在学期或学年初才更换图书。

* 访谈问题:请问您平时在什么情况下会更换图书? 以及更换图书的频率如何?

4.3.2.5	评分		建议评估方式
图书的选择,在内容和形式上符合幼儿年龄特点,图书的设计、插图具有童趣及美感。	□是	□否	观察

4.3.2.6	评分		建议评估方式
图书及语言材料体现出明显可见的多样性。	□是	□否	观察

指标说明或相关例子：体现"**多样性**"的"**图书及语言材料**"应体现不同地域、民族，或年代的特点，或者有破除性别、职业、能力、家庭等刻板印象的意识（例如，有体现不同国家或种族的人物形象、不同民族的风俗文化和传统节日、不同年代等图书；涉及不同家庭类型的故事；有关女科学家和残障人士等破除刻板印象的图书；有除简体汉字外的其他文字或语言的图书；或者有介绍其他方言的视听语言材料等）。

＊观察到"地域、民族、年代、性别、职业、能力、家庭多样性"中的 3 个及以上类别，才可评"是"。

4.3.2.7	评分		建议评估方式
室内每个区角都设置有幼儿触手可及的纸、笔等书写材料。	□是	□否	观察

4.3.2.8	评分		建议评估方式
图书区设置有支持幼儿创造性讲述和想象的游戏材料，且方便幼儿取用。	□是	□否	观察

指标说明或相关例子：例如，有一些与图书情节相关的指偶、手偶、图片等。

4.3.2.9	评分		建议评估方式
室内设置有专门的材料和设施，支持幼儿自制图书。	□是	□否	观察

指标说明或相关例子：例如，彩纸、卡纸、厚纸板等用于制作封面和内页的纸张；剪刀、胶棒、胶水等用于剪裁、粘贴和装订的工具；彩笔、铅笔、毛笔等用于绘画、写字和涂鸦的工具；书架、收纳盒等用于存放和展示图书的设施；用于启发幼儿创作的图书；模具、印章等用于制作图案和装饰的工具；数字相机、平板电脑等用于拍照、录像、搜集所需信息和编辑的设备；打印机、复印机等用于复制和打印的设备。

＊至少包含 5 种类型的材料和设施，才可评"是"。

4.3.2.10	评分		建议评估方式
室内设置有音频播放器或录制设备,支持幼儿进行故事讲述和创编。	□是	□否	观察

4.3.3　多媒体资源

4.3.3.1	评分			建议评估方式
多媒体资源的内容适合幼儿的年龄,难度适宜。(允许不适用)①	□是	□否	□不适用	观察

指标说明或相关例子:"适合幼儿的年龄"指的是不含低俗、暴力等可能引起幼儿不良行为或心理问题的内容,教育性和娱乐性平衡,且歌曲或语音吐字和发音清晰、标准。低俗的多媒体资源:包含有粗俗、侮辱、不堪入耳的词语或表达方式的音频或视频;过分商业化、流行化并且缺乏审美内涵和文化价值的音乐作品;带有色情、恐怖、暴力等不利于幼儿道德发展的语言或画面的游戏或视频等。此外,还可以通过以下方式判断多媒体资源含有暴力:1.资源中含有试图伤害他人的角色;2.伤害性行为在资源中多次发生;3.伤害性行为通过某种方式上得到回报;4.伤害性行为被认为是一种幽默;5.缺少非暴力解决方案;6.缺少对于伤害性行为的处理后果。

* 如果符合上述描述中的 1 项及以上,则可以认定为是不适合幼儿年龄的内容,并评"否"。

4.3.3.2	评分			建议评估方式
多媒体资源的内容积极正向,对幼儿是有益的。(允许不适用)	□是	□否	□不适用	观察

指标说明或相关例子:这里对"积极正向"的判断主要参考社会主义核心价值观的基本内容(富强、民主、文明、和谐、自由、平等、公正、法治、爱国、敬业、诚信、友善)。对幼儿"有益"的多媒体资源指在传统绘本的基础上,通过运用动画、音效等多媒体元素,来增强趣味性和互动性的多媒体绘本;储存有儿童歌曲、儿童音乐绘本、音乐游戏(大多数卡通片除外)等儿童音乐教育软件或播放器;动物百科、宇宙探索等科学与探索类多媒体资源;数字游戏、数学绘本、数学教育软件等数学启蒙类多媒体资源等。

---

① 多媒体资源中的"允许不适用"统一指的是,如果班级中既没有可供教师用于教学的多媒体设备(例如,多媒体触控一体机、投影设备等),也没有幼儿可以自主使用的多媒体设备(例如,台式或笔记本电脑、平板电脑、故事机、音乐播放器或编程软件等),则评"不适用"。

4.3.3.3	评分			建议评估方式
多媒体资源的内容与幼儿当前探索的主题或活动相关。（允许不适用）	□是	□否	□不适用	观察

指标说明或相关例子：例如，幼儿当前对昆虫感兴趣，多媒体资源的内容包含有关昆虫的图片或视频等。

4.3.3.4	评分		建议评估方式
大部分情况下，幼儿能够自主使用班级中的多媒体设备和材料。	□是	□否	观察

指标说明或相关例子：例如，幼儿在使用故事机、音乐播放器、各种教育软件等多媒体设备和材料时，通常能够自主操作和学习，而不需要过多的教师指导。过程中，他们可能需要教师帮助其调整设备或调试一些操作错误，但是在大多数情况下，幼儿能够很好地独立使用这些工具和材料来支持他们的游戏和探索。

＊评"否"的情况包括但不限于：班级中没有多媒体设备和材料；班级中的多媒体设备和材料主要为教师所用，幼儿没有机会自主使用；几乎所有幼儿在使用多媒体设备和材料时，都明显缺乏相关技能和知识，需要教师的频繁帮助；大部分情况下，教师对幼儿使用多媒体设备和材料进行限制或控制。

4.3.3.5	评分		建议评估方式
教师依据幼儿的兴趣和需要，支持幼儿自主使用多媒体资源和设备。	□是	□否	观察

指标说明或相关例子：例如，当幼儿提出问题时，教师与幼儿一起在互联网上寻找相关资源；当幼儿在游戏中有需要时，教师帮助幼儿学习使用不同的多媒体设备（如打印机、相机）等。

＊评"否"的情况包括但不限于：班级中没有多媒体设备和材料；班级中的多媒体设备和材料主要为教师所用，幼儿没有机会自主使用；在幼儿需要使用多媒体资源和设备时，教师没有任何支持或参与的行为。

4.3.3.6	评分			建议评估方式
教师对幼儿观看和使用电子屏幕的时间有所限制。（允许不适用）	□是	□否	□不适用	观察

指标说明或相关例子：依据教育部等八部门于 2019 年颁布的《综合防控儿童青少年近视实施方案》，教师要有意识地控制学龄前幼儿使用电子产品，非学习目的的电子产品使用单次不宜超过 15 分钟，每天累计不宜超过 1 小时，使用电子产品学习 30 至 40 分钟后，应休息远眺放松 10 分钟，年龄越小，连续使用电子产品的时间应越短。

4.3.3.7	评分			建议评估方式
不需要使用电子屏幕时及时关闭屏幕。（允许不适用）	□是	□否	□不适用	观察

指标说明或相关例子："不需要使用电子屏幕"的情况包括但不限于：教师可以使用音乐播放器而非带有大屏幕的多媒体触控一体机来播放音乐；需要使用多媒体设备辅助教学的活动环节已经结束；幼儿对自主使用的多媒体设备和资源已经不感兴趣，并转向其他类型的游戏和活动等。

＊评"否"的情况包括但不限于：教师在不需要使用电子屏幕时，没有及时关闭屏幕；教师看到幼儿没有关闭"没有自动息屏功能的屏幕"时，并没有及时提醒幼儿或关闭屏幕。

4.3.3.8	评分			建议评估方式
教师所选的多媒体设备和内容有利于幼儿积极参与或发挥创造性。（允许不适用）	□是	□否	□不适用	观察

指标说明或相关例子：例如，音乐播放器中有节奏感强的音乐，供感兴趣的幼儿跟随音乐唱歌或律动；电脑操作简单，且有内容和使用时间限制，供感兴趣幼儿自主观看相关的教育类视频，并搜索相关的资料；电脑或平板电脑上有创意绘图或建模应用软件，供感兴趣的幼儿进行创作；电脑或平板游戏为幼儿提供解决问题的机会，而非仅仅强调娱乐性。

4.3.3.9	评分		建议评估方式
班级中有一些幼儿可以自主使用的多媒体资源和设备。	□是	□否	观察

指标说明或相关例子：例如,幼儿电子书、音乐播放器或电子乐器、电视机或电脑、智能手机或平板电脑,或儿童相机等。"一些"指3种及以上类型。

＊评"否"的情况包括但不限于：教室内没有任何多媒体设备和资源可供幼儿自主使用;幼儿不被允许使用多媒体设备和材料;多媒体资源或设备没有得到及时的维护,无法正常运转。

4.3.3.10	评分		建议评估方式
多媒体资源和设备操作简单方便,支持幼儿自主使用。	□是	□否	观察

指标说明或相关例子：本指标重点关注的是供幼儿自主使用的多媒体资源和设备本身的特点,即它们的使用方法简单明了,能够支持幼儿自主探索和使用它们。

＊评"否"的情况包括但不限于：教室内没有支持幼儿自主使用的多媒体设备和材料;幼儿在使用多媒体资源或设备时,频繁需要教师的帮助;多媒体资源或设备需要复杂的操作步骤;多媒体资源或设备没有得到及时的维护,无法正常运转。

4.4　室内外环境氛围

4.4.1	评分		建议评估方式
教师在与个别或一组幼儿互动结束时,会留意其他幼儿的情况。	□是	□否	观察

＊评"否"的情况包括但不限于：教师全程只和个别或一组幼儿互动,完全不留意其他幼儿的情况。

4.4.2	评分		建议评估方式
教师之间分工合理,以保障幼儿安全、安心地游戏和活动。	□是	□否	观察

指标说明或相关例子:本指标主要考察班级合作教师之间的分工合作方式是否能够确保每位幼儿的安全,以及是否能够对每位幼儿的安全情况进行留意。例如,某个班级中有两位合作教师,当一位教师参与某个区角的幼儿的游戏时,另一位教师会关注到其他区角的幼儿;在教室里,当有少数固定的且不可移动的设施遮挡视线时,两位教师会轮流在游戏区角之间走动,以看到每位幼儿,确保他们的安全。

4.4.3	评分		建议评估方式
在游戏和活动结束后,幼儿和教师一起收拾,使教室恢复整洁有序。	□是	□否	观察

指标说明或相关例子:如果教师没有在收拾前,适当提示幼儿(例如,提前宣布即将要收拾或者提前设置一个特定的信号),突然发出指令让正在游戏的幼儿即刻中止游戏、立即收拾,则评"否"。

4.4.4	评分		建议评估方式
有一些柔软设施供幼儿使用。	□是	□否	观察

指标说明或相关例子:"一些"指班级中供幼儿使用的柔软设施占班级所有设施的比例为 25%—50%。"柔软设施"指地毯、软垫、靠垫、沙发等。

4.4.5	评分		建议评估方式
有些许干净的软质游戏材料供幼儿取用。	□是	□否	观察

指标说明或相关例子:"些许"指班级中供幼儿取用的干净的软质游戏材料占班级所有游戏材料的比例为 25% 以下。"软质游戏材料"指布偶、填充小动物、柔软的娃娃等。

* 评"否"的情况包括但不限于:室内没有软质游戏材料;室内软质游戏材料的主要用途为装饰,而非为幼儿所用;室内供幼儿使用的软质游戏材料看上去不干净、不卫生等。

4.4.6	评分		建议评估方式
班级整体色彩自然、和谐。	□是	□否	观察

指标说明或相关例子:建议室内基础色调不超过 3 种颜色。

＊ 长期暴露在过亮的颜色中会影响幼儿的视力,分散幼儿的注意力,若观察到 3 种以上过亮的颜色(例如:大红、玫红、柠檬黄、橘黄等)集中在一个空间中,给人以不适之感,则评"否"。

4.4.7	评分		建议评估方式
每位幼儿每天都有机会参与至少 3 个小时的自主游戏及活动,且可以自主取用各种材料。	□是	□否	观察

指标说明或相关例子:"自主"指的是教师不应该为了时刻保持教室整洁,而处处限制幼儿取用游戏材料;同时也不应该为了成人事先计划的教育目标,而主导幼儿对游戏材料的使用。

4.4.8	评分		建议评估方式
幼儿积极参与调整环境的设置。	□是	□否	观察 + 访谈教师

指标说明或相关例子:例如,当幼儿对商品交易的概念感兴趣时,教师支持并与幼儿一起在教室内设立"商店";教师注意到幼儿很喜欢躲在小角落里说悄悄话,但这些角落常常很暗,容易导致意外的发生。于是,教师与幼儿一起想办法为这些角落增加光线,使这些角落变得更加安全等。

＊ 如果没有机会观察到,需通过访谈获取相关证据。

＊ 访谈问题:请问幼儿是否有参与过教室环境的调整? 如果教师提供肯定回答,则请他(她)举例说明。

4.4.9	评分		建议评估方式
在保障幼儿安全的基础上,教师适当允许幼儿发起追逐打闹游戏。	□是	□否	观察 + 访谈教师

指标说明或相关例子:幼儿之间喜欢追逐打闹,本指标重点考察教师对此类型游戏是否持积极的态度。"追逐打闹游戏"是指幼儿与同伴互动过程中自然而然产生的、愉快的、无外在目的与攻击性的、较激烈的身体动作游戏。这种游戏以拍打、追逐、踢腿、推拉、挠痒、拳击、摔跤、挣扎、束缚等动作为主要内容,并经常伴有欢快的吵闹声和笑声。

"适当允许"指的是如果幼儿在室内或室外较为安全的空间内开展"追逐打闹游戏",同时不会引发安全问题或影响到其他幼儿的游戏和活动,

那么教师应该支持。如果教师认为因空间、声音、肢体动作幅度等因素,影响到其他同伴或成人的游戏和活动时,会充满善意地提醒幼儿或提供适合的场地。但是一旦追逐打闹游戏引发安全问题,教师应该及时介入或中止。

* **评"否"的情况包括但不限于**:教师直接进行批评、指责或粗暴制止幼儿的打闹游戏。

* **如果没有机会观察到**,需通过访谈获取相关证据。

* **访谈问题**:如果您发现幼儿正在进行追逐打闹游戏,请问您会怎么做?从教师的回答中判断其对追逐打闹游戏是否持"**适当允许**"的态度。

4.4.10	评分		建议评估方式
为配合自主游戏的需要,幼儿对不同区角的材料进行整合。	□是	□否	观察

指标说明或相关例子:"对不同区角的材料进行整合"指幼儿按照自己的游戏需要和创意,临时把不同区角的材料整合起来,创造出新的游戏场景和故事情节。例如,因为游戏情节发展的需要,幼儿临时将积木区和其他区角的材料挪到一起,将积木区改造成娃娃家或海盗船等。一般,这种因应游戏需要而调整的环境设置不会保留很长时间。

* **评"否"的情况包括但不限于**:教师对幼儿自主发起的区角环境改造,直接进行批评、指责或制止;大部分幼儿没有开展"对不同区角的材料进行整合"的行动。

5.1　教职工职业道德

5.1.1	评分		建议评估方式
幼儿园内张贴有内容清晰、位置明显可见的儿童保护程序。	□是	□否	观察＋查阅文件

指标说明或相关例子:"程序"指相关文件。"**儿童保护程序**"的内容可以包含以下方面:儿童保护的理念和原则、不同人员在儿童保护中的职责、幼儿园在儿童保护方面的要求和期望,以及针对违反未成年人保护法事件的报告和处理流程等。

5.1.2	评分		建议评估方式
幼儿园有清晰的程序,以支持和保护检举伤害幼儿事件的人。	□是	□否	查阅文件

指标说明或相关例子:"程序"指相关文件。

5.1.3	评分		建议评估方式
教师了解并遵守职业道德。	□是	□否	访谈教师

指标说明或相关例子:依据 2019 年教育部颁发的《幼儿园教师违反职业道德行为处理办法》,违反教师"**职业道德**"的行为包括:1. 在保教活动中及其他场合有损害党中央权威和违背党的路线方针政策的言行;2. 损害国家利益、社会公共利益,或违背社会公序良俗;3. 通过保教活动、论坛、讲座、信息网络及其他渠道发表、转发错误观点,或编造散布虚假信息、不良信息;4. 在工作期间玩忽职守、消极怠工,或空岗、未经批准找人替班,利用职务之便兼职兼薪;5. 在保教活动中遇突发事件、面临危险时,不顾幼儿安危,擅离职守,自行逃离;6. 体罚和变相体罚幼儿,歧视、侮辱幼儿,猥亵、虐待、伤害幼儿;7. 采用学校教育方式提前教授小学内容,组织有碍幼儿身心健康的活动;8. 在入园招生、绩效考核、岗位聘用、职称评聘、评优评奖等工作中徇私舞弊、弄虚作假;9. 索要、收受幼儿家长财物或参加由家长付费的宴请、旅游、娱乐休闲等活动,推销幼儿读物、社会保险或利用家长资源谋取私利;10. 组织幼儿参加以营利为目的的表演、竞赛活动,或泄露幼儿与家长的信息等。

＊**访谈问题:**请谈一谈您所熟悉的一些违反教师职业道德的行为。请问您如何看待教职工在幼儿园中呵斥或体罚幼儿的事件?如果您发现您

的同事有这类行为,请问您会采取什么措施?

＊ 评估是否符合教师职业道德时,可以通过判断教师是否了解一些典型的符合教师职业道德的行为,并观察教师在面对违反职业道德行为时的反应是否合理,来评估本指标。不必苛求教师罗列出大部分,甚至所有以上描述的违反教师职业道德的行为。

＊ 在评估期间,如果观察或了解到教师有违反职业道德的行为,则评"否"。

5.1.4	评分		建议评估方式
幼儿园设置有师德师风监督机制。	□是	□否	查阅文件

指标说明或相关例子:例如,管理者对师德师风有专门的巡查,并有清晰的文本记录;班级一日活动中的每个环节都有至少 2 位教职工在场(如:照看晚走的幼儿、午睡环节);实行班主任负责制;向家长发放有关师德师风的调查问卷。

＊ 幼儿园至少有 3 类监督机制,才可评"是"。

5.1.5	评分		建议评估方式
每位教职工都签署了书面的道德协议承诺书、员工手册,或成人行为准则等。	□是	□否	查阅文件
5.1.6	评分		建议评估方式
师德师风是教职工工作考核的重要内容。	□是	□否	访谈管理者

指标说明或相关例子:本指标重点考察师德师风考核在教职工工作考核中的重要程度。

＊ 访谈问题:请问幼儿园是如何考核教职工践行师德师风的情况的? 如果教职工违反了师德师风的规定,是否会影响他们的工作考核?

5.1.7	评分		建议评估方式
管理团队熟悉《幼儿园教师违反职业道德行为处理办法》,并知道如何处理一些违反师德师风的行为。	□是	□否	访谈管理者

* **访谈问题**:请您介绍一些常见的违反师德的行为。如果您看到一名教师在幼儿自主游戏时段一直看手机,而不观察和照顾幼儿,请问您会如何处理?

5.1.8	评分		建议评估方式
幼儿园有专门的渠道让家长反馈教职工违反职业道德的行为,并有专人负责处理。	□是	□否	观察 + 访谈管理者

指标说明或相关例子:"专门的渠道"指"师德师风"意见收集箱、"师德师风"专线电话、"师德师风"专线电邮地址等。

* 如果在环境中没有观察到专门设置的"师德师风"意见收集箱,则需要通过访谈管理者来评估本指标。

* **访谈问题**:请问幼儿园是否有专门的渠道供家长反馈教职工违反职业道德的行为?如果有,是否有专人负责处理?围绕"渠道类型"和"负责人"进行追问。

* 幼儿园至少设置了 1 种渠道,才可评"是"。

5.1.9	评分		建议评估方式
幼儿园用各种方式提升教职工职业道德。	□是	□否	查阅文件

指标说明或相关例子:"各种方式"包括但不限于以下几种方式:购买相关书籍或印制相关法律法规文件,并放在教职工休息室或发放给教职工;邀请专家为教职工进行培训;管理者组织教职工进行以"职业道德"为主题的案例分析与讨论;使用网络平台或应用程序宣传师德师风等。

* 幼儿园至少使用 3 种方式,才可以评"是"。

5.1.10	评分		建议评估方式
管理团队有专门的措施帮助教职工调节情绪,保持平和的心态。	□是	□否	查阅文件

指标说明或相关例子:例如,组织与"教职工情绪调节"相关的讲座或工作坊、提供心理辅导、推荐相关社区资源(如瑜伽课、花艺学习等)。

* 幼儿园至少使用 3 种方式,才可以评"是"。

5.2 人员配备与专业发展

5.2.1	评分		建议评估方式
幼儿园各岗位教职工的任职资格达到国家及当地教育部门的要求。	□是	□否	查阅文件

指标说明或相关例子："各岗位教职工的任职资格"指的是：1. 正、副园长应具备大专及以上学历，取得园长岗位培训合格证书，并按国家和省有关任职条件配备；2. 专任教师100％具备幼儿教师资格，80％以上达大专学历；3. 保健人员具有中等卫生学校及以上学历，保育员受过幼儿保育专业培训，且具有保育员职业资格证书。

5.2.2	评分		建议评估方式
每个班级都配备2名专任教师和1名保育员，或配备3名专任教师。	□是	□否	查阅文件

指标说明或相关例子：本指标参考教育部于2013年印发的《幼儿园教职工配备标准（暂行）》，它是针对全日制幼儿园中班人手配备的要求。如果是半日制幼儿园，每班应配备2名专任教师，有条件的可配备1名保育员。如果是寄宿制幼儿园，至少应在全日制幼儿园基础上，每班增配1名专任教师和1名保育员。

5.2.3	评分		建议评估方式
为新教师提供详细的入职培训。	□是	□否	查阅文件

指标说明或相关例子："入职培训"内容包括幼儿园办园理念的解读、课程介绍、家园沟通方式、儿童保护政策和程序等。

＊ 入职培训内容需要体现以上所有方面，才可以评"是"。

5.2.4	评分		建议评估方式
管理者定期与每位教职工共同制定符合教职工兴趣和个人发展需要的专业发展规划。	□是	□否	访谈教职工+ 查阅文件

指标说明或相关例子:本指标旨在考察管理者是否能够为教职工提供发展空间,支持制定个人专业发展目标,并有计划地达成。

"定期"指每学年至少1次共同制定相关目标,并且每半年检视1次目标进展和计划实施情况。

*访谈问题:请问管理者曾经与您一起制定过您的专业发展规划吗?如果获得肯定回答,则围绕制定"个人专业发展规划"的频率、形式,以及"专业发展规划是否符合教职工兴趣和个人发展需要"进行追问。

5.2.5	评分		建议评估方式
管理者经常为教职工提供专业学习和培训。	□是	□否	查阅文件

指标说明或相关例子:例如,由大学或专业机构举办的培训课程;每年提供"有薪假期",让教职工参加学习和培训;提供参与园外学习和培训的津贴等。

*每月为不同岗位的教职工提供至少1次培训,才可以评"是"。

5.2.6	评分		建议评估方式
依据幼儿园教师专业发展各阶段的规律和特点,为不同发展阶段的教师安排不同的培训内容。	□是	□否	查阅文件

指标说明或相关例子:"不同发展阶段的教师"可以包括新教师、骨干教师,或教学管理者等。

5.2.7	评分		建议评估方式
幼儿园秉持终身学习的理念,并设有专门的措施,鼓励不同岗位的教职工进修。	□是	□否	查阅文件

指标说明或相关例子:"专门的措施"包括但不限于以下几类:安排储备教师进班、设置进修补贴、介绍进修渠道等。

*至少有3种措施,才可以评"是"。

5.2.8	评分		建议评估方式
有一些特定的措施鼓励教师之间合作学习,建立幼儿园专业发展共同体。	□是	□否	查阅文件

指标说明或相关例子：“特定的措施”包括但不限于以下几类：同侪观摩、分享讨论、基于兴趣的学习研究小组等。

* 至少有 3 种措施，才可评“是”。

5.3　教职工福利待遇与激励制度

5.3.1	评分		建议评估方式
幼儿园为教职工提供与个人岗位薪酬福利制度相关的资料，且有一些明文规定的共同薪酬福利制度，方便教职工阅读。	□是	□否	查阅文件

指标说明或相关例子：“与个人岗位薪酬福利制度相关的资料”指国家或各省市教育局正式颁布的教师薪酬指引或幼儿园各岗位工资范围等。

“共同薪酬福利制度”不包含个人薪酬金额，但可以包括其他可以向所有教职工公开的内容，例如，薪酬发放日期、带病休假规定、请假制度、五险一金缴纳基数、全勤奖、教师节福利或特级教师福利等。

5.3.2	评分		建议评估方式
教职工福利待遇制度符合国家和各省市的标准及要求。	□是	□否	查阅文件

* 评“否”的情况包括但不限于：教职工寒暑假没有工资；教职工工资水平低于国家和各省市的标准及要求；教职工薪酬不能及时足额发放等。

5.3.3	评分		建议评估方式
幼儿园有教职工代表组成的联合会，维护或保障教职工的共同合法权益。	□是	□否	查阅文件

指标说明或相关例子:"联合会"指工会、教师联合会、后勤人员联合会或教职工联合会等。

5.3.4	评分		建议评估方式
幼儿园有相应的沟通渠道,支持教职工对福利待遇与奖励制度提出疑问和修订建议。	□是	□否	查阅文件

指标说明或相关例子:"沟通渠道"指定期召开教职工大会;设置教职工意见箱;教职工联合会与管理者定期召开会议等。

5.3.5	评分		建议评估方式
对独立或合作承担一些园内管理工作的教职工,幼儿园有相应的工作管理机制和福利保障机制进行鼓励。	□是	□否	访谈管理者

指标说明或相关例子:"相应的工作管理机制"指分层管理;成立各种教职工工作兴趣小组或年级小组等;赋权教职工参与管理,并给予小组长一定的福利支持。

＊访谈问题:请问教职工是否有机会参与幼儿园的管理？如果获得肯定回答,则围绕"相应工作管理机制和福利保障机制"进行追问。

＊如果教职工没有机会参与幼儿园的管理,则评"否"。

5.3.6	评分		建议评估方式
幼儿园内有展示教职工工作成果和荣誉的区域及场所。	□是	□否	观察

指标说明或相关例子:在教职工办公区域或休息区,可以看到一些教职工的成果展示,包括作品、照片等形式。

5.3.7	评分		建议评估方式
为教职工设置专门的餐厅和休息室,且有适合成人的家具和方便个人储物的设备。	□是	□否	观察

5.3.8	评分		建议评估方式
教职工休息室有一些舒适、休闲、放松的设施设备。	□是	□否	观察

指标说明或相关例子:例如,软椅或沙发、书架或杂志架、冰箱或饮水机、可供选择的茶水或点心、壁画或绿植、独立卫生间或洗手池、运动休闲设备等。"一些"指至少3种类型的设施设备。

＊ 如果没有教职工休息室,则评"否"。

5.3.9	评分		建议评估方式
幼儿园每年以员工福利的形式,组织教职工的家庭成员参与员工联谊活动。	□是	□否	访谈管理者

＊ 访谈问题:请问幼儿园每年是否会组织教职工的家庭成员参与员工联谊活动? 如果获得肯定回答,则请管理者举例说明,并了解这些活动是否属于"员工福利"。

5.3.10	评分		建议评估方式
幼儿园有专人或专门的系统记录教职工的生日和(或)个人重要事件,并给予相应的祝福或福利。	□是	□否	访谈管理者

指标说明或相关例子:"个人重要事件"指婚礼、退休、生育或获奖等。

＊ 访谈问题:请问幼儿园是否有专人或专门的系统记录教职工的生日和(或)重要事件? 如果获得肯定回答,则请管理者举例说明,并围绕"相应的祝福或福利"及其具体内容进行追问。

《幼儿园质量评估量表》评分表(简易版)

幼儿园基本信息

幼儿园名称:＿＿＿＿＿＿＿＿＿＿＿＿＿＿＿＿＿＿＿＿＿＿＿＿＿＿＿＿＿

日期:

时间:从＿＿＿＿＿＿＿到＿＿＿＿＿＿＿＿＿＿＿＿＿＿＿＿＿＿＿＿＿＿＿＿

班级(小班/中班/大班):＿＿＿＿＿＿＿＿＿＿＿＿＿＿＿＿＿＿＿＿＿＿＿

班级幼儿年龄范围(以月龄为单位):＿＿＿＿＿＿＿＿＿＿＿＿＿＿＿＿＿＿

班级幼儿总数:＿＿＿＿＿＿＿＿＿＿＿＿＿＿＿＿＿＿＿＿＿＿＿＿＿＿＿＿

当天观察到的班级幼儿人数:＿＿＿＿＿＿＿＿＿＿＿＿＿＿＿＿＿＿＿＿＿

当天观察到的班级教师人数:＿＿＿＿＿＿＿＿＿＿＿＿＿＿＿＿＿＿＿＿＿

幼儿园幼儿总数:＿＿＿＿＿＿＿＿＿＿＿＿＿＿＿＿＿＿＿＿＿＿＿＿＿＿

评估员姓名及签名(如果签名与姓名差异较大,请以正楷书写姓名):＿＿＿＿＿＿＿＿＿＿＿＿＿＿＿＿＿＿＿

领域一　办园方向

1.1　办园理念与管理	评分①	1.2　保教质量自我评估	评分	1.3　幼儿自主游戏支持	评分	1.4　幼儿入学准备支持	评分
1.1.1		1.2.1		1.3.1		1.4.1	
1.1.2		1.2.2		1.3.2		1.4.2	
1.1.3		1.2.3		1.3.3		1.4.3	
1.1.4		1.2.4		1.3.4		1.4.4	
1.1.5		1.2.5		1.3.5		1.4.5	
1.1.6		1.2.6		1.3.6		1.4.6	
1.1.7		1.2.7		1.3.7		1.4.7	
1.1.8		1.2.8		1.3.8		1.4.8	
1.1.9		1.2.9		1.3.9		1.4.9	
1.1.10		1.2.10		1.3.10		1.4.10	
总分		总分		总分		总分	
领域一总分							

---

① "是"代表1分，"否"代表0分，"不适用"不计入总分，即如果出现一个"不适用"的评分结果，所属项目和领域的总分相应减1分。

领域二 保育与安全

2.1 卫生保健						2.2 安全管理及制度落实	
2.1.1 健康检查	评分	2.1.2 消毒与传染病预防	评分	2.1.3 膳食营养	评分	2.2 安全管理及制度落实	评分
2.1.1.1		2.1.2.1		2.1.3.1		2.2.1	
2.1.1.2		2.1.2.2		2.1.3.2		2.2.2	
2.1.1.3		2.1.2.3		2.1.3.3		2.2.3	
2.1.1.4		2.1.2.4		2.1.3.4		2.2.4	
2.1.1.5		2.1.2.5		2.1.3.5		2.2.5	
2.1.1.6		2.1.2.6		2.1.3.6		2.2.6	
2.1.1.7		2.1.2.7		2.1.3.7		2.2.7	
2.1.1.8		2.1.2.8		2.1.3.8		2.2.8	
2.1.1.9		2.1.2.9		2.1.3.9		2.2.9	
2.1.1.10		2.1.2.10		2.1.3.10		2.2.10	
总分		总分		总分		总分	
领域二总分							

| 3.1　建立关系 | | | | 3.2　各领域及学习品质发展 | | | | | | | | | | | | | | | |
3.1.1 师幼关系	评分	3.1.2 幼幼关系	评分	3.2.1 支持幼儿身心健康与自我服务能力的发展	评分	3.2.2 支持幼儿运动能力的发展	评分	3.2.3 支持幼儿读写能力的发展	评分	3.2.4 支持幼儿社会性的发展	评分	3.2.5 支持幼儿的科学探索	评分	3.2.6 支持幼儿的数学探索	评分	3.2.7 支持幼儿在视觉艺术方面的发展	评分	3.2.8 支持幼儿在音乐与律动方面的发展	评分
3.1.1.1		3.1.2.1		3.2.1.1		3.2.2.1		3.2.3.1		3.2.4.1		3.2.5.1		3.2.6.1		3.2.7.1		3.2.8.1	
3.1.1.2		3.1.2.2		3.2.1.2		3.2.2.2		3.2.3.2		3.2.4.2		3.2.5.2		3.2.6.2		3.2.7.2		3.2.8.2	
3.1.1.3		3.1.2.3		3.2.1.3		3.2.2.3		3.2.3.3		3.2.4.3		3.2.5.3		3.2.6.3		3.2.7.3		3.2.8.3	
3.1.1.4		3.1.2.4		3.2.1.4		3.2.2.4		3.2.3.4		3.2.4.4		3.2.5.4		3.2.6.4		3.2.7.4		3.2.8.4	
3.1.1.5		3.1.2.5		3.2.1.5		3.2.2.5		3.2.3.5		3.2.4.5		3.2.5.5		3.2.6.5		3.2.7.5		3.2.8.5	
3.1.1.6		3.1.2.6		3.2.1.6		3.2.2.6		3.2.3.6		3.2.4.6		3.2.5.6		3.2.6.6		3.2.7.6		3.2.8.6	
3.1.1.7		3.1.2.7		3.2.1.7		3.2.2.7		3.2.3.7		3.2.4.7		3.2.5.7		3.2.6.7		3.2.7.7		3.2.8.7	
3.1.1.8		3.1.2.8		3.2.1.8		3.2.2.8		3.2.3.8		3.2.4.8		3.2.5.8		3.2.6.8		3.2.7.8		3.2.8.8	
3.1.1.9		3.1.2.9		3.2.1.9		3.2.2.9		3.2.3.9		3.2.4.9		3.2.5.9		3.2.6.9		3.2.7.9		3.2.8.9	
3.1.1.10		3.1.2.10		3.2.1.10		3.2.2.10		3.2.3.10		3.2.4.10		3.2.5.10		3.2.6.10		3.2.7.10		3.2.8.10	
总分		总分		总分		总分		总分		总分		总分		总分		总分		总分	
领域三总分																			

领域三　教育过程(续)

| 3.3　教育计划与评估 | | | | | | 3.4　家园社协同合作 | |
3.3.1　一日活动安排	评分	3.3.2　过程性评估	评分	3.3.3　教育反思与计划制定	评分	3.4　家园社协同合作	评分
3.3.1.1		3.3.2.1		3.3.3.1		3.4.1	
3.3.1.2		3.3.2.2		3.3.3.2		3.4.2	
3.3.1.3		3.3.2.3		3.3.3.3		3.4.3	
3.3.1.4		3.3.2.4		3.3.3.4		3.4.4	
3.3.1.5		3.3.2.5		3.3.3.5		3.4.5	
3.3.1.6		3.3.2.6		3.3.3.6		3.4.6	
3.3.1.7		3.3.2.7		3.3.3.7		3.4.7	
3.3.1.8		3.3.2.8		3.3.3.8		3.4.8	
3.3.1.9		3.3.2.9				3.4.9	
3.3.1.10		3.3.2.10				3.4.10	
总分		总分		总分		总分	
领域三总分							

领域四　环境创设

4.1　室内环境规划					4.2　室外环境规划				4.3　材料与资源						4.4　室内外环境氛围	
4.1.1 室内空间和设施	评分	4.1.2 室内游戏及活动空间规划	评分	4.1.3 室内环境中的展示	评分	4.2.1 室外空间与规划	评分	4.2.2 室外器材和设施	评分	4.3.1 游戏材料	评分	4.3.2 图书和语言材料	评分	4.3.3 多媒体资源	评分	4.4 室内外环境氛围	评分
4.1.1.1		4.1.2.1		4.1.3.1		4.2.1.1		4.2.2.1		4.3.1.1		4.3.2.1		4.3.3.1		4.4.1	
4.1.1.2		4.1.2.2		4.1.3.2		4.2.1.2		4.2.2.2		4.3.1.2		4.3.2.2		4.3.3.2		4.4.2	
4.1.1.3		4.1.2.3		4.1.3.3		4.2.1.3		4.2.2.3		4.3.1.3		4.3.2.3		4.3.3.3		4.4.3	
4.1.1.4		4.1.2.4		4.1.3.4		4.2.1.4		4.2.2.4		4.3.1.4		4.3.2.4		4.3.3.4		4.4.4	
4.1.1.5		4.1.2.5		4.1.3.5		4.2.1.5		4.2.2.5		4.3.1.5		4.3.2.5		4.3.3.5		4.4.5	
4.1.1.6		4.1.2.6		4.1.3.6		4.2.1.6		4.2.2.6		4.3.1.6		4.3.2.6		4.3.3.6		4.4.6	
4.1.1.7		4.1.2.7		4.1.3.7		4.2.1.7		4.2.2.7		4.3.1.7		4.3.2.7		4.3.3.7		4.4.7	
4.1.1.8		4.1.2.8		4.1.3.8		4.2.1.8		4.2.2.8		4.3.1.8		4.3.2.8		4.3.3.8		4.4.8	
4.1.1.9		4.1.2.9		4.1.3.9		4.2.1.9		4.2.2.9		4.3.1.9		4.3.2.9		4.3.3.9		4.4.9	
4.1.1.10		4.1.2.10		4.1.3.10		4.2.1.10		4.2.2.10		4.3.1.10		4.3.2.10		4.3.3.10		4.4.10	
总分		总分		总分		总分		总分		总分		总分		总分		总分	

领域四总分

111

领域五 教师队伍

5.1 教职工职业道德	评分	5.2 人员配备与专业发展	评分	5.3 教职工福利待遇与激励制度	评分
5.1.1		5.2.1		5.3.1	
5.1.2		5.2.2		5.3.2	
5.1.3		5.2.3		5.3.3	
5.1.4		5.2.4		5.3.4	
5.1.5		5.2.5		5.3.5	
5.1.6		5.2.6		5.3.6	
5.1.7		5.2.7		5.3.7	
5.1.8		5.2.8		5.3.8	
5.1.9				5.3.9	
5.1.10				5.3.10	
总分		总分		总分	
领域五总分					

备注(评估员可以在此记录与各领域评估相关的信息或观察)

领域一 办园方向

1.1 办园理念与管理

1.2 保教质量自我评估

1.3 幼儿自主游戏支持

1.4 幼儿入学准备支持

领域二 保育与安全

2.1 卫生保健

2.2 安全管理及制度落实

领域三　教育过程
3.1　建立关系
3.2　各领域及学习品质发展
3.3　教育计划与评估
3.4　家园社协同合作

领域四　环境创设
4.1　室内环境规划
4.2　室外环境规划

4.3　材料与资源

4.4　室内外环境氛围

领域五　教师队伍

5.1　教职工职业道德

5.2　人员配备与专业发展

5.3　教职工福利待遇与激励制度